salis

ANNA ARDIN

IM SCHATTEN VON ASSANGE

Anna Ardin
Im Schatten von Assange

Elster & Salis AG, Zürich
info@elstersalis.com
www.elstersalis.com

Lektorat Viktor Hilgemann
Korrektorat Gertrud Germann
Satz Peter Löffelholz
Umschlaggestaltung Lotta Mellgren / Ester Stockholm / André Gstettenhofer
Umschlagbild Joel Nilsson, unter Verwendung einer Fotografie
von Julian Assange, Fairfax Media / Getty Images.
Gesamtrealisation www.torat.ch
Gesamtherstellung CPI Books GmbH, Leck

1. Auflage 2021

ISBN 978-3-03930-020-4

Printed in Germany

Elster & Salis AG wird vom Bundesamt für Kultur mit
einem Förderbeitrag für die Jahre 2021–2024 unterstützt.

Für alle FeministInnen, jede einzelne
und jeden einzelnen von ihnen

A wise woman wishes to be no one's enemy; a wise woman refuses to be anyone's victim.

Maya Angelou

Ich bin eine der beiden Frauen, die 2010 Strafanzeige gegen Julian Assange wegen sexueller Übergriffe erstattet haben. Höchstwahrscheinlich wünschten alle Wikileaks-Fans weltweit, dass ich hierzu keinen Grund gehabt hätte – nicht zuletzt ich selbst wünschte das sehnlichst. Aber ich hatte einen. Ich weiß zwar nicht, wie man das, was passiert ist, juristisch genau bezeichnet, aber für mich war es ein Übergriff, und ich werde es auch weiterhin so bezeichnen.

Julian Assange wurde im Zuge seiner Arbeit mit Wikileaks noch wegen eines ganz anderen Verbrechens angeklagt: Spionage. Doch diesen Vorwurf halte ich für unberechtigt. Es handelt sich vielmehr um Wahrheitsfindung, Transparenz und freie Meinungsäußerung und nicht um eine Straftat. Die Anzeige wegen sexueller Übergriffe hingegen hat weder etwas mit Spionage zu tun noch mit freier Meinungsäußerung, sondern bezieht sich ausschließlich auf sein persönliches Verhalten. Natürlich geht es bei diesem Verhalten und der nachfolgenden Debatte im weitesten Sinn auch um Frauenrechte sowie um die Frage, ob sich prominente und einflussreiche Männer gegenüber Frauen benehmen dürfen, wie sie wollen. Aber letztendlich sind es zwei ganz unterschiedliche Tatbestände, die nichts miteinander zu tun haben. Ich bezichtige also nicht Wikileaks der sexuellen Übergriffe, auch wenn die Arbeit von Wikileaks kaum davon profitieren dürfte, wenn sich sein Repräsentant herausnehmen darf, was er will.

Ich war davon überzeugt, dass Wikileaks einen wichtigen Beitrag zu den Themen Transparenz und Frieden leistete. Aus diesem Grund habe ich mich dafür eingesetzt, Julian nach Stockholm zu holen, um dort Reden zu halten, und deshalb ließ ich ihn auch in meiner Wohnung übernachten. In diesem Zusammenhang kam es zu einem sexuellen Übergriff. Nur wenige Tage später übernachtete Assange bei einer anderen Frau, die später aussagte, dass ihr Ähnliches widerfahren sei. Mein Kontakt zu dieser Frau kam nur durch Zufall zustande, doch ich wollte sie nicht im Stich lassen. Deshalb habe ich sie zur Polizei begleitet und selbst eine Zeugenaussage gemacht. Es klingt banal, doch weiter als bis dahin ging meine Beteiligung in dieser Sache nicht.

In den nachfolgenden Jahren sind zwei verschiedene Tribunale abgehalten worden, um die Schuldfrage zu klären und die Wahrheit hinsichtlich unserer Strafanzeigen wegen der Sexualdelikte aufzudecken. Ein offizielles juristisches mit polizeilicher sowie gerichtlicher Beteiligung und eines in den Diskussionsforen im Internet und in den Zeitungen. Von beiden Tribunalen handelt dieses Buch; sowohl vom offiziellen Gerichtsverfahren, an dem Julian seine Mitwirkung verweigerte, als auch von der Hetzjagd, an der er aktiv teilnahm, während ich zehn Jahre lang alles getan habe, um mich ihr zu entziehen.

Mit all dem, was Staatsanwälte und Strafverteidiger, Regierungen und PR-Agenturen in dieser Zeit unternommen haben, hatte ich nicht das Geringste zu tun. Ich habe stattdessen abgewartet und zugehört. Wenn die Polizei oder die Staatsanwaltschaft mir Fragen stellten, beantwortete ich sie. Und auch die Belästigungen und Drohungen, mit denen ich mich nach Erstattung der Strafanzeige konfrontiert sah, meldete ich der Polizei. Doch um das laufende Gerichtsverfahren nicht zu beeinträchtigen, habe ich mich in all diesen Jahren nicht öffentlich zu dem tatsächlichen Geschehen von damals geäußert.

Wir werden zwar niemals erfahren, ob Julian juristisch betrachtet ein Straftäter ist, aber ich kann die Ereignisse aus meiner Sicht beschreiben. Anstatt im Rahmen eines Gerichtsverfahrens, das nie stattgefunden hat, auszusagen, möchte ich jetzt meine Version schildern. Dieser Fall kann möglicherweise veranschaulichen, wie ein zukünftiger Dialog über Grauzonen und Übergriffe aussehen könnte. Ich bin schließlich nur eine von Millionen Frauen, die nicht als solche respektiert worden sind.

Dieses Buch berichtet davon, was sich hinter den Schlagzeilen einer zehn Jahre währenden Hetzjagd abspielte und wie der Hass im Netz auf mich einstürmte, weil ich meine persönliche Version eines Übergriffs dargelegt hatte. Es ist eine Geschichte ohne Engel und ohne Monster, in der Helden zu Schurken werden können und die Wahrheit vielleicht irgendwo in der Grauzone zwischen Schwarz und Weiß liegt.

Beim Schreiben dieses Buches war es mir wichtig, uneingeschränkt ehrlich und transparent zu sein. Dementsprechend habe ich meine persönlichen Erinnerungen sorgfältig abgeglichen mit Tagebuchaufzeichnungen und bislang unveröffentlichten Texten, mit Vernehmungsprotokollen und Notizen zu Gesprächen, die ich mit anderen Beteiligten geführt habe, sowie nicht zuletzt mit Zeitungsartikeln und Kommentaren in unterschiedlichen Internetforen. Dabei habe ich sehr genau darauf geachtet, den Verlauf der Ereignisse und deren Reihenfolge möglichst korrekt wiederzugeben. Zugleich lässt sich aber nicht leugnen, dass die meisten dieser Ereignisse schon viele Jahre zurückliegen. Es ist also durchaus möglich, dass ich den Wortlaut der Dialoge nicht immer exakt getroffen, oder mich im Tag, an dem eine bestimmte Sache geschah, geirrt habe. Und obwohl sämtliche Zitate von anonymen Internettrollen authentisch sind und sie somit die Stimmung des Hasses und der Drohungen gegen mich in unterschiedlichen Zeiträumen veranschaulichen, kann es durchaus sein, dass sie in diesem Text unter ein abweichendes Datum geraten sind.

Danke für Ihr Interesse an diesem Buch.

Anna Ardin, Visby, Dezember 2020

2010

Dienstag, 10. August 2010

»Der Wikileaks-Gründer plant, nach Schweden zu kommen. Habt ihr Interesse, ihn einzuladen und ein Seminar zu organisieren?« Die Frage kommt von einem Journalisten namens Donald und ist an die *Socialdemokrater för tro och solidaritet* (»Sozialdemokraten für Glauben und Solidarität«) gerichtet, eine Institution, die sowohl meine Arbeit als auch meine Freizeit ist. Wir hatten aufgrund unseres gemeinsamen Engagements für Menschenrechte in Palästina schon oft miteinander zu tun, doch seine Verbindung zu Wikileaks ist neu für uns.

Wikileaks ist eine Organisation, die im Verlauf des Frühjahrs und Sommers an zwei Enthüllungen mitgewirkt und damit weltweit Aufsehen erregt hat. Im April wurde »Collateral Murder« veröffentlicht, ein verwackeltes Bordvideo aus einem Kampfhubschrauber der US-Army, in dem wiederum amerikanische Soldaten filmen, wie sie auf zivile Iraker schließen und dabei 15 Personen töten, darunter zwei Reporter von der internationalen Nachrichtenagentur Reuters. Ende Juli wirkte Wikileaks an den »Afghanistan-Enthüllungen« mit, einer Sammlung geheimer Militärdokumente über den Kriegseinsatz der USA in Afghanistan, die zeitgleich im »Guardian«, der »New York Times« und anderen Medien weltweit veröffentlicht wurde.

Es ist kein Zufall, dass Donald ausgerechnet bei uns anruft und vorschlägt, ein Seminar mit Wikileaks abzuhalten. Der Verband *Socialdemokrater för tro och solidaritet* hat nach achtzigjähriger Erfahrung in der Friedensbewegung selbstverständlich auch gegen die Kriege im Irak und in Afghanistan demonstriert und protestiert. Unsere Organisation nennt sich auch *Broderskapsrörelsen* (»Brüderlichkeitsbewegung«), nach der 1928 gegründeten Zeitung »Broderskap«, und hat sich von Beginn an für die Menschenwürde und auch den Respekt gegenüber der Natur eingesetzt. Sie ist also hinsichtlich dieser Frage eine Verbündete.

Der Film und die Dokumente, die Wikileaks in der ersten Jahreshälfte enthüllt hat, bilden für uns weitere wichtige, wenn auch widerwärtige Beweise für die unmoralische Kriegsführung der USA. Von den USA finanzierte Söldner begehen schwere Verbrechen gegen die Menschenrechte im Irak, wobei die tatsächliche Anzahl der Getöteten in der Zivilbevölkerung höchstwahrscheinlich um ein Vielfaches höher ist als berichtet, und innerhalb der staatenverbindenden Diplomatie spielen Spionage sowie Korruption offenbar eine entscheidende Rolle. Diese Probleme müssen unbedingt ans Licht kommen, um gelöst werden zu können, und dank Wikileaks werden die relevanten Fragen diesbezüglich jetzt öffentlich erörtert.

Dies ist allerdings nicht nur wichtig für meinen Verband, sondern auch für mich persönlich. Ich bin eine liberal eingestellte Sozialdemokratin, halte nicht viel von Autoritäten und hasse Imperialismus sowie Angriffskriege. Ich verurteile es, wenn man Menschen aufgrund ihrer politischen Ansichten ins Gefängnis sperrt und Dissidenten keine fairen Gerichtsverfahren gewährt. Ich verabscheue es geradezu, dass der Westen seine Plünderungskriege in Begriffe wie Entwicklung, Terrorismusbekämpfung oder Stärkung der Rechte von Frauen hüllt, obwohl infolge dieser Kriege der Terrorismus und die Einschränkungen der Frauenrechte tendenziell noch zunehmen. Und außerdem ist mir an einem gerechten Frieden im Mittleren Osten besonders gelegen, weil ich erst kürzlich die Misere und Hoffnungslosigkeit im größten Freiluftgefängnis der Welt – dem vollständig zerbombten Gazastreifen – mit eigenen Augen gesehen habe. Wikileaks verfolgt offenbar dieselben Ziele wie ich und setzt sich zudem für eine Aufdeckung des Machtmissbrauchs ein, der diesen Kriegen zugrunde liegt, unabhängig von den Begriffen, in die er gehüllt wird.

Von Julian Assange hingegen habe ich noch nie zuvor gehört, und ich weiß auch nicht recht, was es bedeutet, der Gründer von Wikileaks zu sein. Wo bleiben beispielsweise der Generalsekretär, die Chefin oder

der Geschäftsführer? Dennoch finde ich das Ganze ziemlich cool. Der Film aus dem Militärhubschrauber genügt mir als Argument.

Mein Chef nimmt Donalds Angebot an, und wir beschließen den Titel des Seminars: »Das erste Opfer eines jeden Krieges ist die Wahrheit«[1], nach den geflügelten Worten der britischen Frauenwahlrechtsaktivistin Ethel Annakin Snowden, mit denen sie 1915 kritisierte, dass die Rechte der Frauen als Argument für den Ersten Weltkrieg herangezogen wurden. Um Krieg führen zu können, bedarf es Lügen – Mythenbildung und Propaganda, die besagen, dass der Feind einer anderen, schlechteren Sorte Mensch angehöre, welche uns bedrohe – sowie einer Zensur der Kriegsfolgen. Die Wahrheit ist selten simpel, selbstverständlich oder absolut, das Streben danach jedoch immer eine Voraussetzung für Frieden und Gerechtigkeit.

Mit Unterstützung von Donald, unserem Geschäftsführer Peter, dem Geschäftsführer unserer Jugendorganisation, Victor, und dem schwedisch-israelischen Journalisten Johannes – unserer Kontaktperson bei Wikileaks in England – organisiere ich Julian Assanges Reise von London nach Stockholm. Darüber hinaus kümmere ich mich um die Buchung von Räumlichkeiten für das Seminar bei der Dachorganisation von Einzelgewerkschaften in Schweden, *Landsorganisation (LO)*, verschicke Pressemitteilungen und lade diverse Leute ein. Alles muss ziemlich schnell gehen, und nicht nur die Zeit, sondern auch das Geld ist knapp.

Assanges Flugticket kostet mehr, als wir uns eigentlich leisten können, doch wir beschließen, dass es die Sache wert ist. Sein Besuch wird auf Fragen nach internationaler Solidarität, nach einem Ende des USA-Krieges und den Möglichkeiten, die Truppen in Afghanistan dem Mandat der Vereinten Nationen zu unterstellen, aufmerksam machen. Unter den besser Informierten in unseren Kreisen – Friedensaktivisten und anderen Personen, die sich für Wahrheitsfindung und Transparenz einsetzen – kennen viele die Internetplattform Wikileaks bereits und erachten sie als Symbol für berechtigten Widerstand.

Wir erfahren ebenfalls, dass Wikileaks daran interessiert ist, sich mit einer schwedischen Internetzeitung zu präsentieren, um von dem umfangreichen Schutz der Meinungs- und Pressefreiheit in Schweden profitieren zu können. Deshalb diskutieren wir verschiedene Möglichkeiten, wie man Wikileaks dabei unterstützen könnte, sich als Organisation und Publikationsorgan in Schweden zu etablieren.

Das von uns organisierte Seminar ist für den Morgen des 14. August angesetzt. Julian Assange wird bereits am Donnerstag, dem 12. August erwartet, und wir müssen ihm dementsprechend eine Übernachtungsmöglichkeit für zwei Nächte besorgen. Er hat angekündigt, lieber nicht im Hotel, sondern so anonym wie möglich wohnen zu wollen. Da ich wegen eines Festivals in diesen Tagen sowieso nicht vor Ort sein würde, biete ich unserem Verband an, ihm meine Einzimmerwohnung in der Innenstadt von Stockholm zu überlassen. Eine kostengünstige Alternative für eine mittellose Organisation, noch dazu anonym – wie Julian es wünscht –, und zudem verleiht es auch mir selbst einen gewissen Status. Im Zentrum des Geschehens stehen zu dürfen und angesagte Leute kennenzulernen, ist in meinen Kreisen prestigeträchtiger als ein hohes Gehalt, ein Elektroauto oder andere Statussymbole.

Mittwoch, 11. August 2010

Das Interesse am Seminar ist enorm. Wir erwähnen in der Pressemitteilung, dass Journalisten Vortritt haben, doch es melden sich so viele Journalisten an, dass im Prinzip kein Platz mehr für andere Teilnehmer bleibt. Ich muss Hunderten von Leuten absagen.

Eine junge Frau namens Maria, die über Twitter vom Seminar erfahren hat, schickt uns eine Nachricht. Sie schreibt, dass sie uns gern als ehrenamtliche Helferin unterstützen würde, wenn sie dadurch einen Platz bekäme. Ihre Anfrage kommt in der stressigen Planungsphase des Seminars wie gerufen. Ich antworte ihr, dass wir zwar im Augenblick noch keine Aufgabe für sie hätten, sich aber jederzeit etwas ergeben könnte. Wenn sie also frühzeitig kommen und sich bereithalten würde, dürfte sie gerne teilnehmen.

Donnerstag, 12. August 2010

In Kumla findet gerade ein christliches Jugendfestival namens *Frizon* statt, an dem ich als Repräsentantin der *Ung kristen vänster* (»Jungen christlichen Linken«) teilnehme. Gemeinsam mit einigen anderen Leuten betreue ich unser Informationszelt. Wir diskutieren mit interessierten Jugendlichen über Themen wie internationale Solidarität, Religionsfreiheit, Gleichstellung und die Wahrung der Schöpfung. In einem Podiumsgespräch über Christentum und Politik, Glaube und Solidarität werde ich von christlichen Anarchisten heftig dafür kritisiert, nicht radikal genug zu sein. Draußen unter den Festivalbesuchern müssen wir uns hingegen mit pubertierenden Evolutionsleugnern herumschlagen, die Sätze äußern wie »Kann ja sein, dass es in deiner Familie Affen gibt, aber in meiner nicht«. Wir müssen es auch mit Gegnern des Abtreibungsgesetzes aufnehmen und Leuten, die sich allein durch unsere Anwesenheit provoziert fühlen, weil letztlich das Votum der christlichen Sozialdemokraten vor knapp einem Jahr zu dem Beschluss der Schwedischen Kirche geführt hat, Homo-Ehen zu gestatten. Doch am schlimmsten ist es, einigen Jugendlichen gegenüberzustehen, denen man offenbar eingetrichtert hat, die Welt aus religiösen Gründen in »Wir« und »Die anderen« einzuteilen.

Zur gleichen Zeit nimmt der Vertreter von Wikileaks in Stockholm ein Kuvert mit dem Schlüssel zu meiner Wohnung entgegen, das ich am Kiosk an der Ecke Götgatan/Blekingegatan hinterlegt habe.

Freitag, 13. August 2010

Eigentlich hätte ich bis Samstagmorgen in Kumla bleiben sollen, um von dort aus direkt zum LO-Hauptsitz zu fahren, wo das Seminar stattfinden soll. Doch der Ansturm auf die Veranstaltung, sowohl von all den Menschen, die vorhaben teilzunehmen, als auch den Journalisten, die darüber berichten wollen, ist so groß, dass sich nicht alles aus der

Ferne organisieren lässt. Ich werde in Stockholm gebraucht, und außerdem ist mein Bedarf an Konfrontationsmomenten mit unsolidarischen, homophoben und rechtslastigen Christen fürs Erste gedeckt.

Ich kontaktiere Donald, der mir bestätigt, dass es für Julian Assange völlig in Ordnung sei, wenn wir gemeinsam in der Wohnung übernachteten. Also fahre ich heim und begegne Julian zum ersten Mal. Er begrüßt mich im Flur meiner eigenen Wohnung.

»Ich hab mal einen Blick in die Schublade mit der Unterwäsche geworfen«, sagt er und hält einen BH hoch. »Als ich die Körbchengröße sah, dachte ich, diese Frau würde ich gern treffen.«

Er scheint es tatsächlich ernst zu meinen. Ich weiß nicht, was ich sagen soll. Einen Moment lang herrscht Schweigen. Dann wird mir die Stille allmählich unangenehm, und ich tue seine Bemerkung mit einem Lachen ab.

Wir verlassen die Wohnung, um in einer kleinen Kneipe in der Nachbarschaft etwas zu essen.

»Die spähen mich aus«, behauptet er.

»Aha«, sage ich.

»Die überwachen mich«, wiederholt er mit geheimnisvoll gesenkter Stimme.

Vier Stockwerke tiefer auf der anderen Seite meines Wohnhauses parken auf beiden Straßenseiten Autos. Er umrundet eines davon, um durch die Seitenfenster einen Blick hineinzuwerfen, sieht jedoch niemanden. Er nimmt ein anderes ins Visier. Keiner der Wagen hat getönte Scheiben, und keiner wirkt verdächtig. Ich bleibe stehen und schaue Julian an. Mir fällt es schwer, einzuschätzen, ob seine Worte ernst gemeint waren oder nur ein Scherz sein sollten, doch nach einer Weile scheint er genug gesehen zu haben, und wir können weitergehen.

Es wird ein netter Abend in der Blekingegata, in der Greta Garbo aufwuchs, mit Thai-Essen und Mineralwasser, und Julian ist so in seine Feeds auf Twitter vertieft, dass er nicht einmal hört, als die Bedienung ihn fragt, ob er noch mehr Reis haben möchte. Er zitiert gerade einen Satz aus einem Artikel in der englischen Boulevardpresse über seine Frisur und verkündet dann voller Stolz und Freude, wie er in England einmal von Paparazzi verfolgt wurde. Hier in Stockholm hingegen scheint ihn noch niemand erkannt zu haben, und auch hinter den Scheiben der parkenden Autos sind noch immer keine Undercover-Agenten auszumachen. Mir kommt wiederholt der Gedanke, dass er offenbar jemanden braucht, der sich um ihn kümmert.

Die Gespräche mit ihm sind angenehm, und er macht einen aufmerksamen und zugewandten Eindruck. Unsere Wertvorstellungen stimmen in vieler Hinsicht überein, und unsere strukturellen Analysen bezüglich der Frage nach der Emanzipation des Menschen verfolgen dasselbe Ziel. Ich muss ihm nicht erst erklären, warum ich Gleichstellung wichtig finde, oder ihm Gründe für das Streben nach Selbstachtung in einer friedlichen Welt liefern. Wir sind uns schnell einig und bauen unser Gespräch auf den Argumenten des anderen auf, genauso, wie ich es mit meinen besten Freunden erlebe, und das, obwohl wir uns erst wenige Stunden kennen. Auch die Frage der Menschenrechte beurteilen wir ähnlich. Feminismus und die Rechte von Frauen scheinen für ihn jedoch davon ausgenommen zu sein.

»Das ist aber doch ein gewaltiger Widerspruch, Julian«, sage ich.

Er lächelt entschuldigend und entgegnet:

»Die Feministen haben den Krieg in Afghanistan angestiftet.«

Ich lache auf. Der Mann, der, buchstäblich gesprochen, gerade die Helikopterperspektive auf die Weltpolitik einnimmt, kann doch unmöglich so dumm sein, ernsthaft zu glauben, dass sich der letzte in der Reihe aller Übergriffe durch Großmächte auf Afghanistan mit den Rechten der Frauen begründen lasse. Und das nur, weil es ihm als Argument gerade in die Hände spielt, um die Ansichten des Westens auf seiner Seite zu wissen. Doch er besteht lächelnd darauf, dass sowohl der Feminismus als auch der Anspruch auf Gleichstellung verantwortlich seien für diesen Krieg. Ich lache dennoch und beschließe, das Ganze als Scherz abzutun, denn ich weiß nicht, wie ich sonst damit umgehen soll.

Ich lege meine Hand auf seine Schulter und rüttele ein wenig daran, wie um ihn aufzuwecken, und schließlich antwortet er der Bedienung, dass er gerne noch mehr Reis nehmen würde.

Nach dem Abendessen gehen wir zu mir nach Hause und diskutieren weiter über die Weltpolitik und das morgige Seminar. Unter meinem Bett liegt eine Gästematratze, die ich für ihn herausziehe. Mein eigenes Bett habe ich bereits frisch bezogen, und auf Julians Matratze liegt eine weitere Garnitur Bettwäsche, doch er scheint nicht zu begreifen, dass er sie selbst beziehen muss. Er betrachtet abwechselnd mich und das Bettlaken mit neutralem Blick.

Als ich ihm einen Becher Tee reiche, streicht er unerwartet mit dem Daumen über meine Hand. Ich fühle mich überrumpelt und denke: Ups, was war das denn? Es kam wie ein Blitz aus heiterem Himmel, im bisherigen Verlauf des Abends hatten wir überhaupt nicht miteinander geflirtet. Ich tue so, als hätte ich es nicht gemerkt, und gehe hinaus in die Küche. Für eine Weile stelle ich mich auf den Balkon und blicke hinaus. Langsam wird mir klar, dass Julian Assange mehr von mir will.

Ich muss an Andreas' spitze Bemerkung denken, als er erfuhr, dass der Wikileaks-Gründer in meiner Wohnung übernachten würde.

»Aha, du willst also mit Assange punkten.«

»Nein«, konterte ich, »ich werde gar nicht dort sein …«

Andreas und ich kamen vor vielen Jahren zusammen, als ich wegen meines Studiums nach Uppsala zog, und schon ein halbes Jahr später unternahmen wir eine gemeinsame Reise nach Kuba. Auf einem Markt in Madrid, wo wir zwischenlandeten, kauften wir uns für umgerechnet sieben Euro Ringe und verlobten uns. Er hatte gerade mit seiner Promotion in Medienkommunikation begonnen, und wir bezeichneten einander als Orangenhälften, entsprechend der spanischen Redewendung für Seelenverwandte. Wir engagierten uns gemeinsam in allen politischen Auseinandersetzungen, gaben große Partys, hatten fast ausschließlich die gleichen Freunde und liebten einander bedingungslos. Wir waren davon überzeugt, dass der Dauerstress, der dafür sorgte, dass er mir gegenüber häufig unaufmerksam war und des Öfteren aufbrauste, verschwinden würde, sobald er die lästige Dissertation fertiggestellt hätte. Und damit würden all unsere Paarprobleme ebenfalls verschwinden.

Doch nichts wurde besser, nachdem er promoviert worden war. Er bekam einen Chefposten bei einer Organisation und wurde noch unaufmerksamer und gereizter. Unsere Pläne, Kinder zu bekommen, sobald wir mit unserem Studium fertig wären, verschoben wir auf eine unbestimmte Zukunft. Wenn ich ihn umarmte, hingen seine Arme schlaff am Körper herunter, bis ich ihn bat, die Umarmung zu erwidern. Er nahm meine Liebe entgegen, gab aber fast nichts zurück. Wir blieben dennoch zusammen. Ich konnte mir einfach nichts anderes vorstellen.

Irgendwann meinte er, dass er einen Assistenten benötige. Er schaffte es nicht mehr, sich um den ganzen Bürokram zu kümmern, und in seinen Unterlagen herrschte Chaos. Ich erkundigte mich in unserem Freundeskreis, ob jemand einen Tipp hätte, und geriet so an eine Frau, die sich bestens zu eignen schien. Sie fing bei ihm an, und die beiden kamen gut miteinander klar.

Ein halbes Jahr später saßen wir in seiner kleinen Einzimmerwohnung in Kungsholmen, und er überreichte mir einen Brief. Während ich ihn las, saß er mir direkt gegenüber. Er schrieb, dass er nicht in der Lage sei, auszusprechen, was er mir mitteilen wolle. Mein Herz pochte so laut, dass ich kaum denken konnte, und das Blut in meinen Schläfen pulsierte heftig. Ich ahnte bereits, was in den folgenden Zeilen stehen würde. Er hatte ein Verhältnis mit der Frau, die wir gemeinsam eingestellt hatten.

Noch mehr als ein Jahr hielten wir an den Scherben unserer Partnerschaft fest. Er wollte die andere Liebesbeziehung vertiefen und zugleich mich behalten. Und ich war für ihn da, zurückgedrängt in eine Ecke seines Lebens. Mehrmals machte er Schluss, doch jedes Mal kam er weinend wieder zurück und versprach, dass sich von nun an alles ändern würde. Trotzdem verfiel er ständig wieder auf die Idee, dass es am besten wäre, wenn ich seinen Wunsch nach einem offenen Verhältnis akzeptieren würde.

Seine Worte schmerzten wie ein Stich mitten ins Herz. An manchen Tagen kam ich morgens überhaupt nicht mehr aus dem Bett. Ganze Nächte habe ich weinend durchwacht. Doch die vielleicht schwerwiegendste Komplikation nach der Beziehung mit Andreas war eine gegen mich selbst gerichtete Destruktivität.

Nach einem Gespräch mit einer Paartherapeutin war ich es schließlich, die unsere Beziehung beendete, und seit dem Frühjahr bin ich offiziell single, auch wenn wir uns noch immer sehen. Sowohl vor als auch nach dem Zeitpunkt, an dem ich mit ihm Schluss machte, habe ich ziemlich viele Männer getroffen. Ziemlich viele und ziemlich nette. Manchen von ihnen habe ich sofort wieder den Laufpass gegeben, an andere habe ich mich entweder geklammert oder sie in irgendeiner anderen Form verprellt. Zu einigen bin ich sogar ziemlich ekelhaft gewesen. Doch mein Herz hing noch immer an Andreas.

Eine der vielen Methoden, die ich ausprobiert habe, um meinen Schmerz zu lindern und die Trennung zu verarbeiten, bestand darin, ein »Modell für legale Rache in sieben Schritten«[2] umzusetzen, das ich zu Jahresbeginn in irgendeinem Internetforum entdeckt hatte. Ich veröffentlichte den Link in meinem Blog, und Andreas reagierte ziemlich verletzt. Er nahm es mir übel, dass ich überhaupt Rachegedanken hegte.

Nachdem ich in diversen Wohnungen mein Dasein mit kurzen Verträgen und umfangreichen Wasserschäden als Mieterin und Untermieterin gefristet hatte, erwarb ich schließlich meine erste eigene kleine Wohnung in der Tjurbergsgata im Stockholmer Stadtteil Södermalm, in der ich jetzt wohne. Hier stehe ich gerade und schaue über den Balkon hinweg auf den Innenhof und die schätzungsweise 200 Fenster meiner Nachbarn. Mir geht es noch immer nicht gut, aber ich bin auf dem Weg der Besserung. »Mit Julian Assange zu punkten«, könnte doch ganz nett sein – und außerdem keine große Sache. Mit einem halbprominenten Australier. Gegenüber einem leicht verblendeten eifersüchtigen Ex-Verlobten.

Warum also nicht?, dachte ich.

Alle, mit denen ich in den vergangenen Tagen über das Seminar gesprochen habe, scheinen sich darin einig zu sein, wie spannend es ist, dass der Wikileaks-Gründer ausgerechnet bei mir wohnt. Die Massen an Fans, die dastanden und wie bei einem Rockkonzert schrien, als er vor einer Weile eine Rede hielt, verstärken noch das Bild von einem Menschen, der zumindest in gewissen Kreisen so cool erscheint, dass man selbst schon cool ist, wenn man nur ein Stück Papier mit seinem Konterfei darauf in der Hand hält. Und wenn die das meinen, muss er tatsächlich supercool sein.

Bezüglich der Auswahlkriterien in Sachen Männer, auf die ich mich einlasse, bin ich nach dem langen Hin und Her mit Andreas großzügig geworden. In den meisten Fällen ist es auch gut gelaufen und sogar richtig nett gewesen.

»Du hast also vor, mit Julian Assange zu punkten«, sagt Andreas erneut in meinen Gedanken.

»Ja, vielleicht«, denke ich.

Ich gehe zurück ins Zimmer und rüber zu Julian. Wir knutschen ein wenig herum und reden. Dann döst er voll bekleidet auf meinem kurzen, unbequemen Sofa weg. Er ist völlig fertig, und ich finde es beeindruckend, dass er einfach so abschalten kann. Ich mache mit meinem Handy ein Foto von ihm. Der große Assange schläft wie ein kleines Kind auf meinem Mini-Sofa, denke ich und stelle diese erholsame Vorbereitung auf das morgige Seminar bei Facebook ein. Umgehend trudeln in meinem Feed massenweise hochgereckte Daumen und anerkennende Kommentare von allen möglichen Verwandten, Jugendfreunden, Arbeitskollegen und sogar einer Wissenschaftlerin für Gender Studies ein. »Mögen Sie Präsidentin werden oder etwas dergleichen«, schreibt sie.

Ich bin ganz froh, dass er eingeschlafen und somit aus der Knutscherei nicht mehr geworden ist. Ich ziehe mein Nachthemd an, putze mir die Zähne und habe vor, mich ins Bett zu legen. Doch als ich die Deckenlampe ausschalte, wacht er unvermittelt auf und streicht über die Außenseite meines Oberschenkels. Er steht auf, küsst mich und schiebt mein Nachthemd hoch. Ich bin nicht darauf vorbereitet, und es gefällt mir auch nicht sonderlich, deshalb versuche ich, das Nachthemd wieder herunterzuziehen. Er hält mehrfach dagegen, immer stärker, bis es in den Säumen kracht. Dann versucht er, meinen Slip herunterzuziehen. Damit meine Nachtwäsche nicht kaputtgeht, lasse ich ihn gewähren. Ich will nicht, dass schlechte Stimmung aufkommt.

Seine Annäherungsversuche sind mir unangenehm, und außerdem

geht mir das Ganze zu schnell. Ich werde den Eindruck nicht los, etwas in Gang gesetzt zu haben, das ich weder stoppen darf noch kann. Doch am Unangenehmsten ist mir, dass er mich plötzlich anders behandelt. Er redet nicht mehr mit mir. Und er hört jetzt auch weder auf meine Körpersprache noch auf meine Worte. Auf einmal sehe ich mich nicht mehr als die politisch und intellektuell Gleichgesinnte, die ich gerade eben noch war. Es ist, als würde er meine Daseinsberechtigung völlig auf den Kopf stellen. Ich habe zunehmend den Eindruck, dass er denkt, ich sei ihm etwas schuldig, als hätte er dafür bezahlt. Dass ich irgendwann A gesagt hätte und er mir deshalb das Recht darauf abspräche, B zu verweigern.

Wenn ich völlig frei wäre, selbst zu entscheiden, würde ich seine Avancen auf der Stelle stoppen und ginge stattdessen ins Bett. Doch ich fühle mich nicht frei, im Gegenteil, ich fühle mich unmissverständlich aufgefordert weiterzumachen. Was mir ziemlich unangenehm ist, aber nicht unangenehm genug, um mich ihm zu verweigern. Nicht unangenehm genug, um irgendetwas Schlimmeres zu riskieren.

Wir legen uns ins Bett. Ich zuunterst und er auf mich. Für eine Weile ist es ganz nett, wir wälzen uns ein wenig herum, und er entledigt sich seiner Hose. In dem Augenblick nehme ich einen deutlichen Geruch wahr. Anscheinend Sperma. Er hat offenbar vergessen, alte Körperflüssigkeiten abzuduschen. Danach eskaliert mein Unbehagen. Er verschränkt meine Arme über dem Kopf und hält sie fest, während er seine Schulter ziemlich fest gegen meine Kehle presst. Ich bin gezwungen, meine gesamte Kraft aufzubieten, um das Kinn zur Brust zu ziehen, damit ich Luft bekomme und mein Kehlkopf nicht verletzt wird. Ich versuche, mich zu bewegen, und winde mich, doch er lockert den Druck nicht. Im Gegenteil, jetzt presst er seine Schulter so fest gegen meinen Hals, dass sich mir der Anhänger meiner silbernen Kette in die Haut bohrt.

Er klemmt meine Arme mit seinen schmalen, aber dennoch bedeutend stärkeren Händen an beiden Handgelenken zusammen. Sein Brustkorb liegt schwer auf meinem Oberkörper, und er versucht, mit einem Knie meine Beine auseinanderzuschieben. Wegen des massiven

Drucks gegen meine Kehle bin ich einzig darauf fokussiert, Luft zu bekommen, was mich passiv macht. Doch genau das beabsichtigt er offenbar.

Nackt und die Arme über dem Kopf fixiert, begreife ich sehr wohl, was von mir erwartet wird. Oder besser gesagt, worauf ich mich eingelassen habe, als ich nicht protestierte – es also nicht aussprach. Nicht den feministischen Selbstschutz aktivierte, so wie ich es gelernt habe. Auch wenn ich die Sache am liebsten sofort beenden will, möchte ich weder als kompliziert noch als beschwerlich gelten. Ich will die Situation nicht unnötig dramatisieren oder gar ein großes Ding daraus machen, dass ich keine Lust mehr habe.

Normalerweise merken Männer so etwas. Bislang haben es jedenfalls alle kapiert, wenn ich nicht wollte. Dann haben sie sich neben mich gelegt und mich umarmt, bis wir schließlich gemeinsam eingeschlafen sind. Und irgendwann später haben wir es ein weiteres Mal versucht, wenn ich mehr Lust hatte. So sehen zumindest meine Erfahrungen mit dieser Art von Situationen aus. Doch dieser Mann reagiert ganz und gar nicht wie die anderen. Es ist vielmehr so, als würde er seine Rechte einfordern. Er fordert von mir, weiterzumachen. Merkwürdigerweise empfinde ich genau das, was er mir signalisiert, nämlich dass ich ihm etwas versprochen habe. Dass ich diesen Weg letztlich selbst eingeschlagen habe. Nach dem Motto: Ich habe schließlich die Zugtickets gekauft, und jetzt ist es an der Zeit loszufahren.

Obwohl ich am liebsten aufhören würde, akzeptiere ich seine Forderung. Allerdings unter einer Bedingung – ein Kondom zu benutzen. Doch Julian setzt alles daran, diese Bedingung auszuhebeln, wenn auch unausgesprochen.

Er versucht, mich mit Gewalt festzuhalten, um ohne Kondom in mich einzudringen. Ich entziehe mich ihm, indem ich meinen Unterleib wegschiebe. Doch er macht nicht im Mindesten irgendwelche Anstalten, loszulassen oder gar zu fragen, was ich wolle. Völlig unbeeindruckt presst er meinen Körper weiterhin auf die Matratze.

Sobald ich mich ihm entziehe, folgt er meiner Bewegung. Als ich ein ums andere Mal die Knie zusammendrücke und versuche, meinen

Oberkörper in Richtung Nachttisch zu bewegen, woran er mich immer wieder hindert, wird deutlich, dass meine Meinung überhaupt nicht zählt. Es ist wie ein Ringkampf ohne Publikum und Schiedsrichter, bei dem ich hoffnungslos unterliege. Für ihn bin ich vermutlich gar nicht mehr anwesend. Nur mein Körper, mein gewaltsam entkleideter Körper, ist noch da. Ich bin kurz davor, in Tränen auszubrechen. Ich spüre vom unterdrückten Schluchzen bereits einen Kloß im Hals und fühle mich absolut machtlos.

Noch einmal ziehe ich mit aller Kraft, um meine Arme freizubekommen. Ich kauere mich unter ihm zusammen, bis es mir schließlich gelingt, beide Beine zur Seite zu schieben, sodass er sie nicht mehr auseinanderpressen kann.

Jetzt schreie ich auf. Unhörbar. Als ich realisiere, dass ich mit meiner Muskelkraft nichts gegen ihn ausrichten kann, entfährt mir etwas, das sich genau wie ein Schrei anfühlt. Ich breche das Schweigen.

»Was machst du denn?«, frage ich.

»Was machst DU denn?«, entgegnet er aufgebracht, geradezu vorwurfsvoll.

»Warum hältst du mich fest? Ich will, dass wir ein Kondom benutzen«, erkläre ich.

Er lässt mich los, damit ich eines holen kann.

Laut der »Definition« eines »echten Übergriffs« dürfte ich jetzt keinen Kompromiss eingehen. Ich müsste Nein sagen. Ich müsste Nein, Nein, Nein sagen. Ich müsste dieses Wort aussprechen, das einzige, was zählt. Ich müsste so laut schreien, dass die Nachbarn es bezeugen könnten. Ich müsste versuchen, aufzuspringen und aus der Wohnung zu rennen. Mit anderen Worten, ich müsste mich vor allen Leuten in meinem Treppenaufgang erniedrigen und für meinen eigenen Fehler einstehen, nämlich es überhaupt so weit kommen gelassen zu haben. Ich müsste Julian mit seiner absehbaren Wut und seiner Geilheit zurücklassen – falls er meine Flucht nicht verhindern würde – und die Wohnung verlassen. Ich sollte vielleicht sogar die Polizei rufen und sie darum bitten, ihn festzunehmen. Oder ich müsste es stattdessen darauf ankommen lassen, dass mein Nein ihn dazu bringen würde, mich loszulassen, damit ich seine Tasche packen und ihn auf der Stelle hinauswerfen könnte.

Doch die Kälte in seinem Blick und unser gemeinsames Wissen darüber, dass er stärker ist als ich, lassen mich die Situation anders beurteilen als in diversen rationalen nachträglichen Konstruktionen. Auch mein Eindruck, dass es ihm vollkommen egal ist, was ich will, und nicht zuletzt meine Überzeugung, dass er seinen Plan, mit mir zu schlafen, unabhängig von möglichen Einwänden meinerseits durchziehen wird, tragen dazu bei. Doch was am Ende letztlich mehr wiegen dürfte als alles andere: der Wunsch, ihm keine Szene zu machen. Die alles dominierende gedankliche Norm, das Geschehene nicht zu übertreiben.

Wenn ich jetzt Nein sage, zeigt es mit hoher Wahrscheinlichkeit Wirkung. Ein Nein ist potenziell ebenso unwiderruflich wie ein Tritt zwischen seine Beine oder ein Schrei, der die Nachbarn alarmiert. Und genau deswegen sage ich nicht Nein. Es wäre eine überzogene Reaktion, und außerdem denke ich, dass es bestimmt gleich besser wird. Schließlich erachte ich mich selbst als umgängliche Person und nicht als Drama-Queen.

Also reiche ich ihm das Kondom und warte darauf, dass er es überstreift. Doch er tut es nicht. Er hält es in der Hand und versucht, ohne Schutz weiterzumachen. Allmählich verliere ich die Geduld, denn meine Geste war unmissverständlich. Ich halte es für deutlich genug, einem Mann ein Kondom zu reichen und dann zu warten, ohne ihn ausdrücklich auffordern zu müssen, es überzustreifen. Auch wenn mein Widerstand damit ziemlich gering ist, empfinde ich sein Verhalten doch als dreist. Ich fordere Julian verbal auf.

Schließlich streift er es über, und ich komme wieder unter ihn zu liegen. Jetzt hält er meine Arme zwar nicht mehr fest, legt aber sein gesamtes Gewicht auf meinen Brustkorb. Dann dringt er in mich ein und presst seinen Oberkörper fest gegen meinen Hals, bis ich keine Luft mehr bekomme. Ich liege noch immer völlig eingeklemmt unter ihm, kämpfe aber dagegen an, bis es mir gelingt, das Kinn zur Brust zu ziehen und ihn von meinem Hals weg etwas nach oben zu schieben. Ich ringe weiterhin mit ihm, wenn auch abgeschwächter. Versuche,

Kontrolle über die Situation zu erlangen, die Stimmung etwas zu entspannen, den Druck auszuhalten, die Augen zu schließen und mir einzureden, dass alles in Ordnung ist oder der Sex zumindest noch ganz okay werden kann. Eine meiner Strategien besteht sogar in dem Versuch, ihn zu genießen.

Möglicherweise bewirkt dieses Signal, dass ich loskomme. Julian verringert den Druck auf meinen Brustkorb und Hals. Ich kann endlich wieder durchatmen und hole tief Luft. Er gewährt mir die obere Position, und für einen Augenblick habe ich den Eindruck, die Situation zu kontrollieren.

Dennoch gibt er mir ein ums andere Mal zu verstehen, dass er bestimmt und nicht zuletzt stärker ist als ich – beispielsweise hält er mich etwas länger fest als nötig oder fasst bestimmte Körperteile grob an. Er wendet zwar keine Gewalt an, signalisiert aber Gewaltbereitschaft. Alle eventuellen Kompromisse scheinen vorauszusetzen, dass ich sein Weitermachen akzeptiere. Sobald ich mich wehren werde, wird er vermutlich keinerlei Zugeständnisse mehr machen. So verstehe ich es zumindest. Deshalb versuche ich, mich nicht zu wehren, jedenfalls nicht zu stark.

Er trägt noch immer sein Oberhemd. Ihm scheint offenbar viel daran gelegen zu sein, mich möglichst rasch nackt zu sehen, selbst aber so viel Kleidung wie möglich anzubehalten. Dieser Unterschied – ich entblößt, er angezogen – vermittelt mir den Eindruck, dass es ihm die Sache nicht wert ist, sich auszuziehen. Von seiner Seite kommen auch keinerlei Zärtlichkeiten, nicht einmal der Wunsch nach mehr Körperkontakt als nötig.

Ich versuche, ihm das Hemd auszuziehen, nicht weil mir an mehr Körperkontakt gelegen wäre, sondern um zu zeigen, dass ich selbst aktiv bin und somit kein passives Objekt, mit dem er nach Belieben umspringen kann. Doch er will es partout nicht ausziehen. Ich erinnere mich nicht mehr genau, glaube aber, es ihm letztlich doch abgestreift zu haben.

Aktiv zu sein, einen Versuch zu unternehmen, die Kontrolle zu erlangen und am Ende sogar Erfolg damit zu haben, mindern das Gefühl der Erniedrigung. Vielleicht legitimiere ich damit sein Verhalten, doch in der aktuellen Situation dient es der Rettung meiner selbst. Ich erlebe sogar einen Mikroorgasmus, was uns etwas ebenbürtiger macht und dem Ganzen mehr Gegenseitigkeit verleiht als ein Übergriff und eine Machtdemonstration seinerseits.

Dann presst er meinen Hals wieder hinunter. Mich frustriert es, dass er offenbar nur auf sich selbst fixiert ist und es ihm völlig egal zu sein scheint, ob ich ersticke.

Kurz darauf ergreift er wieder brutal meine Arme, diesmal allerdings nur mit einer Hand, und zieht sich unvermittelt aus mir heraus. Zugleich höre ich ein deutliches Schnappgeräusch, so als würde ein Luftballon platzen. Ich bin überzeugt davon, dass er das Kondom abgestreift hat. Sein anfänglicher Widerstand dagegen lässt es zumindest logisch erscheinen. Ich winde eine Hand aus seinem Griff und prüfe es tastend. Nein, das Gummi ist noch da.

Die Tatsache, dass ich ihn davon überzeugen konnte, ein Kondom zu benutzen, und er es noch immer trägt, erleichtert mich ungemein. Ich komme mir geradezu wie ein Wurm vor, der dem Haken entronnen ist. Entschlossen schiebe ich meine Sorge über das Geräusch beiseite, und obwohl mein Körper noch immer unter seinem gefangen ist, lasse ich ihn weitermachen.

Nach ungefähr einer Viertelstunde ist er fertig.

Dann geschieht etwas Merkwürdiges: Er unternimmt einen halbherzigen Versuch, nach seinem Höhepunkt auch mich zum Orgasmus zu bringen. Angesichts seiner kühlen Gleichgültigkeit während der letzten halben Stunde verwirrt mich diese Geste.

Ein ums andere Mal habe ich überlegt, wie ich diesen Übergriff und mein eigenes Handeln in Worte fassen soll. Ich weiß, dass viele Leser eine Wahrheit in Form von Schwarz oder Weiß erwarten. Sie erwarten ein Monster, das sich an einem Engel vergreift, um akzeptieren zu können, was geschehen ist, und es auch wirklich als Übergriff bezeichnen zu können. Aber wie kann ich es vermeiden, es ihnen recht machen zu wollen? Wie umgehe ich es, das Stereotyp des Monsters anzuwenden, um stattdessen der bleigrauen Wahrheit näherzukommen? Und wie vermeide ich es, mein eigenes Handeln zu beschönigen, wie gehe ich mit der Inkonsequenz meines eigenen Verhaltens um? Schließlich vergreift sich in allen realen Schilderungen von Übergriffen kaum je ein Monster an einem Engel, sondern ein Mensch vergreift sich an einem anderen Menschen.

In den Kommentaren von Julians Unterstützernetzwerk zu diesem Buch wird ein Orgasmus, oder womöglich sogar zwei, zu einem wasserdichten Beweis dafür stilisiert werden, dass kein Übergriff stattgefunden hat. Für jene, die die Unschuld von Sexualstraftätern beweisen möchten, sind jegliche menschliche Inkonsequenzen des Opfers Munition. Und das wissen die Opfer auch. Doch oftmals liegt die Wahrheit genau dort, in diesem Bereich, der vielleicht eher menschlich als inkonsequent ist, in den Grauzonen.

Auf dem Laken erblicke ich einen großen feuchten Fleck.

»Was ist das denn?«, frage ich.

Wie konnte sein Sperma in meinen Unterleib und von dort wieder hinaus aufs Laken gelangen?

»Du warst total feucht«, antwortet er.

»Nein, Julian, das war ich nicht«, erkläre ich.

Denn das war ich wirklich nicht. Ganz offensichtlich stammt die Flüssigkeit von ihm, und das schnappende Geräusch war ein reißendes Kondom. Das ist ziemlich wichtig, denn ein gerissenes Kondom erfüllt keine Funktion mehr gegen jedwede Ansteckung oder eine unfreiwillige Schwangerschaft. Doch Julian bestätigt nicht, dass das Kondom gerissen ist, sondern tut stattdessen so, als wäre nichts geschehen. Sein rechter Daumennagel ist lang und spitz, und seine Lüge »du warst total feucht« beendet jede mögliche Diskussion.

Wir lassen das Thema fallen.

Der Begriff ist mir zu diesem Zeitpunkt noch unbekannt, doch das, was Julian tut, ist *Gaslighting*. Eine Form der Manipulation, bei der

Informationen verzerrt, verfälscht oder vorenthalten und mitunter auch bewusst Falschinformationen verbreitet werden. Die Absicht dahinter ist, das Opfer an seinen eigenen Erinnerungen, seiner Wahrnehmungsfähigkeit und seinem Verstand zweifeln zu lassen. Es funktioniert außerordentlich gut.

Julian behauptet etwas, von dem wir beide wissen, dass es definitiv nicht stimmt. Doch indem wir beide so tun, als glaubten wir daran, beginnt sich die Realität mit seiner bewussten und für mich offenkundigen Lüge zu vermischen. Schon nach einer Weile bin ich mir nicht mehr ganz sicher, wo die Grenze zwischen Wahrheit und Lüge verläuft.

Ich entdecke meine zerrissene Halskette neben mir auf dem Bettlaken und lege sie auf den Nachttisch.

Dann schlafe ich ein.

Samstag, 14. August 2010

Als ich morgens aufwache, finde ich das benutzte Kondom auf dem Fußboden und werfe es in den Müll.

Ich schreibe Julian eine kurze Nachricht.

> Hallo Julian, der Sex mit dir hat mir ganz und gar nicht gefallen. Deshalb wird es zwischen uns beiden auch keine Fortsetzung geben. Doch für deine zukünftigen Partnerinnen würde ich dir gern ein paar Tipps ans Herz legen:
>
> - Zerreiß ihre Halsketten nicht.
> - Press deine Schulter nicht auf ihren Hals, bis sie fast ersticken.
> - Spritz dein Sperma nicht in sie hinein, wenn sie es nicht wollen.
> - Geh vorher duschen.

Ich lege den Zettel in eine Mappe, in der er Nachrichten von Fans, Quittungen für diverse empfangene finanzielle Unterstützungen und Spenden sowie Telefonnummern von Groupies aufbewahrt. Wenn er diese also aufschlägt, wird er auch meine Nachricht finden. Sie verleiht mir das Gefühl, den Konflikt zwar thematisiert, aber zugleich umgangen zu haben und wenigstens etwas zu meiner Verteidigung beizutragen.

Als Julian aufwacht, tun wir beide so, als sei nichts geschehen. Der Wikileaks-Mitarbeiter Johannes, mit dessen Unterstützung ich Julians Reise organisiert habe, wird ihn in einem Taxi abholen. Julian schlägt vor, dass ich mich ihnen anschließe, doch ich fahre schon vorher mit öffentlichen Verkehrsmitteln.

Wir stellen Julians Laptop in den Räumlichkeiten der LO bereit und versuchen, das Gerät an den vorhandenen Projektor anzuschließen. Doch es fehlt ein Adapter. Gleich nach ihrer Ankunft schicke ich unsere ehrenamtliche Helferin Maria los, um das benötigte Kabel zu besorgen.

Die Journalisten und Seminarbesucher strömen in den Saal und nehmen Platz. Julian hält seinen Vortrag über die Bedeutung von Wahrheit und Transparenz, um den Kriegsverbrechen ein Ende zu setzen. Ich habe eine lange Liste mit Journalisten vor mir liegen, die für ihre nachfolgenden Interviews Schlange stehen.

Eine der Journalistinnen, die nicht auf der Liste stehen – eine junge Repräsentantin der Piratenpartei –, hat ebenfalls an dem Seminar teilgenommen, das eher an eine Pressekonferenz erinnerte.

»Könnte ich ein Autogramm von dir kriegen?«, fragt sie Julian, nachdem es ihr gelungen ist, sich nach dem Vortrag vorzudrängeln.

»Nein«, antwortet er, »ich gebe aus Prinzip keine Autogramme.«

»Hey, kapierst du's nicht, du bist doch mein Brad Pitt!«, entgegnet sie.

Die beiden debattieren noch eine Weile, dann verlässt sie eilig den Raum.

»Damn«, sagt Julian zu mir, »ich hätte sie nach ihrer Telefonnummer fragen sollen.«

Die ersten Interviews mit dem öffentlich-rechtlichen Rundfunk für die Tages- und Abendnachrichten finden noch drinnen statt. Danach müssen wir die Räumlichkeiten verlassen und ziehen ins Freie um. Auf einer

Parkbank neben der Statue des Sozialdemokraten August Palm sitzend, kümmere ich mich um die Einhaltung der Redezeiten. Die Journalisten stellen ihre Fragen, und Julian antwortet geduldig.

Aus irgendeinem Grund möchte er mitten in der heißen Sonne sitzen. Dabei löst sich seine Fernsehschminke in der sengenden Hitze rasch auf, und der mit Make-up vermischte Schweiß tropft vom Gesicht hinunter auf seine Kleidung. Jede Zeitung und Zeitschrift sowie jeder Radiosender bekommt seine versprochenen Minuten, während Julians Oberhemd immer feuchter wird.

Parallel zu Julians Interviews unterhalte ich mich mit unserer ehrenamtlichen Helferin Maria und den wartenden Journalisten.

»Schau mal auf seinen Ringfinger«, sage ich zu Maria. »Siehst du? Er sitzt da und dreht einen Verlobungsring hin und her.«

In meiner Wohnung hat Julian offenbar den Ring von meiner gelösten Verlobung mit Andreas gefunden. Ohne mich zu fragen, hat er ihn mitgenommen und sich angesteckt. Jetzt sitzt er demonstrativ vor den Journalisten und dreht ihn hin und her. Äußerlich lächle ich und sage, dass er bestimmt irgendwelche Spekulationen in Gang setzen will. Doch eigentlich finde ich sein Verhalten ganz und gar nicht in Ordnung.

Die Zeitungen »Arbetaren« und »Computer Sweden« sind die beiden letzten, die Fragen stellen dürfen.

»Ich hätte mir wirklich ihre Nummer geben lassen sollen«, sagt Julian erneut, nachdem der Strom an Fragen abgeebbt ist und die Journalisten gegangen sind. Er meint die junge Frau von der Piratenpartei. Dann wiederholt er ihre Äußerung, dass er aufgrund seines Sexappeals jetzt in die Liga von Brad Pitt aufgestiegen sei.

Ich habe Brad Pitt nie persönlich getroffen und will auch nicht daran mitwirken, neue Klischees in die Welt zu setzen, doch im Augenblick fällt es mir ziemlich schwer, irgendwelche Ähnlichkeiten zwischen ihm und dem Mann zu sehen, der hier mit ungeputzten Zähnen und verschmierter Fernsehschminke im Gesicht sitzt und so tut, als hätte er sich verlobt. Ich bitte ihn, mir den Ring zurückzugeben, und er reicht ihn mir. Zugleich wird mir in der starken Hitze leicht übel.

Inzwischen ist es Nachmittag geworden, und alle sind hungrig. Mein Verband lädt die Mitwirkenden zum Imbiss ins Bistro Bohème in der Drottninggata ein. Auch Maria wurde wegen ihrer Hilfe mit dem Kabel von unserem Vorsitzenden Peter eingeladen und landet am Tisch direkt neben Julian. Die beiden flirten miteinander. Er füttert sie mit Knäckebrot, und die zwei scheinen sich zu mögen.

»Was hast du eigentlich heute Nachmittag noch vor, Julian?«, frage ich.

»Weiß nicht genau«, antwortet er.

»Ich könnte dir ein interessantes Museum zeigen«, schlägt Maria vor.

Nach dem Mittagessen verlassen die beiden das Lokal zusammen.

Schön für ihn, denke ich, doch noch angenehmer finde ich es, nun keine Verantwortung mehr für ihn übernehmen zu müssen. Stattdessen bleibt mir ein wenig Zeit für die Planung eines Krebsessens. Donald meint, dass Julian von dieser schwedischen Tradition im August bereits gehört habe und sehr gern an so einem Fest teilnehmen würde. Dementsprechend hat er vorgeschlagen, ein solches ausfindig zu machen.

Ich gehe meine Event-Einladungen durch und frage ein wenig herum. Da ich jedoch keine passende Veranstaltung finde, an der er teilnehmen könnte, kaufe ich die Krebse selbst und lade ein paar Leute auf eine Bottleparty zu mir nach Hause ein.

Julian hat inzwischen zweimal bei mir übernachtet, so wie wir es verabredet hatten, doch bis jetzt ist er noch nicht ausgezogen. Ich möchte nicht, dass er noch länger in meiner Wohnung bleibt. Eine Freundin aus der Piratenpartei, die ich von der Studentenvereinigung in Uppsala kenne, vermittelt mir den Kontakt zu einem in der Nähe wohnenden Pärchen. Die beiden versprechen, Julian ihr Gästezimmer zur Verfügung zu stellen. Sie können oder wollen zwar selbst nicht an der Party teilnehmen, werden aber etwas später kommen, um ihn abzuholen.

An meiner U-Bahn-Station erblicke ich einen Teilnehmer des heutigen Seminars und begrüße ihn. Wir unterhalten uns ein wenig, und ich lade ihn ebenfalls zum Krebsessen ein. Doch er hat heute Abend leider keine Zeit. Dennoch möchte er mir mit etwas Schnaps für die

Party aushelfen. Ich finde ihn auf eine unschuldige Art ziemlich süß, er lächelt einnehmend, und sein Blick ist liebevoll. Ich folge ihm bis zu seiner Wohnung, um den Schnaps entgegenzunehmen, und er meint, dass wir uns vielleicht irgendwann anders einmal treffen könnten. Unbedingt, versichere ich, das wäre super!

Petra, eine meiner engsten Freundinnen, kommt zu mir nach Hause, um bei den Vorbereitungen zu helfen. Wir sind uns zum ersten Mal in der Fachschaft der Universität Uppsala begegnet, wo sie sich genau wie ich mit Gleichstellungsfragen befasste. Sie promoviert gerade in Statistik, hat Schweden schon bei internationalen Schachturnieren repräsentiert, und ich bezeichne sie gerne als das einzige Genie, das ich kenne. Petra ist außerdem eine unglaublich scharfsinnige feministische Analytikerin.

»Es war total unangenehm, der übelste Sex meines Lebens«, sage ich.

Meine eigene Stimme klingt skeptisch und fragend, als ich ihr erzähle, was am Vorabend geschehen ist. Langsam geht mir auf, dass das Geräusch nicht von einem platzenden Kondom stammte, sondern von einem zerrissenen. Obwohl Julian nur eine Hand dafür benutzte, ging es ziemlich schnell. Außerdem wirkte es technisch ziemlich versiert, als ob er das schon oft zuvor getan hätte.

»Er hat das Kondom also absichtlich zerrissen?«, frage ich, als wollte ich es selbst nicht glauben.

»Wie bitte? Echt krass«, meint Petra. »Aber warum sollte er das tun?«

Ich habe keine Antwort darauf. Obwohl es tatsächlich so war und ich selbst hörte, wie das Gummi kaputtging, und außerdem noch merkte, dass er in mir kam, konnte er mir glaubhaft versichern, dass dies nicht der Fall gewesen sei. Wenn sich keine Antwort darauf finden lässt, warum jemand so etwas tun sollte, wird der Gedanke unlogisch, dass es tatsächlich passiert ist. Ich bin also gezwungen, zwischen Logik und Tatsachen zu wählen. Die Geschichte erscheint mir logischer, wenn ich die Wirklichkeit ignoriere. Ein Paradox, das ich nicht auflösen kann.

Samstag, 14. August, abends

Es wird Abend. Ein angenehm warmer schwedischer Spätsommerabend. Meine Freunde, Julians Freunde und ich nehmen gemeinsam einen Drink in der Küche. Doch Julian erscheint nicht wie verabredet gegen neunzehn Uhr. Auch um zwanzig Uhr ist er noch nicht da. Erst kurz nach einundzwanzig Uhr kommt er. Es sind noch Krebse übrig, und wir feiern draußen auf der lauschigen Terrasse des Eigentümervereins weiter.

Julian ist in vieler Hinsicht ein fantastischer Mensch. Er besitzt eine unglaublich rasche Auffassungsgabe, ist witzig und zudem jederzeit in der Lage, unerwartete Blickwinkel einzunehmen. Die Partygäste spielen sich die Kommentare gegenseitig zu wie Bälle auf einer Tischtennisplatte, und wir lachen viel. In einer Gesellschaft wie dieser fühle ich mich am wohlsten.

Der Julian, der am Krebsessen teilnimmt, ist ein völlig anderer als jener, der mich am Abend zuvor erniedrigt und ausgenutzt hat. Ich beschließe, den unangenehmen Julian einfach auszublenden und nur noch den angenehmen an mich heranzulassen. Und es scheint tatsächlich so, als könnte ich es steuern. In den Gesprächen heute Abend bin ich jedenfalls erneut eine Gleichgestellte, eine Person, der man gerne zuhört und auf die man eingeht.

Ich verkünde auf Twitter, wie sehr ich es genieße, mit einigen der coolsten und witzigsten Leute abhängen zu dürfen, wie zum Beispiel mit Kajsa und Johannes, mit denen ich am meisten rede, aber auch mit allen anderen. Wie warm die Luft und wie hell der Abend noch ist. Wie privilegiert ich bin.

An meinem Hals hat die zerrissene Kette rote Striemen hinterlassen, und ich verspüre eine quälende Angst vor HIV. Ich leide an gebrochenem Herzen und bin festen Willens, meinem Ex zu zeigen, dass ich sehr wohl ohne ihn zurechtkomme. Doch dies alles lasse ich mir nicht anmerken. Genauso, wie es alle anderen Menschen um mich herum ständig machen, wähle ich einen Teil von mir selbst und meinen Gefühlen aus, den ich zeigen möchte. Nur ein Fragment der Wahrheit, nicht die ganze. Die ganze Wahrheit hat keinen Platz innerhalb der 140 Zeichen auf Twitter. Die ganze Wahrheit mit all ihren Nuancen findet nur selten irgendwo Platz.

Aufgrund seiner großen Verspätung kam Julian fast gleichzeitig mit dem Pärchen aus der Piratenpartei zur Party, das ihn abholen wollte. Jetzt ignoriert er die beiden. Sie sitzen pflichtschuldig da und fühlen sich offensichtlich unwohl. Als es allmählich spät wird, flüstert Julian mir zu, dass er nicht vorhat, sich ihnen anzuschließen.

»Vielleicht kann Julian ja nachkommen, wenn ihr schon früher loswollt«, schlage ich vor.

»Klar, gern«, sagen die beiden.

»No! Look at them«, flüstert Julian. Er findet sie langweilig und blöd.

Er bedeutet mir unmissverständlich, dass er weder jetzt mit ihnen gehen noch später nachkommen wird, ohne eine Szene zu machen. Zugleich ist ihm klar, dass ich ihn nicht noch eine weitere Nacht beherbergen möchte, und er hält deswegen nach einer anderen Möglichkeit Ausschau. Unter anderem versucht er, sich meiner Freundin Kajsa anzuschließen. Er fragt sie geradeheraus. Doch ich habe ihr anvertraut, was gestern passiert ist, sowohl die Sache mit dem zerrissenen Kondom als auch die Art, wie er mich festgehalten hat. Und Kajsa hat meine Warnung offenbar ernstgenommen. Sie weicht seiner Frage aus und zieht sich unbemerkt zurück. Während sich die Leute um den Tisch herum weiter unterhalten, versucht Julian, selbst einen Kontakt zu knüpfen.

»Oho, die Frau aus dem Seminar«, frotzele ich. Doch Julian lächelt geheimnisvoll und weigert sich, es zu bestätigen.

»Whatever«, sage ich lachend.

Später in der Vernehmung erkläre ich, dass ich zwar erleichtert gewesen sei über sein Vorhaben, auszuziehen, mir aber zugleich gewisse Sorgen um die betreffende Frau gemacht hätte. Ich hätte sie gern in irgendeiner Form vorgewarnt, wusste aber nicht genau, wovor. Außerdem erschien es mir unmöglich, dies zu tun, ohne für eifersüchtig gehalten zu werden, nur weil sich mein vermeintlicher Fixstern einen neuen Planeten gesucht hatte. Stattdessen helfe ich ihm, eine Verkehrsverbindung nach Enköping zu suchen, seinem erklärten Ziel. Doch die letzten Busse und Bahnen sind offenbar bereits gefahren. Auch Johannes macht mir unmissverständlich klar, dass er Julian nicht mit zu sich nach Hause nehmen will.

Julian hat noch nicht gepackt und weigert sich auch, mir den Wohnungsschlüssel zurückzugeben. Er scheint es für selbstverständlich zu halten, dass mein Zuhause auch seines ist. Nach allem, was geschehen ist – nicht zuletzt, wie er das freundliche Pärchen aus der Piratenpartei behandelt hat, das ihm sein Gästezimmer zur Verfügung stellen wollte –, bin ich kurz davor, einfach hinaufzugehen und seine Tasche zu packen. Die anderen würden mich schon bei der Einforderung meines Schlüssels unterstützen. Zugleich erscheint es mir jetzt noch peinlicher, eine Auseinandersetzung mit ihm zu suchen.

Wie sollte ich denn erklären, dass es gestern Nacht in Ordnung war, ihn bei mir wohnen zu lassen, es mir heute aber auf einmal wichtig ist, dass er auszieht? Ich will nicht riskieren, dass irgendwer nachfragt, was vorgefallen sei, denn ich könnte nur schwerlich darauf antworten, ohne mich in Widersprüche zu verwickeln. Ich empfinde Scham.

Scham ist womöglich das sozialste aller Gefühle. Unabhängig davon, wodurch sie ausgelöst wird, flattert sie zuweilen umher auf der Jagd nach einem Wirt. Und zwar jenem, dem es am besten gelingt, soziale Verantwortung zu übernehmen, und an den sie sich heften kann. Scham ist wie eine Autoimmunkrankheit, die den Widerstand desjenigen brechen kann, der allzu aufmerksam die Herde im Blick hat.

Deswegen übernehme ich die Scham, die eigentlich Julian empfinden müsste. Ich beschönige alles und beschließe, dass es so für mich in Ordnung ist. Heute Abend hat er sich mir gegenüber jedenfalls anständig benommen. Und die Tatsache, dass er mich wieder wie eine Gleichgesinnte und Freundin behandelt, empfinde ich als Wiedergutmachung. Also halte ich ihm den Rücken frei, rufe bei dem Pärchen mit der Übernachtungsmöglichkeit an, bedanke mich in Julians Namen und erfinde irgendwelche Ausflüchte, warum er nicht kommen konnte. Er wird stattdessen bei mir übernachten. Julian hat eine Situation geschaffen, in der das einzig Verantwortungsvolle in der Erfüllung seiner Forderungen besteht. Ich übernehme – erneut – die Verantwortung.

Ich mochte Julian gestern beim Abendessen in der Kneipe und als wir später zu mir nach Hause gingen, wo er auf meinem Sofa lag und so friedlich schlief. Ich mochte ihn auch heute während des Seminars und abends beim Krebsessen. Doch gestern Abend im Bett hätte ich genauso gut eine Puppe oder ein Tier sein können. Und ich hätte auch völlig anders aussehen oder sogar eine andere Person sein können. Klar, ich hätte mich ihm natürlich auch hingeben können – was für ihn wahrscheinlich angenehmer oder zumindest leichter gewesen wäre –, doch eigentlich war es egal. Er hat einfach nur ein Programm abgespult und sein Ding gemacht. Mich hat er dabei völlig ausgeblendet. Während er stur sein Ziel verfolgte, war ich nur das Mittel zum Zweck. Vielleicht konnte ich ihm ein paar Steine in den Weg legen und ihm somit die Sache erschweren, doch sein Ziel hat er auch so erreicht. Und für dieses Ziel brauchte er mich.

Heute Abend wird er allerdings nicht noch einmal sein Programm abspulen können, so viel ist sicher. Zumindest habe ich mir überlegt, was ich tun werde, um es zu verhindern.

Als wir zu Bett gehen, trage ich mein Nachthemd, während Julian noch vollständig angezogen ist und in seinem Gesicht die Reste der Fernsehschminke haften. Er möchte unbedingt im Bett liegen, obwohl ich ihm die Matratze auf dem Fußboden bezogen habe. Da wir beide müde sind und zudem nicht mehr ganz nüchtern, akzeptiere ich seinen Wunsch. Ich bitte ihn sogar darum, sich an mich zu kuscheln. In gewisser Weise ein völlig widersinniger Wunsch, denn das Risiko, dass er mein Signal missversteht oder erneut meine Grenzen übertritt, liegt auf der Hand. Zugleich habe ich eher den Eindruck, ihn auszunutzen. Ich will zwar nicht mit ihm schlafen, sehne mich aber nach Nähe und tue so, als wäre Julian Andreas. Es funktioniert gut. Julian sagt weder irgendetwas Dummes, noch tut er dergleichen.

Sonntag, 15. August 2010

Julian hat ein Meeting mit Donald und Johannes, und die drei beschließen, es bei mir abzuhalten. Ich bereite ein Mittagessen zu. Es ist nett, aber ich komme mir ein wenig wie eine Servicekraft im Restaurant oder bei Julian zu Hause vor. Die Gäste bedanken sich sowohl bei Julian als auch bei mir und vertiefen sich dann in wichtige Gespräche, während das benutzte Geschirr auf dem Tisch stehenbleibt.

Ich beschließe, meine Arbeit als Dienstleistung zu betrachten. Das Aufräumen, Spülen, Lüften und auch das nachfolgende Kaffeekochen übernimmt nicht die Privatperson Anna, sondern die Parteireferentin Anna. Julian registriert meinen Einsatz noch nicht einmal, sondern hält ihn für selbstverständlich. Mein Zuhause ist sein Gratis-Hotel, sein Betreutes Wohnen. Doch ich nutze seinen Aufenthalt bei mir ebenfalls aus. Beispielsweise als ein Journalist von der Zeitung »Tro & Politik« (»Glaube und Politik«), die von meiner politischen Bewegung herausgegeben wird, einige Fragen schickt und ich sie Julian stelle. Er sitzt auf dem Sofa, während ich auf dem Bett liege und ihn interviewe. Er erklärt, dass sein Nachname koreanisch sei: A-sang. Gestern behauptete er noch, er sei französisch. Julian bringt mir die Organisation Wikileaks näher und berichtet mir von den Projekten und Risiken für die Plattform. Ich nutze die Gelegenheit, um einige weitere Fragen zu stellen. Doch auf die Frage, wie viele Kinder er habe, will er nicht antworten.

»Ich habe gehört, dass es vier sind.«

»Wer hat das gesagt?«

Ich antworte nicht, sondern lese ihm stattdessen eine Mail von einer jungen Frau an mich vor: »Hallo, ich habe gehört, dass du Kontakt zu Julian Assange hast. Richte ihm doch bitte aus, dass er der allerschönste Mann der Welt ist und aussieht wie ein Elbe in ›*Der Herr der Ringe*‹.«

»Bitte sie um ein Foto«, meint Julian.

Und dann fragt er mich unvermittelt, wann ich meine Tage bekäme, worauf ich antworte, dass ich es nicht wisse.

Etwas später ist ein Abendessen mit ihm und dem Führungsgremium der Piratenpartei geplant, bei dem es um technische Fragen zu einigen Servern geht. Weder Donald noch Johannes können ihn begleiten, weshalb Donald fragt, ob ich als Repräsentantin für Wikileaks in Schweden mitgehen könne, um Julian dort hinzubringen und die Pressekontakte vor Ort zu koordinieren. Ich finde es ziemlich cool.

Auch wenn ich Julian schon darauf hingewiesen habe, frage ich kurz vor dem Verlassen meiner Wohnung noch einmal:

»Du hast noch immer die Fernsehschminke von gestern im Gesicht, und außerdem riechst du nicht besonders gut. Willst du nicht doch noch kurz duschen, bevor wir gehen?«

»Nein, ist nicht nötig«, antwortet er.

Das Restaurant in Gamla stan, der Altstadt Stockholms, liegt nur wenige Kilometer von meinem Zuhause in Söder entfernt, und wir beschließen, zu Fuß zu gehen.

Ich war bis zur vergangenen Woche keineswegs die Einzige, die noch nie etwas von Julian Assange gehört hatte. Der Film »Collateral Murder« ist im Westen eingeschlagen wie eine Bombe und hat Wikileaks im Verlauf des Sommers durchaus zu Bekanntheit verholfen, aber bislang war es immer nur eine Organisation ohne ein persönliches Gesicht. Dank des gestrigen Seminars ist Julian jedoch sowohl im Fernsehen als auch in allen Zeitungen präsent. Wir gehen die Götgata entlang und überqueren Slussen, einen Verkehrsknotenpunkt, der von besonders vielen Leuten mit Interesse an internationalen und politischen Nachrichten frequentiert wird. Auf dem Weg zum Restaurant begegnen wir lauter wildfremden Menschen, die Julian freundschaftlich auf die Schulter klopfen und Sätze äußern wie »Sie haben den Friedensnobelpreis verdient«, während sie anerkennende Blicke in unsere Richtung werfen. Wir treffen auch eine Freundin von mir, die – wenn ich es richtig deute – vor lauter Bewunderung nach Luft ringt. Alle Zurufe wie »Keep up the good work« sind auch an mich gerichtet. Um uns herum herrscht eine märchenhafte Stimmung des Zuspruchs. Irgendjemand begeht denselben Fehler wie viele andere Leute, zu denen ich zwischenzeitlich Kontakt hatte, und verwechselt Wikileaks mit Wikipedia. Er dankt Julian für diesen essenziellen basisorientierten Informationskanal. Julian zeigt sich trotz der fehlgerichteten Anerkennung zufrieden. Die positive Stimmung um uns herum hilft mir dabei, alles andere, was sich Julian in den letzten Tagen geleistet hat, zu negieren oder zu verharmlosen. Wenn er so vielen Leuten so viel bedeutet, lassen sich seine gedankenlose Zerstreutheit und seine kaum verhohlene Verachtung von Frauenrechten leichter aushalten. Zeitweise verlieren sie sogar ihren Wahrheitsgehalt ganz.

Wir essen mit den Leuten von der Piratenpartei zu Abend, ich bespreche einige Pressefragen mit der Parteivorsitzenden Anna Troberg, und abschließend findet noch ein kleines Fotoshooting statt, bevor wir heimgehen.

Julian hatte eigentlich vor, nach Enköping zu fahren, verliert sich aber stattdessen in Computerdingen. Er übernachtet dementsprechend ein weiteres Mal bei mir, auch wenn er nicht in meinem Bett schläft. Ich weiß gar nicht genau, ob er überhaupt schläft, glaube es aber nicht.

Montag, 16. August 2010

Seine Haare sind extrem fettig, sein Gesicht wird noch immer von eingetrockneter Fernsehschminke umrahmt, und sein Oberhemd klebt am Rücken.

»Ich gehe runter in die Waschküche, Julian. Gib mir deine Sachen, die sind ja total schmutzig. Und während ich unten bin, musst du unbedingt duschen«, erkläre ich.

Er nickt. Als ich wieder heraufkomme, trägt er frische Kleidung, aber die Schminke klebt noch immer an seiner Haut.

Ich schreibe eine SMS an Johannes:

> Hallo, jetzt hab ich ihm schon dreimal gesagt, dass er duschen muss, er müffelt entsetzlich, und ich halte es nicht mehr aus! Du bist sein bester Freund hier, fällt dir nicht irgendeine Lösung für dieses Problem ein? Danke, Anna

Er antwortet:

> Hahaha! Alternative 1: Übergieß ihn mit Flüssiganzünder und erkläre ihm die Redewendung »mit dem Feuer spielen«. 2: Droh ihm damit, dem »Expressen« zu stecken, dass er stinkt wie eine Sau. 3: Und wenn gar nichts hilft – leg einfach seine Laptops in die Dusche.

Ich schreibe zurück:

> Haha, okay, klar, aber vielleicht könntest du ja irgendeine hübsche Piratenbraut darum bitten, dass sie ihn nur unter dieser Voraussetzung mit zu sich nimmt. Oder es ihm irgendwie selbst verklickern. Hab ihm jedenfalls die Kleidung abgeluchst und gewaschen …

Ich diskutiere Julians persönliches Verhalten, seine mangelnde Hygiene und dergleichen ziemlich offenherzig mit Johannes und Donald. Nach meinem Empfinden behandeln wir Julian alle drei wie das Kind, das er seinem Benehmen nach ist, wenn auch auf unterschiedliche Weise. Sowohl Johannes als auch Donald sind in diesen Tagen eine Art Elternersatz für Julian. Sie kümmern sich um die Einhaltung seines Zeitplans, kutschieren ihn von A nach B und erinnern ihn an seine Termine. Jetzt bin ich offenbar auch ein Teil dieses Teams geworden. Jedenfalls läuft unser Umgang hauptsächlich auf den Versuch meinerseits hinaus, Julians Leben zu organisieren. Doch allmählich fehlt mir die Zeit und auch die nötige Energie dafür, mich noch länger um die Nahrungsaufnahme und Hygiene dieses Mannes zu kümmern oder gar seine Anrufbeantworterin zu spielen.

Ich suche eine Klinik für Geschlechtskrankheiten auf und spreche dort mit mehreren Krankenschwestern. Ich berichte, was geschehen ist – dass ich gegen meinen Willen einer Ansteckungsgefahr ausgesetzt wurde –, komme mir jedoch bei der Schilderung der Gründe dafür ziemlich blöd vor. Sie scheinen es aber nicht für angezeigt zu halten, meine Sicht des Vorfalls zu werten oder zu kommentieren, was ich akzeptiere. Manchmal empfindet man Sex eben als unangenehm, das ist offenbar ganz normal.

Ich möchte mich auf Geschlechtskrankheiten testen lassen, was jedoch wegen des geringen zeitlichen Abstands noch nicht möglich ist. Ich mache einen weiteren Termin in acht Tagen ab, um einen Chlamydien- und Gonorrhoe-Test zu absolvieren. Eine Untersuchung auf Syphilis und HIV halten die Schwestern ebenfalls für angezeigt, doch dafür muss ich drei Monate warten.

Etwas später plant Julian, mit Lesern der Zeitung »Aftonbladet« zu chatten, und wir kommen überein, dass er dies am besten von meinem Büro im Hauptsitz der Sozialdemokratischen Partei aus tun kann. Im Aufzug begegnen wir dem ehemaligen Premierminister Göran Persson. Wenn ich ihn früher gegrüßt habe, erhielt ich nie eine Reaktion, doch wenn Julian an meiner Seite ist, ist er sogar bereit, Hände zu schütteln. Er sagt in seinem schleppenden, mittelschwedisch gefärbten Englisch: »Mister Assange, Sie müssen wissen, dass Ihre Arbeit in Schweden große Unterstützung findet.«

Julian ist in allen Gesellschaftsschichten beliebt. Doch zugleich beginnt seine Fassade zu bröckeln. Je näher ich ihn kennenlerne, desto mehr fallen mir seine persönlichen Schwächen und deren negative Auswirkungen auf die Organisation Wikileaks auf. Ein Beispiel dafür ist ein Treffen mit dem Geschäftsführer von Reporter ohne Grenzen. Dieses internationale Netzwerk steht Wikileaks in Fragen zu Meinungsfreiheit und Transparenz ähnlich nahe wie auch der schwedische Journalistenverband, Amnesty International und diverse andere Institutionen. Doch man hat in der Vergangenheit auch Kritik an einigen Entscheidungen von Wikileaks geübt, beispielsweise an der fehlenden Rücksichtnahme auf Integritätsfragen im Zuge gewisser Veröffentlichungen. Uns ist es kurzfristig gelungen, dieses Treffen zu arrangieren, und das Netzwerk zeigt sich interessiert an einer Zusammenarbeit, nicht zuletzt, um Wikileaks bei dem Versuch zu unterstützen, dieser Kritik entgegenzuwirken.

Schon kurz nach Beginn ihres gemeinsamen Gesprächs sehe ich den Geschäftsführer von Reporter ohne Grenzen wieder aus dem Raum kommen. Ich frage ihn rasch, wie es gelaufen sei, doch er schüttelt lediglich den Kopf. Nachdem er das Gebäude verlassen hat, frage ich Julian dasselbe.

»I left him shaking in his boots«, antwortet er und grinst überheblich.

Obwohl es sich um eine Zusammenkunft mit einer bedeutsamen und kooperationswilligen Institution handelte, ist Julian offenbar stolz darauf, ihren Vertreter vor den Kopf gestoßen zu haben.

Wer kann Julian eigentlich zur Rechenschaft ziehen, wenn er Wikileaks irgendeinen Schaden zufügt? Die Organisation scheint weder einen Vorstand noch sonst irgendein Management zu haben oder zumindest einen Wirtschaftsprüfer zu beschäftigen, der das Mandat hätte, innerhalb der Kompetenzbereiche, in denen Julian versagt, jemand anderen vorzuschicken. Ist Wikileaks überhaupt eine Organisation? Oder handelt es sich eher um eine persönliche Marke, die außer Julian niemand sonst kontrollieren kann?

Als ich nach der Arbeit ziemlich spät am Abend heimkomme, liegen noch jede Menge Sachen von Julian in meiner Wohnung. Er selbst ist jedoch nicht da. Offenbar übernachtet er irgendwo anders, aber ich kontaktiere ihn nicht, um zu fragen, wo. Ich bin einfach nur wahnsinnig erleichtert, meine Wohnung wieder für mich allein zu haben.

Dienstag, 17. August 2010

Guten Morgen, kannst du J bitte daran erinnern, dass wir ein Meeting um 12 Uhr beim Journalistenverband haben? Befürchte, dass er sonst verschläft, und schaffe es heute leider nicht, ihn abzuholen …

Die SMS kommt von Johannes. Ich antworte:

> Er ist gar nicht hier. Er hatte eigentlich jeden Abend vor, das Kaschmir-Mädel zu vögeln, ist aber nicht weggekommen. Vielleicht hat es ja gestern geklappt?

> Geschmacksverirrung! Hast du ihre Nummer?

> Bin mir nicht sicher, ob er überhaupt Geschmack hat (mal ehrlich), aber sie war doch eigentlich ganz süß …? Nein, leider nicht, sie arbeitet in [irgendeinem Museum], und ich hab nur ihre Mailadresse, das ist alles.

Am Abend kehrt Julian zurück. Er hat noch immer meinen Wohnungsschlüssel. Allmählich tut er mir leid, weil er nirgendwo anders hinkann. Mein Eindruck ist derselbe wie am ersten Tag im Restaurant: Er braucht jemanden, der sich um ihn kümmert. Er braucht mich. Er ist zwar anstrengend, aber kein schlechter Mensch, er hat nur gewisse Probleme – wie wir alle. Diese Erkenntnis ist genauso wahr wie mein Empfinden, einem Übergriff ausgesetzt worden zu sein. Die Wahrheit lässt sich in diesem Fall nicht als eine bestimmte definieren, da es mehrere Wahrheiten gibt. Mehrere Gefühlsebenen, schwarze und weiße zugleich, Gefühle innerhalb einer Grauzone. Die Sache ist entschieden, als ich feststelle, dass er inzwischen geduscht hat. Ich beschließe erneut, ihm keine Szene zu machen, sondern ihn noch ein letztes Mal bei mir übernachten zu lassen.

Irgendjemand hat ihm Tove Klackenbergs Kriminalroman »*Påtaglig risk att skada*« geschenkt. Er zieht kichernd einen Zettel aus dem Buch und zeigt ihn mir:

> *Lieber Mr. Wikileaks,*
> *ich bin der festen Überzeugung, dass die Zitate auf den Seiten 65, 79, 87, 97, 131, 137, 165, 181 und 201 ganz nach Ihrem Geschmack sind.*[3]

Zwischen den angegebenen Seiten liegen große Geldscheine, und es ist offensichtlich, dass sowohl der Spender als auch Julian selbst der Auffassung sind, Julian sei Mister Wikileaks. Keiner von beiden scheint einen Unterschied zwischen ihm und der Organisation zu machen. Für wen genau das Geld vorgesehen ist oder wer das Recht hat, dessen Verwendungszweck zu bestimmen, ist unklar. Julian oder Wikileaks? Allmählich beginne ich zu begreifen, was ich vor seiner Ankunft in Schweden nicht wusste, nämlich was es bedeutet, der Gründer von Wikileaks zu sein. »Mr. Wikileaks« fasst es ganz gut zusammen.

Julian arbeitet die ganze Nacht durch. Obwohl er mich eigentlich nicht stört, wird mir seine Anwesenheit zunehmend lästig. Er weiß, dass ich ihn dazu bringen will, auszuziehen – hat es sogar versprochen –, und trotzdem ist er ohne irgendwelche Entschuldigungen wieder zurückgekehrt und benimmt sich, als sei er hier zu Hause. Ohne auch nur ansatzweise zu erklären, warum er nicht ausziehen kann. Als besäße er ein verbrieftes Recht darauf, meinen Schlüssel zu behalten. Dass jemand unerlaubt mein Zuhause in Besitz nimmt, ist eine ziemlich neue Erfahrung für mich. Ich weiß nicht, wie ich damit umgehen soll.

Ich frage Johannes, ob er mir helfen könne, doch der scheint die Strategie seines Freundes, sich einfach irgendwo einzuquartieren, nachvollziehen zu können, und hat auch keine Lösung parat. Bei Donald hingegen habe ich den Eindruck, dass er Julians Verhalten, die Wohnung anderer zu okkupieren, für deutlich unangebrachter hält, deshalb rufe ich bei ihm an.

»Donald, was soll ich tun? Ich halt es nicht mehr aus.«

Er weiß ebenfalls keine Antwort, doch als wir uns noch ein wenig über Julian unterhalten und ich erwähne, dass dieser es offenbar bevorzugt, bei Frauen zu wohnen, sagt Donald:

»Julian ist der erste Mann, dem ich begegnet bin, der mit hundert Prozent aller Frauen anbändelt, die er trifft. Vor ein paar Tagen hat er mit einer Amerikanerin rumgemacht, die er noch nie zuvor gesehen hatte. Sie haben die Abendveranstaltung Hand in Hand verlassen, wie ich vermute, auf dem Weg in ihr Hotelzimmer.«

»Ich werde jedenfalls garantiert nichts mit ihm anfangen«, entgegne ich und meine natürlich, dass ich nicht noch einmal mit ihm schlafen werde, weil ich es einfach widerlich fand. Doch ich schäme mich für meine Äußerung. Genauso wie starke Gewürze über das abgelaufene Haltbarkeitsdatum von Lebensmitteln hinwegtäuschen können, eignen sich mitunter auch ein wichtiger Job und eine gewisse Prominenz dafür, die Warnsignale für negative menschliche Eigenschaften zu überdecken, die man sonst weitaus deutlicher wahrgenommen hätte.

Mir wird klar, wie unglaublich leicht es uns Menschen doch fällt, negative Verhaltensweisen und Schwächen bei bestimmten Leuten auszublenden und nur das Positive an ihnen zu sehen. Wie schnell wir sie zu Helden stilisieren und manche ihrer Verhaltensweisen hinnehmen, wegen deren wir andere als Schurken bezeichnen würden. Wir verklären ganz gewöhnliche Menschen liebend gern mythisch und machen sie zu Halbgöttern.

Allmählich geht mir auf, dass selbst ein Held zum Straftäter werden kann und dass das, was Julian mir angetan hat, sehr wohl gesetzwidrig sein kann. Ich konnte es zwar verhindern, dass er ohne Kondom in mich eindrang, aber er hat mir dennoch gegen meinen Willen sein Sperma aufgezwungen. Allerdings verstehe ich noch immer nicht ganz, warum. Welches Motiv verfolgte er, als er ein Kondom benutzte, das mit einem kleinen Loch an der Spitze versehen war? Wollte er mich befruchten? Oder das Gefühl, mich zu dominieren, damit noch verstärken? Oder mich etwa bewusst mit einer Krankheit anstecken?

Mittwoch, 18. August 2010

Morgens vor der Arbeit gleitet Julian neben mich auf die Bettkante und legt sein Kinn auf meine Schulter, als wolle er mir einen Wangenkuss geben. Stattdessen rülpst er mir geradewegs ins Gesicht. Es ist so ziemlich das Ekelhafteste, was ich je erlebt habe. Sein Atem stinkt sauer und faulig, und ich fühle mich ungeheuer erniedrigt. Ich schätze, dass es unabsichtlich passiert ist, doch er zeigt nicht die geringste Absicht, sich zu entschuldigen.

Mir wird speiübel. Noch lange danach erinnere ich mich an den ekelhaften Gestank, und schon beim bloßen Gedanken daran würgt es mich. Eine heftige Reaktion der Abscheu.

Ein Journalist von »Medierna i P1«, dem Medienkanal im schwedischen Radio, plant ein Interview mit Julian. Ich frage Julian, ob es ihm recht ist, wenn ich einen Termin ausmache, und er stimmt zu. Ein Grund dafür, dass er in meiner Wohnung bleiben will, liegt darin, dass diese nach Julians Einschätzung ein sicherer Aufenthaltsort ist, von dem niemand weiß. Deshalb arrangiere ich das Interview nicht in einem Café in der Nähe, sondern lade den Journalisten in meine Wohnung ein.

»Also was, kommt er etwa hierher?« Julian ist aufgebracht. »Aber muss er denn unbedingt erfahren, wo ich wohne?«

»Das spielt doch jetzt keine Rolle mehr, du wirst ja sowieso heute ausziehen«, entgegne ich und hoffe, dass mein Plan funktioniert.

»Aber ich komme vielleicht wieder zurück.«

»Nein, das glaube ich nicht.«

Donald hat mir mitgeteilt, dass Julian heute nach Frankreich fliegen wird. Mir gegenüber hat Julian allerdings von Island gesprochen.

Ich bitte ihn, mir den Wohnungsschlüssel persönlich auszuhändigen, weil die Sache mit dem Briefkasten nicht funktioniert hat. Doch er muss noch ganz schnell irgendetwas Superwichtiges fertigstellen, wie er sagt, und vertieft sich wieder in seine Arbeit auf dem Sofa.

»Du musst aber heute ausziehen.«

»Ja, schon klar, ich hab ja schließlich schon das Flugticket. Also okay, aber umarme mich zum Abschied noch mal«, bittet er.

Ich gehe zum Sofa, um ihn zu umarmen, und hoffe, dass wir uns danach nie wieder sehen. In diesem Augenblick zieht er mich zu sich aufs Sofa hinunter und fängt an, mich zu begrabschen. Ich ärgere mich und werde laut, dann mache ich mich los und gehe zur Tür. Dort krame ich in der Tasche nach meinem Wohnungsschlüssel.

»Ach, komm doch und setz dich kurz zu mir«, drängt er erneut, in der Hoffnung, dass ich zum Sofa zurückkehre.

»Also wirklich, ich hab dich doch gerade umarmt.«

Ich befürchte, dass er mich beim nächsten Mal nicht loslassen wird.

»Leg den Schlüssel in den Briefkasten, wenn du gehst«, sage ich beim Hinausgehen.

Als ich heimkomme, ist er noch immer da.

Er ist in irgendeine wichtige Sache vertieft. Ich ziehe mein Nachthemd an, lege mich ins Bett und schlafe ein. Nach einer Weile wache ich unvermittelt auf. Julian liegt in meinem Bett, mit entblößtem Unterleib, und presst seinen erigierten Penis gegen meinen Po. Zum Teufel auch, denke ich. Ich bin stinksauer und schlucke heftig. Doch ich sage nichts, sondern stehe einfach auf, ziehe mein Nachthemd wieder herunter und lege mich auf die Matratze auf dem Fußboden. Zum Glück folgt er mir nicht, sondern schläft stattdessen in meinem Bett ein.

Viel später erfahre ich, dass er genau an diesem Tag einen Antrag für eine Aufenthaltsgenehmigung in Schweden eingereicht hat. Irgendein Flugticket scheint er hingegen nicht besessen zu haben, weder nach Frankreich noch nach Island.

Donnerstag, 19. August 2010

Ich muss früh zur Arbeit, und Julian verspricht mir – ein weiteres Mal –, den Schlüssel im Briefkasten zu hinterlegen. Heute wird er definitiv ausziehen.

Als ich gegen einundzwanzig Uhr endlich von der Arbeit heimkehre, lässt sich der Wohnungsschlüssel nicht ins Schloss schieben. Mein Ersatzschlüssel steckt also von innen. Verdammt, denke ich, er ist immer noch da. Ich weigere mich, hineinzugehen.

Doch dann klingele ich und betrete die Wohnung.

Es riecht stark nach ungewaschenem Körper, nach Urin und eingetrocknetem Schweiß, und im Wasser der Toilettenschüssel treiben Kotbrocken umher. Schon wieder hat er vergessen zu spülen. Auch scheint er den ganzen Tag über nichts gegessen zu haben. Ich habe jedenfalls nichts vorbereitet. Seine Sachen liegen überall herum, und er sitzt noch an genau derselben Stelle auf dem Sofa wie heute Morgen.

»Du wolltest doch die Wohnung verlassen und den Schlüssel im Briefkasten deponieren. Warum bist du noch da?«

»Mir gefällt es hier so gut«, antwortet er.

Er legt den Kopf schräg, als wäre es eine super Sache, dass er noch da ist. Mit seinem leicht offenstehenden Mund und den verwuschelten Haaren sieht er aus wie ein kleiner Junge. Doch heute kann ich daran nichts Liebenswertes oder Charmantes finden.

»Klar«, kontere ich, »ist ja logisch, 'ne Residenz mit Vollpension und Spülservice.«

Meine Vorhaltungen lassen ihn völlig kalt. Ich kann nur schwer nachvollziehen, warum mir seine schlechten Seiten nicht schon gleich am ersten Abend auffielen, wo sie jetzt doch so offensichtlich sind.

Ich ziehe mir eine Jacke über und schlüpfe in meine Schuhe.

»Hast du ein Date?«, fragt Julian.

»Ja, ich habe ein Date.«

Ich räume das Feld und suche das Weite, allerdings ohne zu wissen, wohin. Ich muss einfach nur weg von hier. Kurz bevor die Tür ins Schloss fällt, sagt Julian, ohne länger von seinem Laptop aufzuschauen:

»Aber wir haben doch ein romantisches Verhältnis.«

Ich öffne die Tür wieder ein wenig, schaue ihn an und entgegne:

»Nein, Julian, wir haben kein romantisches Verhältnis.«

Dann schließe ich die Tür endgültig und gehe.

Zuerst rufe ich bei Joel an, einem engen Freund, der in der Nähe wohnt. Er ist glücklicherweise zu Hause, und ich gehe zu ihm. Von dort erreiche ich Olof, den netten Typen mit dem Schnaps.

»Mein Zuhause ist von einem Ekel okkupiert worden«, klage ich.

»Du kannst gerne herkommen und hier übernachten.«

Als ich bei ihm eintreffe, schildere ich die Situation ausführlicher.

»Hätte ich nie gedacht, als ich Julian beim Seminar gesehen hab«, meint er.

Wir reden die halbe Nacht lang. An Sex verschwende ich noch nicht einmal einen Gedanken, denn ich bin ins Zölibat gegangen.

Freitag, 20. August 2010

Inzwischen wohnt Julian seit einer Woche in meiner Wohnung. Im Internet kann man auf verschiedenen Seiten lesen, dass Julian gut über mich zu erreichen sei. Ich bin eine der wenigen, die seine aktuelle Handynummer haben, und kann direkten Kontakt zu ihm aufnehmen. Das hat zur Folge, dass Maria – die ehrenamtliche Helferin vom Seminar – mir eine Nachricht schickt, in der sie um seine Kontaktdaten bittet. *Ich verlasse mich auf deine Diskretion,* schreibt sie.

Shit, denke ich. Mir ist sofort klar, worum es geht. Ich antworte ihr: *Er ist in meiner Wohnung. Du kannst mich gerne anrufen. Er ist in vielerlei Hinsicht ein echtes Schwein.*

Dann kehre ich nach Hause zurück und fordere Julian auf, meine Wohnung umgehend zu verlassen. Diesmal lasse ich nicht einmal ansatzweise zu, dass er sich dumm stellt.

»Ich lege den Schlüssel in den Briefkas …«, sagt er, aber ich unterbreche ihn mitten im Satz und erwidere: »Nein, nein, das tust du nicht. Du gibst ihn mir jetzt gleich. Ich fahre heute Abend nach Uppsala und brauche ihn, und zwar sofort.«

Ich stehe an der Wohnungstür, doch er bleibt auf dem Sofa sitzen und tippt weiter auf der Tastatur seines Computers.

Maria ruft auf meinem Handy an.

Julian versteht kein Schwedisch, aber ich gehe dennoch hinaus auf den Balkon, um ungestört mit ihr reden zu können. Sie klingt angsterfüllt und ziemlich aufgewühlt.

»Was meintest du damit, dass er ein Schwein ist?«, lautet ihre erste Frage.

Ich erkläre, dass er ungepflegt sei, alles einsaue, sich weigere, meine Wohnung zu verlassen, und außerdem Unterstützung bei der Befriedigung seiner grundlegenden Bedürfnisse benötige. Dann berichtet sie mir, dass Julian gegen ihren Willen und ohne Kondom in sie eingedrungen sei, noch dazu, während sie schlief. Und dass er einfach weitergemacht habe, als sie aufgewacht sei, und schließlich auch in ihr gekommen sei.

Mit anderen Worten: genau dasselbe, was er auch mir angetan hatte, nämlich gegen meinen Willen seinen Samen in mich hineinzuspritzen. Doch das, was sie mir erzählt, fällt meiner Auffassung nach noch deutlicher in die Kategorie des Übergriffs. Nach schwedischem Gesetz gilt das Penetrieren einer schlafenden Person als Vergewaltigung.

Ich hole tief Luft. Dann vertraue ich ihr an, was mir widerfahren ist. Und dass ich das von ihr beschriebene Verhalten wiedererkennen würde, woraufhin sie versichert, mir zu glauben. Sein Benehmen mir gegenüber scheint also keine Ausnahme zu sein, und mir wird klar, dass auch ich letztlich einem Übergriff ausgesetzt war. Es ist wie ein schwer zu deutendes Bilderrätsel, für dessen Lösung Maria mir im Telefonat entscheidende Hinweise liefert. Die Situation, in die mich Julian am Freitag vor einer Woche versetzt hat, war keineswegs hinnehmbar. Und außerdem fühle ich mich in gewisser Weise verantwortlich für Maria.

Sie erklärt, dass sie sich gerade im Stadtteil Södermalm im Krankenhaus, in der Abteilung für Vergewaltigungsopfer befindet. Dort haben sie ihr ein sogenanntes Vergewaltigungs-Kit ausgehändigt sowie antiretrovirale Medikamente verabreicht. Diese Medikamente können verhindern, dass sich das betreffende Virus festsetzt, wenn sie innerhalb von drei Tagen eingenommen werden. In meinem Fall war jedoch schon am Montag beim Aufsuchen der Klinik zu viel Zeit vergangen, um noch eine Wirkung erzielen zu können. Entweder habe ich mich also angesteckt oder eben nicht.

Ich verspreche Maria, mit Julian zu reden und ihn zur Fahrt ins Krankenhaus zu bewegen, um dort einen Test machen zu lassen. Doch als Erstes muss er meine Wohnung verlassen. Das erscheint mir im

Augenblick das Wichtigste in meinem Leben: ihn von meinem Sofa zu entfernen.

Das Telefonat mit Maria gibt mir den letzten nötigen Ruck, um ihn endgültig rauszuschmeißen. Während ich seine Strümpfe und alles andere zusammensuche, was er in meiner gesamten Wohnung verteilt hat, sitzt er seelenruhig auf dem Sofa und arbeitet. Ich stopfe alles in seinen braunen Koffer und befördere das Gepäckstück hinaus ins Treppenhaus. Dann schlüpfe ich in meine Schuhe.

»Jetzt«, sage ich. »Jetzt muss ich los, und du gehst ebenfalls.«

Endlich steht er auf, klappt seinen Laptop zu und zieht sich die Schuhe an. Meine Schultern senken sich, begleitet von einem Seufzer. Unten auf der Straße drückt er mir einen Kuss auf die Wange, bedankt sich dafür, dass er bei mir wohnen durfte, und dann gehen wir getrennte Wege.

Jetzt, da ich Julian endlich losgeworden bin, würde ich ihn nur ungern anrufen. Deshalb kontaktiere ich Donald und bitte ihn um Unterstützung, damit Julian umgehend bei Maria anruft.

In meinem Inneren macht sich allmählich Erleichterung breit, weil die Geschichte nun wirklich ein Ende nimmt. Solange ich keine unheilbare Krankheit in mir trage, endet das Ganze hier und jetzt. Julian hat meine Wohnung verlassen, und was er von nun an tut oder lässt, geht mich nichts mehr an. Ich werde sowohl den Sternenglanz als auch das Unbehagen abstreifen. Und das fühlt sich gut an.

Aber es endet einfach nicht. Julian sorgt dafür, dass es nicht endet.

Als ich gerade in meinem Büro eintreffe, ruft Maria erneut an und erklärt, dass sie lange mit Julian diskutiert habe. Sie hat ihn mehrfach aufgefordert, ins Krankenhaus zu kommen, jedoch ohne Erfolg.

Er selbst kann natürlich nicht wissen, ob er gesund ist – zumindest was Maria betrifft. Denn schließlich hatte er kurz zuvor ungeschützten Verkehr mit mir. Und er wusste nichts über meinen Gesundheitsstatus. Ich nehme an, dass er auch über die andere Frau, mit der er nur wenige Tage nach mir Sex gehabt hatte, wie Donald vermutete, nichts wusste.

Sein Verhalten diesbezüglich ist auffallend riskant, denn er hat uns ohne unsere Zustimmung einem Risiko ausgesetzt. Maria und ich sind uns einig, dass er zumindest einen HIV-Test absolvieren muss.

Wir tauschen uns noch eine Weile über seine Leichtfertigkeit aus und darüber, was er uns beiden angetan hat, und danach rufe ich ihn selbst an. Ich gebe ihm zu verstehen, dass ich Marias Forderung unterstütze und er unbedingt ins Krankenhaus fahren muss. Er reagiert gereizt.

»Es gibt keinen Grund, warum ich das tun sollte.«

Erneut muss ich tief Luft holen, bevor ich erwidere:

»Julian, du weißt, dass es hier auch um mich geht. Du musst hinfahren und dich testen lassen. Ich habe Angst.«

Das ist stark untertrieben. Ich habe eine Scheißangst. Jetzt verliert er die Besinnung. Stinksauer schreit er ins Telefon:

»I am under extreme pressure! Für solche Sachen habe ich keine Zeit. Und außerdem lasse ich mir von euch nichts vorschreiben. Was glaubt ihr eigentlich, wer ihr seid? Ihr wisst doch ganz genau, wer ich bin!«

Mit seinem Wutausbruch bezweckt er womöglich, mich zu verunsichern, doch er erreicht genau den entgegengesetzten Effekt. In meiner Wertschätzung schrumpft er beträchtlich, und ich werde augenblicklich ruhiger. Mich an die Polizei zu wenden, ist in diesem Fall nicht als Drohung gemeint, sondern als echte Option, falls Julian nicht in der Lage ist, verantwortungsvoll zu handeln und die Sache gemeinsam mit uns zu lösen. Er legt wider Erwarten nicht auf, sondern bleibt in der Leitung, bis er sich allmählich ebenfalls beruhigt und schließlich die Strategie ändert.

»Begreife doch bitte, dass ich unter einem Wahnsinnsdruck stehe«, sagt er erneut.

Er gibt mir zu verstehen, dass wir ihm offenbar dabei geholfen haben, sich zu entspannen, und dies auch weiterhin tun sollten. Also nicht für ihn persönlich, sondern für den guten Zweck. Nicht für Julian, sondern für Wikileaks. Obwohl sich Julian an uns vergangen hat und nicht Wikileaks. Ihn zu einem Test zu zwingen, ist für ihn offenbar dasselbe, wie der gesamten Organisation Wikileaks eine Auszeit zu verordnen –

sie also letztlich an der Verbreitung geheimer Dokumente zu hindern und damit indirekt korrupte Machthaber zu unterstützen. Er verweist auf alles andere außer auf das, was tatsächlich passiert ist – dass er gegen unseren Willen ungeschützten Geschlechtsverkehr mit uns hatte und wir nun von ihm fordern, die Verantwortung dafür zu übernehmen. Doch er weigert sich standhaft, sich einem Test zu unterziehen.

»Nein, ich lass mich nicht testen.«

»Du hast das Kondom absichtlich zerrissen«, argumentiere ich.

»Nein, hab ich nicht. Kondome reißen eben manchmal, wie du weißt.«

»Ja, das kommt vor, aber wieso hast du es dann nicht gemerkt?«

Er wechselt das Thema.

»Ich bin für das Leben von unglaublich vielen Menschen verantwortlich, und ihr könnt nicht so mit mir umspringen.«

»So wie ich es sehe, bist DU derjenige, der nicht einfach so mit uns umspringen kann. Was du getan hast, war gesetzwidrig, du hast uns gegen unseren Willen einem Ansteckungsrisiko ausgesetzt und musst jetzt die Verantwortung dafür übernehmen.«

»Eigentlich müsstest doch du wissen, dass ich nicht so einer bin.«

Ich lache auf.

»Großer Gott, Julian, wenn einer wissen müsste, dass du genau so einer bist, dann ja wohl ich!«

Er ist entrüstet und wird erneut laut.

»Ich bin ein weißer Australier, und australische Männer haben kein HIV.«

»Dein Glaube daran, dass dich deine ethnische Herkunft vor einer Ansteckung schützt, beruhigt mich nicht im Mindesten. Aber mal im Ernst, ich scheiß auf deine Vorurteile über HIV. Du musst dich testen lassen. Ich will es schließlich auch wissen.«

»Ja, wenn du dich testen lassen willst, dann mach es doch«, entgegnet er.

»Es dauert drei Monate, bis ich das Ergebnis erfahre, und ich hab keine Lust, drei Monate mit der Angst herumzulaufen, mich eventuell angesteckt zu haben. Jetzt reiß dich verdammt noch mal zusammen, es dauert doch höchstens eine Stunde.«

»Ich hab mich vor drei Monaten testen lassen, also alles in Ordnung, kein Risiko.«

»Und warum hast du dich testen lassen, wenn du glaubst, dass sich weiße australische Männer nicht anstecken können?«

»Du bist ja nur eifersüchtig«, kontert er. »Oder? Du machst das doch nur aus Eifersucht. Du bist sauer, weil ich zu Maria gefahren bin. Und willst mich dafür bestrafen.«

»Also, jetzt hör aber auf! Daran glaubst du doch wohl selbst nicht. Du hast doch gemerkt, wie froh ich war, als du endlich gegangen bist. Nachdem ich dich schon die ganze Woche dazu aufgefordert hatte. Und außerdem hab ich dir sogar noch dabei geholfen, eine Verkehrsverbindung rauszusuchen, als du zu ihr wolltest.«

Er unterbricht mich und sagt:

»Auch egal, jedenfalls ist jetzt der falsche Zeitpunkt. Ich habe wirklich keine Zeit für solche Dinge.«

Wir beenden das Telefonat. In seinen Augen ist er zu wichtig, und wir sind zu unwichtig.

Stattdessen rufe ich erneut bei Donald an. Vielleicht kann er Julian ja doch noch zu einem Test überreden. Ich betone, dass die Sache ohne Strafanzeige und ohne unnötige Auseinandersetzungen rasch aus der Welt geschaffen werden könne, und erkläre außerdem, dass Maria bestimmt keine Anzeige erstatten wird, wenn man bei ihr eine Ansteckung ausschließt. Damit versuche ich zu signalisieren, dass ein Test, also die Möglichkeit für Julian, Verantwortung zu zeigen, einen Ausweg darstellen könnte. Eigentlich beziehen sich meine Worte auf beide Übergriffe, doch ich erwähne meine persönlichen Erfahrungen nicht. Denn im Grunde habe ich ja gar nicht »mit Assange geschlafen«, oder jedenfalls will ich es vor Donald nicht zugeben, und am liebsten auch vor niemandem sonst.

Letztlich habe ich keine Ahnung, was geschehen wird, wenn Julian nachgibt. Maria und ich kennen einander nicht näher, und ich weiß auch nicht, was sie vorhat. Aber ich vermute, dass die Situation für sie weitaus belastender ist als für mich. Ihr scheint es extrem schlecht zu gehen.

Maria fragt mich um Rat, und ich empfehle ihr, zur Polizei zu gehen. Sie könnte Anzeige erstatten, das Formular dann aber nicht unterschreiben, die Sache also nicht wirklich durchziehen, sondern nur Julian damit letztlich doch noch zu einem Test bewegen.

Donald ruft bei Julian an, doch es hilft nichts. Julian weigert sich. Stattdessen meldet er sich wieder bei mir und beschimpft mich wüst.

»Das ist Erpressung, ich werde dich anzeigen«, schreit er. »Das ist eine Drohung, das ist gesetzwidrig, ich werde dich drankriegen, weil du mir gedroht hast. Und dann landest du hinter Gittern!«

Ein ums andere Mal fragt er, ob wir schon bei der Polizei gewesen seien und ob wir tatsächlich beabsichtigten, hinzugehen. Doch ich habe seine Fassade bereits durchschaut. Ich habe das Bilderrätsel gelöst, und jetzt sehe ich klarer: Er hat mich einem Übergriff ausgesetzt und unter Umständen sogar in Lebensgefahr gebracht, und nun sind wir also schon so weit gekommen, dass er erwägt, Strafanzeige gegen mich zu erstatten – weil ich das nicht akzeptieren will.

Ja, denke ich, was soll's, zeig mich doch an. Dann werden wir ja sehen, was strafbarer ist: der Polizei die Wahrheit zu sagen oder sich an Frauen zu vergreifen.

Strafanzeige zu erstatten, ist wichtig, damit eine Veränderung stattfindet. So viele Male habe ich genau das gesagt, während meiner Jahre an der Universität, in der Studentenpolitik und später in Vereinigungen wie Avantgarde, Rebella und Laboremus. In meinen wissenschaftlichen Arbeiten und in der Fachschaft habe ich mich intensiv mit dem Thema sexuelle Übergriffe, mit der Bedeutsamkeit von Strafanzeigen und ihren Konsequenzen sowie nicht zuletzt mit den verschiedenen Aspekten der sexuellen und reproduktiven Rechte von Frauen beschäftigt. Ich habe Magazine über feministische Forschung herausgegeben, große Konferenzen zum Thema sexuelle Belästigung organisiert und den ersten Teil von Nina Björks Buch »*Under det rosa täcket*« – eine Art Grundkurs in Sachen Feminismus – ins Spanische übersetzt.

»Sexualstraftaten sind eine Waffe des Patriarchats und eine Kriegserklärung an die Gleichberechtigung«, schrieb ich vor ein paar Jahren in meinen Notizblock, direkt neben ein Zitat der Philosophin Susan Griffin : »Als symbolischer Ausdruck der weißen, männlichen Hierarchie ist die Vergewaltigung der Inbegriff unserer Gesellschaft.«[4]

Ich selbst habe Vergewaltigungen oft als ein Symbol für die Übergriffe von Menschen auf die Natur angesehen, für die Strukturen, die diese Verbrechen ermöglichen, und letztlich auch dafür, wie Vergewaltigungen sowie die Verbreitung von ansteckenden Krankheiten als Waffen im Krieg angewendet werden. Ich habe mich gegen die Straffreiheit verwehrt, die den allermeisten Sexualverbrechern gewährt wird. Doch ich habe nicht nur die Probleme analysiert, sondern auch die Lösungen. Wie können die Politik und die Frauenbewegung zu einer bestmöglichen Gesetzgebung finden? Und vielleicht die vorrangigste Frage: Was können wir tun, damit die Gesetze, für deren Einführung so viele Menschen so vieles geopfert haben, auch befolgt werden? Einige Antworten lassen sich im Polizei- und auch im Gerichtswesen finden. Dort sollte man anfangen, Sexualstraftaten ernst zu nehmen. Wer Strafanzeige erstattet, fordert genau das ein. Wer sich traut, Anzeige zu erstatten, leistet Widerstand gegen die Hierarchie, von der Griffin spricht. Deshalb habe ich konsequent die Auffassung vertreten, dass jedes Opfer einer Sexualstraftat seine Rechte einfordern muss. Dass jede und jeder ein Recht auf den eigenen Körper hat.

Maria sollte zur Polizei gehen. Doch der Gedanke, dass ich es auch tun sollte, war mir noch nicht gekommen. Eigentlich hatte ich nie erwartet, überhaupt jemals selbst in eine solche Situation geraten zu können. Und letztlich bin ich ja auch gar nicht in eine solche Situation geraten, denke ich. Julians Verhalten mir gegenüber hat ja wohl kaum etwas mit einer politisch gewollten Aufrechterhaltung von Hierarchien zu tun, oder? Es war unangenehm, aber so ist das manchmal. Zugleich ist mir bewusst, dass ich eine Zeugin bin, die Julians Verhalten gegenüber Maria bestätigen kann. Ihre Geschichte ist meiner so ähnlich, dass sie für mich selbstverständlich wahr ist. Und zwar nicht aufgrund einer diffusen weiblichen Intuition, sondern wegen realer übergriffiger Erfahrungen mit einem gewissen Mann. Ich empfinde es als meine Pflicht, Maria zu unterstützen und nicht nur aus Prinzip zur Polizei zu gehen, sondern wegen einer Schwester im Geiste, auch wenn sie nur eine entfernte Bekannte ist.

Kein Mann hat das moralische Recht, einer anderen Person seine Körperflüssigkeiten aufzuzwingen oder sie diesbezüglich zu täuschen. Wenn Julian sich angesteckt hat, weiß er es höchstwahrscheinlich, oder vermutet es zumindest. Mir ist bewusst, dass HIV mit der richtigen Medikation nicht zwangsläufig übertragbar sein muss, aber ich habe nicht die geringste Spur von irgendwelchen Medikamenten in meiner Wohnung gesehen, obwohl der gesamte Inhalt seines Koffers darin ausgebreitet lag. Eine Person vorsätzlich einer Ansteckungsgefahr auszusetzen, ist gesetzwidrig. All das sage ich Maria. Julian muss jene Verantwortung übernehmen, die er sich weigert überhaupt als solche zu betrachten.

»Ich finde, du solltest zur Polizei gehen, und natürlich komme ich mit. Und dort werde ich selbstverständlich auch meine Geschichte erzählen.«

Ich sage *selbstverständlich*, als wäre das der Fall, doch tief in meinem Inneren empfinde ich es keineswegs als selbstverständlich. Ich mache es Maria zuliebe, anderen Frauen zuliebe, da sie ein Recht auf ihren Körper haben. Aber mein Fall, mein Körper? Der erscheint mir in diesem Zusammenhang weitaus unwichtiger.

Wenige Stunden später ruft Maria erneut an. Sie ist jetzt gemeinsam mit ihrem Vater auf dem Weg vom Krankenhaus zur Polizeiwache. Dort will sie die Beamten nach deren Einschätzung der Situation fragen und um Rat für ihr weiteres Vorgehen bitten. Insbesondere will sie danach fragen, welche Möglichkeiten es gebe, Julian zu einem Test zu zwingen. Sie bittet mich, auch zu kommen.

Ich bin noch bei der Arbeit und wehre mich innerlich dagegen, hinzufahren. Ich habe keine Zeit! Und außerdem will ich auf keinen Fall, dass meine Kollegen etwas davon erfahren. Aber letztlich war ich es, die Maria darin bestärkt hat, zur Polizei zu gehen, auch wenn sie zum Zeitpunkt unserer Vereinbarung nicht ahnen konnte, dass ich Zweifel hatte. Unter Umständen habe ich sie ja sogar mit meinem Versprechen, sie zu begleiten, überredet. All meine Worte und Gedanken waren reine Theorie. Doch jetzt höre ich mich selbst sagen: »Ja, ich komme!« Da sich die Polizeidienststelle Klara im Gebäudekomplex des Hauptbahnhofs befindet und weniger als zehn Minuten mit dem Fahrrad von meiner Arbeitsstelle entfernt liegt, beschließen wir, uns dort zu treffen. Ich brauche ja nicht unbedingt Strafanzeige zu erstatten. Noch bleibt mir etwas Zeit, das Ganze zu überdenken. Wir werden die Beamten nur danach fragen, wie sie unsere Fälle einschätzen und welche Möglichkeiten wir haben. Ich denke, dass im Büro keiner irgendetwas merken wird, wenn ich es rasch hinter mich bringe, also nur kurz hinfahre und die Hintergründe für Marias Aussagen liefere, um zu bestätigen, dass Maria die Wahrheit sagt.

Maria wartet vor dem Revier auf mich. Wir umarmen uns zur Begrüßung und gehen gemeinsam hinein.

Eine Polizistin nimmt mich in Empfang und hört sich meinen Bericht an. Dann sagt sie ernst:

»Er hat sich wie ein Schwein benommen, das ist nicht in Ordnung. Was Sie beschreiben, ist ein Übergriff, ein gesetzwidriger Übergriff, und wir werden in diesem Fall vermutlich Strafanzeige erstatten müssen.«

Die Polizistin gibt zu Protokoll, dass ich einer Straftat ausgesetzt war.[5] Als Maria ihren Fall schildert, beurteilt es die für sie zuständige Polizistin ebenso. Ich verleihe meiner Sorge Ausdruck, dass der Fall auf Wikileaks zurückfallen könnte, doch die Beamtin beruhigt mich und erklärt, dass bis zu einem eventuellen Gerichtsprozess nichts an die Öffentlichkeit dringen werde. Und dass eine Strafanzeige keinerlei Risiko für eine Hetzjagd auf Maria und mich oder Julian und Wikileaks nach sich ziehen werde. Sollte es nicht zu einem Gerichtsverfahren kommen, würde also rein gar nichts publik werden.

Ich verlasse das Revier wieder und radele zurück zum Büro. Später will ich zu Marta nach Uppsala fahren, die heute Abend eine Party gibt. Als ich bereits auf dem Bahnsteig stehe, ruft Maria vom Revier aus an. Die Polizei möchte mich noch heute Abend vernehmen, obwohl es schon fast neunzehn Uhr ist.

»Nein, nein, mein Zug fährt jeden Moment ein. Ich möchte jetzt nicht vernommen werden und weiß auch nicht, ob ich die Sache noch weiterverfolgen will«, entgegne ich.

Doch Maria erklärt mir, dass es sich nun um ein Offizialdelikt handelt und deswegen bereits ein Strafverfahren eingeleitet worden ist. Sowohl sexuelle Belästigung, der Tatbestand in meinem Fall, als auch Vergewaltigung, wie es in Marias Fall heißt, sind Offizialdelikte. Das bedeutet, dass unabhängig von der Zustimmung oder dem Einverständnis der Geschädigten ein Verfahren eingeleitet wird. Wir können zwar bestätigen, dass unsere zu Protokoll gegebenen, aber nicht aufgezeichneten Aussagen der Wahrheit entsprechen, doch ansonsten müssen wir nichts unterschreiben – anders, als ich es vermutet hatte. Die Staatsanwältin hat bereits eine Vorladung herausgegeben, weil sie Julian telefonisch nicht erreichen können.

Ich bin völlig baff und fühle mich gestresst. Ich habe die Risiken vorher nicht gut genug abgewogen und geglaubt, noch immer eine Wahl zu haben, also notfalls einen Rückzieher machen zu können. Und ich habe angenommen, weitere Vernehmungen in meinem persönlichen Fall ablehnen zu können. Doch dem ist offenbar nicht so. Jetzt gibt es also kein Zurück mehr, es sei denn, ich würde lügen.

Wir unterhalten uns kurz, und dann reicht Maria den Hörer an die Polizistin weiter, die sie vernommen hat. Wie sich herausstellt, kenne ich die Frau vom Pride-Festival im vergangenen Jahr. Wir sind im selben Netzwerk für sozialdemokratische Blogger aktiv, doch ich wusste nicht, dass sie Polizistin ist. Sie bekundet ihr Mitgefühl und bittet mich dann, aufs Revier zu kommen. Ich frage, ob die Sache nicht bis Montag warten könne.

»Aber am Montag werde ich nicht die Vernehmungsleiterin sein«, antwortet sie.

»Okay gut«, sage ich. Besser, wenn keine Bekannte involviert ist.

Ich steige in meinen Zug und fahre los.

Auf der Party treffe ich völlig unvorbereitet auf Andreas. Die Trauer und die Verletztheit nach der Trennung waren leichter zu ertragen, als wir uns nicht sahen, doch jetzt steht er offenherzig vor mir, und ich möchte so vieles loswerden. Ich weiß, dass er mich verstehen und unterstützen wird, und ich habe mich so unglaublich nach ihm gesehnt. Wir reden den ganzen Abend. Dann fahren wir wieder nach Hause, jeder zurück in sein eigenes neues Leben.

Samstag, 21. August 2010

Am nächsten Morgen werde ich um 6 Uhr 10 vom Klingeln meines Telefons geweckt. Ein Journalist der Tageszeitung »Dagens Nyheter« ruft mich in meiner Funktion als Kontaktperson Assanges an und will mit mir über den Verdacht auf eine Straftat Julians sprechen. Mir wird augenblicklich eiskalt, und ich bin wie gelähmt, bis mir kurz darauf die Hitze in die Wangen steigt und mir klar wird, dass ich blitzschnell reagieren muss. Ich habe nur keine Ahnung, wie. Die Polizistin hatte mir versichert, dass nichts nach außen dringen würde, bevor im Zuge eines eventuellen Gerichtsverfahrens die Dokumente der Öffentlichkeit zugänglich gemacht würden. Doch wie es scheint, ist noch am Abend unserer Vernehmungen etwas durchgesickert. Mir schwant, dass schon sehr bald weitere Journalisten von sich hören lassen werden.

Julians Name sowie Auszüge aus den Protokollen unserer Strafanzeigen waren bereits kurz nach unserem gestrigen Besuch auf dem Polizeirevier in der Zeitung zu lesen. Emanuel Karlsten kommentiert die Nachricht im »Expressen«:

> *Selbstverständlich gibt es keinen Schuldigen, bevor das Urteil nicht gesprochen ist. Genauso wenig, wie es keinen Unschuldigen gibt. Diese Tatsache wird den bislang einstimmigen Lobgesang auf Julian Assange in zwei Lager spalten. Auch wenn Wikileaks weitaus mehr ist als die Arbeit eines Mannes, ist Julian Assange das einzige Gesicht, mit dem wir diese revolutionierende Organisation identifizieren können. Eine Organisation, die in der Geschichte ihresgleichen sucht. […] Ich gehe davon aus, dass im*

Zuge der Erstattung einer Strafanzeige heftig darüber spekuliert werden wird, ob es dem CIA schließlich gelungen ist, schwedische Behörden zu infiltrieren.[6]

Genauso lautet auch Julians erste Verteidigungsstrategie. Um 9 Uhr 15 twittert er über den Account von Wikileaks, dass man seine Organisation bereits vor faulen Tricks gewarnt habe und dieser wohl der erste sei. Er schließt sich all jenen an, die ihn mittels Konspirationstheorien verteidigen, die daraufhin seine Tweets füllen.

Auch wenn Medienhetze für gewöhnlich nur einige wenige Tage anhält, könnte das hier länger dauern, denke ich. Ich versuche, zu verbergen, dass ich privaten Kontakt zu Julian hatte. Vielleicht kann ich so den Mob von der Tatsache ablenken, dass es um mich geht. Ich lösche die beiden Einträge auf Twitter, die darauf hindeuten; zwei Einträge, die im Prinzip nicht retweetet wurden und auf die nur Menschen reagiert haben, die ich persönlich kenne. Einen mit der Erkundigung nach einem Krebsessen, an dem Julian teilnehmen könnte, und einen weiteren über unseren fantastischen Augustabend, an dem das Krebsessen stattfand.

Die Polizei lädt mich wie geplant zu einer offiziellen Vernehmung ein.

Innerhalb weniger Stunden verbreitet sich draußen unter den Journalisten die Nachricht, dass ich eine der beiden Frauen war, die Strafanzeige erstattet haben. Wie es scheint, braut sich nun ein Sturm zusammen.

Später, als die schwedischen und britischen Medien bereits in voller Besetzung arbeiten und somit weitere Journalisten davon erfahren, klingelt mein Telefon immer öfter. »Expressen« ruft 48-mal an, »TV4« 46-mal. Sie kontaktieren meine Arbeitgeber, meine Freunde, meine Eltern. Vermutlich ist es nur eine Frage der Zeit, bis sie auch zu mir nach Hause kommen und an die Tür klopfen.

In einer kleinen Lücke zwischen all den schrillenden Telefonsignalen, die ich ausnahmslos wegdrücke, gelingt es mir, selbst eine Nummer zu wählen. Ich rufe Andreas an. Er kommt sofort.

Andreas hat einen Freund, dessen Wohnung gerade ein paar Tage leer steht und die wir nutzen können, um mich zu verstecken. Ich verlasse meine Wohnung über den Dachboden, schleiche auf die Rückseite des Hauses und erreiche schließlich über ein anderes Treppenhaus den Ausgang, höchstwahrscheinlich nur Minuten, bevor die ersten Journalisten im Haus nach mir suchen. Nachbarn berichten jedenfalls von Unbekannten, die mich offenbar telefonisch nicht erreicht haben und daraufhin im Treppenaufgang Nachforschungen betreiben.

Um der Medienhetze entgegenzuwirken – den absurden Gerüchten, die Julian über das Pentagon in die Welt gesetzt hat, und den grotesken Unwahrheiten, die über Julian als gefährlichen Gewaltverbrecher verbreitet wurden –, beschließe ich, selbst eine Stellungnahme abzugeben. Ich melde mich bei einem der vielen Journalisten, die mir gemailt haben: Er heißt Jan Helin und ist Chefredaktor von »Aftonbladet«.

Wir reden lange. Er möchte mich eigentlich lieber an einen seiner Reporter verweisen, ist am Ende aber damit einverstanden, dass ich meine Worte selbst niederschreibe. Mithilfe von Andreas formuliere ich eine kurze Stellungnahme, die in der Zeitung zitiert wird:

Aus Rücksichtnahme auf die polizeilichen Ermittlungen möchte die ungefähr 30-jährige Frau im Augenblick keine weiteren Einzelheiten zu dem Fall nennen. Der Polizei gegenüber hat sie jedoch eine ausführliche Schilderung abgegeben. Auch die zweite Frau hat bei der Polizei eine detaillierte Zeugenaussage gemacht.

»Ich habe ihren Angaben sofort geglaubt, weil meine eigenen Erfahrungen ihren Aussagen stark ähnelten«, sagt die Frau dem »Aftonbladet«. [...]

»Es trifft ganz und gar nicht zu, dass wir aus Angst vor Assange keine Strafanzeige hätten erstatten wollen«, erklärt die Frau. »Assange ist nicht gewalttätig, und ich fühle mich auch nicht von ihm bedroht.« [...]

»Die zweite Frau hat Strafanzeige wegen Vergewaltigung erstattet. Ich habe eine Zeugenaussage gemacht, um ihre Aussagen

zu bestätigen und sie zu unterstützen. Wir stehen hundertprozentig zu unseren Angaben«, sagt die Frau dem »Aftonbladet«. [...] Die Konspirationstheorien, die gerade das Internet überfluten, weist die um die 30-jährige Frau entschieden zurück.

»Die Strafanzeigen gegen Assange sind definitiv nicht inszeniert worden, weder vom Pentagon noch von irgendwem anders. Die Verantwortung für das, was uns beiden angetan wurde, liegt bei einem Mann mit einem verzerrten Frauenbild und dem Problem, ein Nein zu akzeptieren.«[7]

Julian passt nicht in das Klischee eines »echten Vergewaltigers«, in das die Medien ihn hineinpressen wollen. Er wird von völlig falschen Prämissen ausgehend bloßgestellt und verfolgt, und das möchte ich verhindern. Ich hoffe und glaube, dass meine Stellungnahme dazu beiträgt, ein anderes Bild von mir und ihm sowie von den Geschehnissen zu vermitteln. Ein wahrheitsgetreueres Bild.

Flashback bringt den Fall bereits um 17 Uhr 58 mit mir in Verbindung: »Kennt jemand das genaue Alter von Anna Ardin?« Kurz darauf tauchen Links zu meinem Blog sowie zu Twitter und Facebook auf. Meine Privatadresse, mein Lebenslauf, die Organisationen, denen ich angehöre, meine politische Gesinnung, die Tatsache, dass ich eine Schwester habe, sowie Fragen danach, wie ich in der Schule war und dergleichen werden allgemein bekannt. Zugleich erhalte ich immer mehr Nachrichten, deren Absender mir zu verstehen geben, dass sie wüssten, wer ich sei, und dass ich mich schämen solle, weil ich lügen würde. Es folgen Drohungen und die ersten Hasskommentare.

Der Fall wird an die zuständige Staatsanwältin Eva Finné bei der Staatsanwaltschaft City Stockholm übergeben. Sie übernimmt ihn vom Bereitschaftsdienst und erklärt den Medien auf dem Weg in ihr Büro: »Es gibt keinen Grund für die Annahme, dass Herr Assange eine Vergewaltigung begangen hat.«[8] Danach informiert sie die Anwesenden darüber, dass sie sich nun eingehender mit dem Fall befassen wird. Sie ist offensichtlich gestresst und scheint im Umgang mit den Medien nicht besonders versiert zu sein. Als ich während meiner Ausbildung ein Medientraining absolvierte, lernte ich zum Thema Medienhetze als Erstes, so lange den Mund zu halten, bis ich genau wüsste, worum es bei der Sache ging, und erst dann meine Worte in angemessener Weise zu formulieren. Doch Frau Finné schien einen solchen Kurs nicht belegt zu haben.

Mit ihren Worten, dass keine Vergewaltigung vorliege, vermittelt sie unterschwellig und womöglich unbewusst die Botschaft, dass auch kein Grund für eine Vorladung vorliege. Obwohl Finné meinen Fall mit keinem Wort erwähnt, deutet die wachsende Gruppe anonymer Internettrolle ihre Aussage als Parteinahme für Assange. Finné streicht zunächst einige der Verdächtigungen, die die vorherige Staatsanwältin in meinem Fall formuliert hat, sowie jeglichen Verdacht auf eine Straftat in Marias Fall. Auch setzt sie die Einstufung der noch verbliebenen Verdachtsmomente herab. Dennoch ist sie genauso wie die Polizei und die vorherige Staatsanwältin der Auffassung, dass ein Verdacht auf eine Straftat durch Assange vorliege.

Viele User halten es für wichtig, dass Maria und ich eingehender befragt werden, um auf diese Weise herauszufinden, ob wir überhaupt glaubwürdig sind. Darüber hinaus strömen lauter Mutmaßungen zum eigentlichen Geschehen herein, auch wenn die meisten voraussetzen, dass überhaupt nichts geschehen sei, was einen Besuch bei der Polizei rechtfertigen würde. Anfänglich schreibt jemand in einem der vielen Threads, es gehe darum, dass »sie es von hinten wohl nicht so toll fand«. Wenige Stunden später ist das Gerücht, dass ich während eines einvernehmlichen Vaginalverkehrs anal vergewaltigt worden sei, zur Tatsache geworden.

Ich bin ziemlich froh, dass dies nicht passiert ist, finde es jedoch angsteinflößend, welch starker Konsens offenbar bei Flashback, Reddit und in anderen Internetforen darüber herrscht, dass ein solches Szenario gar nicht der Rede wert sei. Sondern dies eher etwas sei, das man als Frau einfach akzeptieren sollte. Etwas Lachhaftes.

Immer mehr Mutmaßungen werden zu Wahrheiten, und zusammengenommen zeichnen sie einen Handlungsverlauf, der rein gar nichts mit der Realität zu tun hat. Doch die Tatsache, dass die Äußerungen über mich völlig zusammenhangslos sind, wird nicht so gedeutet, dass sie gar nicht stimmen können, sondern dass ich verrückt bin.

Sonntag, 22. August 2010

Die Ermittlungen der Internettrolle nehmen Fahrt auf. Man könnte es auch eine Hexenjagd nennen. Und die Tatsache, dass ich diese in Realzeit verfolge, führt zum einen dazu, dass ich mir selbst Schaden zufüge, zum anderen aber auch, dass ich sukzessive abstumpfe und jegliche Angriffe zunehmend an mir abperlen. Es ist so, als gehe es überhaupt nicht um mich. Diese Gruppen, die sich dafür rühmen, eigenständig zu denken und das freie Wort zu verteidigen, sind auffallend konform:

> Ein Jugendfreund von mir kennt diese Anna Ardin nach eigener Aussage ziemlich gut. Er hat zusammen mit ihr an verschiedenen Projekten teilgenommen und besitzt einige Informationen. Diese Ardin soll Assange einen geblasen haben, wobei unklar ist, ob dies das Einzige war oder nur der Abschluss. Jedenfalls machte sie ihm klar, dass sie seine Ladung nicht in den Mund bekommen wolle. Aber er hat ihr trotzdem in den Mund gespritzt. Die Sache mit dem Kondom ist eine Folgefrage der Polizei, nachdem ihr diese Frage gestellt wurde: ›Wenn Assange ein Kondom benutzt hätte, hätten Sie dann den Oralsex bis zum Ende durchgeführt?‹ Darauf soll sie mit Ja geantwortet haben, sie wollte eben nur nicht die Ladung in den Mund bekommen. Deshalb also keine Vergewaltigung, sondern nur Belästigung. Diese Betrachtungsweise scheint nicht ganz abwegig zu sein, und mein Freund war ziemlich froh darüber, diese Einzelheiten zu kennen.

Schon zweifelhaft, ob sie wirklich in den Arsch gefickt wurde. Aber Julian Assange hat sein Sperma auf Anna Ardins Körper gespritzt :) Anna Ardins Anteil an der ganzen Affäre sind also nur ein paar Zentiliter Sperma, die halt 'n bisschen danebengegangen sind :) Da hat Anna Ardin die Krätze gekriegt und Julian Assange angezeigt. Also eine geradezu entzückende Story. Die nicht zuletzt dafür sorgte, dass sich Anna Ardins Möglichkeiten, einen hohen Sozi-Posten zu ergattern, in Luft auflösten. Inzwischen steht der Name Anna Ardin für Sperma, aus dem Ruder gelaufenen Feminismus und Falschaussage wegen Missbrauchs. Sorry looser :LoL:

Hab nicht den ganzen Thread gelesen, aber wenn ich es richtig verstehe, wollten beide einvernehmlichen Sex haben. Er wollte aber kein Gummi benutzen, sie schon. Sie beschloss dann, doch Sex zu haben, und dann ejakulierte er in ihren Mund oder auf ihren Rücken/Bauch. Und jetzt will sie das so drehen, dass es eine Vergewaltigung oder zumindest sexuelle Belästigung ist. WTF, damit würde sie mich zu einem Serienvergewaltiger machen und vermutlich das Gros aller anderen schwedischen Männer auch. Vielleicht ein bisschen off-topic, aber zum Teufel auch, sind denn Crazy Horse Anna, Mona Muslim, Knark-Bodström und Vergewaltigungsopfer-Wannabe-Anna Ardin wirklich das Beste, was die Sozis zu bieten haben …

Diese Anna Ardin stilisiert Vergewaltigungen zum neuartigen Karrieresprung bei all diesen rabiaten Weibsbildern, die uns versuchen weiszumachen, dass sie andere Frauen in Notsituationen schützen. In meinen Augen ist Anna Ardin eigentlich nur eine Schlampe. Sie hat sich freiwillig auf den Rücken gelegt, oder irgendeine Art Doggystyle praktiziert, der so heftig war, dass das Kondom platzte! Sagt mehr über Anna Ardins Umgang mit Männern aus als Julians Umgang mit VIP-geilen Frauen! Wir wissen ja, dass Anna Ardin sich gern anbiedert, aber wir wissen noch nicht, was sie den Mann kostet, mit dem sie ins Bett steigt!

Und deswegen findet Anna Ardin, dass er bestraft werden muss, und zwar mit einer Anzeige wegen Vergewaltigung, weil er eine internationale Person ist. Damit steht der Ruf von Wikileaks auf dem Spiel … Und das nur, weil er einem Mädel ins Gesicht gespritzt hat, während die beiden freiwilligen Sex hatten?!?! Diese Anna Ardin hat sie ja wohl nicht mehr alle, oder?? Die einzige Strafe, die Julian Assange verdient hat, ist, dass er schlicht und einfach keinen Sex mehr mit diesem Mädel bekommt … So einfach ist das in meiner Welt … aber meine Welt und die der rabiaten Feministinnen unterscheiden sich offenbar ziemlich stark. Was für ein Glück, dass ich nie ein solches Feministinnen-Los gezogen habe wie JA.

Die polizeilichen Ermittlungen in meinem Fall kommen ebenfalls voran. Die Polizei fragt nach technischen Beweismitteln.

Ich bin ein paar Tage außer Haus gewesen und konnte weder die Abfalleimer leeren noch die Bettwäsche waschen, seit Julian bei mir gewohnt hat. Die technischen Beweismittel sind also noch vorhanden, im Müll und in der Schmutzwäsche. Ich schleiche über den Dachboden in meine Wohnung und finde, wonach die Polizei gefragt hat. Das Kondom und das Bettlaken.

Ich leere den Mülleimer und stelle den Beutel hinaus ins Treppenhaus. Doch als ich wieder gehen will, nehme ich denselben Weg hinaus und vergesse den Beutel vor der Wohnungstür.

Der mildernde Effekt, den ich mir mit der Stellungnahme im »Aftonbladet« erhofft habe, tritt nicht ein, ganz im Gegenteil. Es ist, als hätte ich Öl in das Feuer gegossen, das sie aufgeschichtet haben, um mich zu verbrennen. Jedes meiner Worte wird falsch ausgelegt und gereicht mir zum Nachteil. Ich beschließe, von jetzt an außerhalb des gerichtlichen und polizeilichen Ermittlungsprozesses kein Wort mehr über den Fall zu verlieren. Ich möchte die Sache unparteiisch prüfen lassen. Die Hetze im Netz greift jetzt auch auf die Medien über, und daran will ich nicht mitwirken. Julian hingegen entscheidet sich dafür mitzuwirken.

Er gibt gegenüber »Aftonbladet« vor, keine Ahnung zu haben, wer Strafanzeige gegen ihn erstattet habe, behauptet jedoch, dass es dabei um Weltpolitik und nicht um irgendwelche Sexualpraktiken gehe. Dann wiederholt er seine Einschätzung noch einmal, dass das Pentagon faule Tricks anwende, um Wikileaks zu stürzen.

Julian – der Mann, der aktuell von so vielen als prominentester Verteidiger der Wahrheit weltweit gefeiert wird – beschließt schlicht und einfach, etwas zu sagen, von dem er weiß, dass es nicht stimmt, um der Verantwortung für sein eigenes Handeln zu entgehen. Und um sich selbst zu schützen, benutzt er die Organisation Wikileaks als Schutzschild. Julian treibt das Hetztribunal mit mehr als einer Äußerung an. Jedes Mal, wenn er neue Theorien zum Besten gibt, wenn er die Leute, die mir drohen, beflügelt und sich selbst wiederum von ihnen beflügeln lässt – wobei ihm der Twitteraccount von Wikileaks als Kommandozentrale dient –, kommt mir das Ganze zunehmend wie eine Inszenierung vor.

Die Wikileaks-Fans hören auf ihn. Tausende Menschen weltweit verbünden sich mit Julian, um mich und Maria zu verleumden.

Damit leitet er letztlich noch eine andere Art von Übergriff ein.

23. August 2010

Ein etablierter Medienkanal veröffentlicht meinen Namen: »S-Spitze bestätigt, dass Anna Ardin Strafanzeige erstattet hat«, lautet die Schlagzeile in der Internetzeitung »Newzglobe«, der ersten unter den schwedischen Medien, die mich mit vollständigem Namen an den Pranger stellt. Als Quelle fungierte ausgerechnet ein Sozialdemokrat, mit dem ich enger zusammenarbeite. Ich schicke ihm den Link per SMS und frage:

Was soll das? Warum?

Aber sie wussten es doch eh schon.

Du weißt ganz genau, dass sie es mit Flashback als Quelle nicht bestätigen können. Warum verrätst du mich?

Nur wenige riskieren im Augenblick etwas für mich, und viele kehren mir stattdessen den Rücken zu. Mit mir in Verbindung gebracht zu werden, wirkt sich negativ aus. Es ist, als sei ich ansteckend und eine Möglichkeit des Selbstschutzes bestehe darin, Abstand zu nehmen oder gar Verrat an mir zu begehen.

Massenweise Zeitungen, nicht zuletzt britische, jagen mich geradezu. Doch die schwedische »Newzglobe« ist am schlimmsten. Dort haben sie Fotos von mir entwendet sowie veröffentlicht und winken massenweise Drohkommentare durch. Sie stellen mich wie eine Verbrecherin bloß. Wie eine Schuldige, die sich schämen sollte. Mehrere Reporter dieser Zeitung erweisen sich als außerordentlich beharrlich, was Anrufe, Mails und SMS angeht, in denen sie mich zu einem Gespräch auffordern. Sie haben meine Kontaktdaten in alle sozialen Medien gestellt und nutzen jeden nur denkbaren Kanal. Erst gestern drohten sie mit weiteren Veröffentlichungen, wenn ich nicht reden würde. Ich tat es nicht. Heute haben sie noch mehr veröffentlicht.

Wir befinden uns in der Endphase des Wahlkampfs, und in Schweden wird gerade viel darüber diskutiert, dass Krankenkassen schwerkranken Patienten kündigen, um sie zum Arbeiten zu zwingen. In den Kommentarfeldern von Flashback und »Newzglobe« – sowie auch in unzähligen Threads bei Facebook, Twitter und in anderen sozialen Medien – bringt man mich mit diesem Thema in Verbindung und argwöhnt, dass ich meine Krankenversicherung betrügen würde. Sie haben nämlich erfahren, dass ich schon zwei Tage nicht mehr im Büro war. Der Hass auf mich wegen dieser Sache ist enorm. Wirklich enorm.

Ich hatte schon öfter Mails erhalten, in denen mir Gewalt angedroht und ich als Hure beschimpft wurde, lange bevor diese Frauenhasser von Julian Assange gehört hatten. Zum Beispiel als ein Pornosurfer im Internet nach Pornos suchte, stattdessen aber in meinem Blog landete und sich wahnsinnig darüber ärgerte. Er riss mich nachts um halb drei mit seinem

Anruf aus dem Schlaf und drohte mir alles Mögliche an, angefangen von einer Vergewaltigung mit spitzen Gegenständen bis hin zu herausgerissen Zähnen. Doch das, was jetzt geschieht, ist vergleichbar mit einem Radio, das von Zimmerlautstärke bis zum absoluten Maximum aufgedreht wird.

»Menschen im Endstadium einer tödlichen Krebserkrankung müssen zur Arbeit gehen, aber diese verfluchte Hure darf sich mit unseren Steuergeldern ein schönes Leben machen«, schreibt jemand. »Sie ist psychisch krank, und das meine ich in einem rein medizinischen Sinn. Das ist eine Tatsache. Doch ihre Krankheit ist nicht so ernst, dass man sie zwangseinliefern könnte. Ein tragischer Fall. Blöderweise zieht sie jedes Mal andere Menschen mit in den Abgrund, wenn sie aus irgendeinem, für uns anderen völlig unerfindlichen Grund die Nerven verliert«, schreibt ein anderer.

Es ist schwierig, einen Job als Pressereferentin auszuüben, wenn man als Privatperson globales Interesse erregt, selbst aber nur mit vergleichsweise provinziellen und unbedeutenden Nachrichten dienen kann. Doch ich bin mir höchst unsicher, ob ich überhaupt irgendeine andere Arbeit finden würde. Ich habe jeden Tag 100 bis 150 verpasste Anrufe auf meinem Handy und muss ständig irgendwelche Journalisten abwehren. Allein schon diese Aufgabe lässt es kaum zu, überhaupt zu existieren. Ich komme mir wie ein Hase mitten in der Jagdsaison vor. Wie ein Flüchtling in meiner eigenen Stadt. Die Bedrohungen und der Hass drängen sich in alle Bereiche meines Alltags. Meine Angst ist inzwischen so groß, dass ich mich nicht mehr zu Hause aufhalten kann. Hin und wieder muss ich jedoch meine Wohnung aufsuchen, um Sachen zu holen, ansonsten kann ich bei verschiedenen Freunden wohnen, die mir auf diese Weise helfen, mich zu verstecken.

Irgendjemand hat sich meiner Mülltüte angenommen, die ich im Treppenhaus vergessen hatte. Ich hoffe, ein netter Nachbar hat sie im Abfallraum im Keller deponiert, normalerweise bleiben vergessene Mülltüten eher unbeachtet stehen. Bei meiner Arbeitsstelle warten jeden Tag Menschen am Empfang, um mich abzupassen, und Hunderte von Usern im Internet fordern, dass man mich vergewaltigt, einsperrt oder gar umbringt.

Als im Frühjahr die Listen für die Reichstagswahl erstellt wurden, landete ich auf einer für den Gemeinderat in meinem Stadtteil, ohne es eigentlich zu wollen. Allerdings nur auf Platz zwölf, also weit unterhalb eines wählbaren Platzes, da normalerweise nur zwei Kandidaten aufgestellt werden. Doch diese Tatsache macht mich zu einer öffentlichen Person und lässt somit auch die Straftat, der ich ausgesetzt war, zu einer Sache von allgemeinem Interesse werden, wie der Chefredaktor von »Newzglobe« in einer Mail schreibt. Es ist dasselbe Argument, das er auch benutzt hat, um die öffentliche Bloßstellung Julians zu verteidigen.

Nein, ich habe mich nicht krankschreiben lassen, obwohl es mir ganz und gar nicht gutgeht. Ich habe an diesen beiden Tagen also kein Krankengeld bezogen, aber die Zeitung will es nicht berichtigen. Der Chefredaktor ist der Meinung, die Veröffentlichung sei rechtens. Sie verbreitet sich gut, und ich vermute, dass sie auch einträgliche Werbeeinnahmen generiert.

Ich schicke eine SMS an einen Reporter der Zeitung und frage ihn, wie es sich anfühlt, einen Mob zu befeuern. Er antwortet:

> Ich habe versucht, Sie vor der Veröffentlichung zu erreichen und für einen Kommentar zu gewinnen. Aber Sie haben sich ja entschieden, nicht zu antworten.

Er meint, dass ich mich letztlich selbst dazu entschieden hätte, im Internet gemobbt zu werden. Dieser Mann ist jedoch bei Weitem nicht der einzige Journalist, der versucht hat, mich zum Reden zu bringen, indem er mir drohte, sonst falsche Angaben zu veröffentlichen. Und er ist auch nicht der Einzige, der mich dafür bestraft hat, dass ich ihm kein Interview gab. Doch meine Weigerung hat ganz und gar nichts mit Unfreundlichkeit, Desinteresse oder gar Anmaßung zu tun. Im Gegenteil, ich habe ja versucht, das öffentliche Interesse zufriedenzustellen. Und obwohl ich mit meiner Stellungnahme im »Aftonbladet« nur das absolut Notwendigste preisgegeben und selbst dabei noch jedes einzelne Wort abgewogen habe, kam nichts Gutes dabei heraus. Meine Absichten waren offenbar von vornherein zum Scheitern verurteilt, und letztlich war es ziemlich egal, was ich sagte. Ich kann nichts tun, um meine Situation zu verbessern.

Menschen – darunter offenbar eine überwältigende Mehrheit von Männern – schreiben, fotoshoppen und animieren sogar die unterschiedlichsten Formen von erniedrigenden Vorverurteilungen, beleidigenden Anschuldigungen oder Androhungen von Übergriffen, angefangen von Körperverletzung bis hin zu Mord. Manche schreien es sogar geradewegs heraus. Auch Frauen, darunter nicht wenige, die sich eigentlich dagegen verwahren, Verbrechensopfer als Mitschuldige eines Übergriffs zu verhöhnen, verteidigen Julian und verhöhnen stattdessen mich. Selbst Mütter und Großmütter stimmen in den Chor der Schuldzuweisungen aus Lügen und Konspirationstheorien mit ein. Und nicht zuletzt jene Männer, die dafür plädieren, Vergewaltigungen mit der Todesstrafe zu ahnden, fordern, dass ich vergewaltigt werde.

Die öffentliche Bloßstellung Julians geht Hand in Hand mit meiner öffentlichen Bloßstellung. Die Hetze gilt uns beiden. Doch »Newzglobe« ist letztlich nur eines von vielen Medien weltweit, das klickfreundlichen Details nachjagt, nur weil Julian Assange eben Julian Assange ist. Genauso, wie sie es mit Silvio Berlusconi, Dominique Strauss-Kahn, Roman Polanski und anderen einflussreichen und prominenten Männern getan haben, die aus plausiblen Gründen wegen diverser Sexualstraftaten angeklagt oder verurteilt wurden. Es funktioniert ganz genauso wie bei berühmten Schauspielern, die wegen illegalen Drogenbesitzes verhaftet werden, oder bei Politikern, die mit Quittungen tricksen. Derlei Dinge über Leute zu lesen, die aus irgendeinem Grund in der Öffentlichkeit stehen, ist offenbar weitaus interessanter als das Leben anderer Menschen. Sie sind gewissermaßen gemeinsame Bekannte von uns allen. Doch gerade im Hinblick auf Sexualstraftaten scheint noch eine ganz eigene Logik vorzuherrschen, die sich nicht ausschließlich mit Popularität erklären lässt.

Ausgerechnet dann, wenn es um Sexualstraftaten geht, scheinen nur wenige Menschen bereit zu sein, sich persönlich einzubringen, indem sie sich auf ihre Ehre berufen oder mit eigenen Worten und Einschätzungen Argumente für eine Klärung der Schuldfrage liefern. Stattdessen können Menschen einander schon nach der Lektüre des einen oder anderen Vernehmungsprotokolls oder dem Zitieren irgendwelcher längst gelöschten Tweets auf einzigartige Weise davon überzeugen, dass sie die ganze Situation klar vor Augen haben.

Ich komme mir vor, als würde ich zwischen zwei aufblasbaren Wänden feststecken, ein konstanter Druck von allen Seiten und keine Möglichkeit zu entrinnen. Schon seit Tagen kann ich nicht mehr tief durchatmen. Der Hass ist wie ein Schwarm von Wespen, die das gemeinsame Ziel verfolgen, mich mit Tausenden kleinen Stichen zu traktieren.

Ich werde krank. Richtig krank, durch den Stress. Ich schlottere am ganzen Körper vor Angst und Ohnmacht. Irgendwann breche ich zusammen und finde mich auf dem Fußboden liegend wieder. Ich muss mich übergeben. Die Kontrolle über den eigenen Körper zu verlieren, ist geradezu entsetzlich. Es fühlt sich an wie eine irrsinnige Überreaktion. Doch genau das passiert offenbar, wenn man derartig gemobbt wird. Wenn einem Menschen mehr Hass als Liebe entgegengebracht wird, kann es lebensgefährlich werden. Ich bin kurz davor, zu zerbrechen.

Ich brauche dringend jemanden, der mir sowohl hinsichtlich juristischer Fragen weiterhelfen als auch im Umgang mit den Medien beistehen kann. Aber woher soll ich das Geld dafür nehmen? Weder Polizei noch Justiz können mir die Frage beantworten, ob ich Anspruch auf eine Kostenerstattung eines Rechtsbeistands habe.

Thomas, der Ombudsmann des Stockholmer Ortsverbandes der Sozialdemokraten, erkennt, wie heftig mir die Hetze zusetzt. Nicht nur als Privatperson, sondern auch als Sozialdemokratin. Er sichert mir zu, das finanzielle Risiko zu übernehmen, falls mir kein Rechtsbeistand gewährt werden sollte. Ich empfinde unglaubliche Erleichterung. Rein praktisch bedeutet seine Zusicherung, dass ich sofort Hilfe in Anspruch nehmen kann, noch bevor ich einen Antrag auf einen Rechtsbeistand eingereicht habe und dieser bewilligt worden ist. Doch vor allem sehe ich es als Solidaritätsbekundung. Es vermittelt mir das Gefühl, nicht ganz allein zu sein.

Jetzt muss ich nur noch einen guten Anwalt finden. Jemanden, der sich für die Rechte von Frauen einsetzt, ein Feminist. Jemand, der

Erfahrung mit Fällen hat, die von einem starken Medieninteresse begleitet werden. Als mir nach längerem Nachdenken der ehemalige Gleichstellungsbeauftragte Claes Borgström einfällt, erscheint mir diese Wahl auf einmal selbstverständlich. Allerdings birgt sie gewisse Nachteile hinsichtlich der Frage, wie die Medien darauf reagieren werden. Mit ihm würde mich juristisch jemand vertreten, der ebenfalls den Sozialdemokraten nahesteht. Und außerdem betreibt er seine Kanzlei zusammen mit dem ehemaligen sozialdemokratischen Justizminister Thomas Bodström, der bei den Fans von Wikileaks unbeliebt ist. Das Netzwerk *Sossar mot storebror* (»Sozis gegen den großen Bruder«), in dem ich aktiv bin, hat ihn früher unter anderem für seine politischen Ambitionen kritisiert, die Personenüberwachung durch den Staat auszuweiten. Claes' Verbindung zu ihm wird aller Voraussicht nach gegen mich verwendet werden. Doch die Nachteile wiegen vergleichsweise leicht, deshalb frage ich ihn per Mail, ob er sich der Sache annehmen würde. Er antwortet sofort und sagt ohne Umschweife zu.

Ich berichte ihm von meiner Sorge angesichts des Risikos negativer Aufmerksamkeit, doch Claes weist diese zurück. Er findet, dass es in erster Linie um den Fall geht und die Fakten im Vordergrund stehen. Deshalb sollten wir von irrelevanten Aspekten wie dem bevorstehenden Wahlkampf oder der Medienhetze völlig absehen.

Maria fasst ebenfalls Vertrauen zu Claes, und gemeinsam reichen wir einen Antrag auf seine Bestellung als Rechtsbeistand ein.

Olof, der nette Mann, der mich bei sich übernachten ließ, als ich aus meiner Wohnung fliehen musste, sagt unser geplantes Date ab.

24. August 2010

Ich melde mich erneut bei Olof und frage, ob er stattdessen heute Zeit hätte. Ich fand ihn unglaublich attraktiv, und auch er schien eindeutig Interesse an mir zu haben, außerdem ist es mir wichtig, meinem Leben so etwas wie Normalität zu verleihen. Er antwortet nicht, doch kurz darauf begegne ich ihm zufällig auf der Straße. Er ist ziemlich abweisend.

»Du hast behauptet, dass du nicht mit ihm geschlafen habest«, meint er.

»Nein, mir fiel es schwer, dazu zu stehen, weil ich es total bereut habe. Aber eigentlich ging es dich auch nicht unbedingt was an. Mal ganz abgesehen davon, dass der Zeitpunkt ziemlich ungünstig war.«

»Du hast mich angelogen, oder? Du hast gelogen«, sagt er lächelnd, während sein Blick eher Empörung ausdrückt.

Ich schätze, dass er sauer ist, weil ich ihm nicht alle intimen Einzelheiten geschildert habe, die er jetzt im Internet lesen kann.

»Ich finde das nicht in Ordnung«, fügt er noch hinzu, bevor er geht. Olof hat sich offenbar näher mit dem Fall befasst und legt jetzt die Ohren an. Er will mich auf gar keinen Fall wiedersehen.

25. August 2010

Die Staatsanwältin Eva Finné beschließt formell, das Ermittlungsverfahren gegen Julian im Fall der Vergewaltigung Marias einzustellen und auch diverse andere Verdachtsmomente fallenzulassen. Wie ich vermutet habe, bleibt sie bei ihrer anfänglichen Aussage. In meinem Fall besteht weiterhin der Verdacht auf eine Straftat. Währenddessen nimmt die gesellschaftliche Debatte zunehmend chaotische Formen an. Die Internetarmee fasst die Einstellung des Verfahrens als Beweis dafür auf, dass alles nur eine Lüge war. Höhnisch wedeln sie mit dem Fall einer anderen Person vor meinem Gesicht herum, und ich kann ihre Kommentare dazu unmöglich übersehen. Zugleich wird jedoch eine Verteidigung mobilisiert, für mich und für das Recht der Frauen darauf, dass ihren Aussagen zu Sexualstraftaten Glauben geschenkt wird.

»Newzglobe« wird von vielen Seiten heftig kritisiert und wegen des Verstoßes gegen die Presseethik verklagt. Lisa Magnusson schreibt in der Zeitung »Aftonbladet«:

Wenn eine Nachrichtenseite im Internet beschließt, den Namen, ein Foto und andere Informationen zu einer Frau herauszugeben, die Strafanzeige wegen eines Verbrechens erstattet hat, ist dies schon ziemlich dreist. Ich würde es sogar als unverschämt bezeichnen. Der Chefredaktor, der als Erster Julian Assanges Identität preisgegeben hat, verteidigt seine Veröffentlichung mit der Begründung, dass ein allgemeines Interesse daran bestehe, wenn eine öffentliche Person wegen Vergewaltigung verdächtigt wird. Doch das trifft definitiv nicht zu. Ja, natürlich gibt es ein allgemeines Interesse, allerdings ein völlig andersgeartetes. Wenn aber Zeitungen die Betroffenen mit Namen nennen, geht es vielmehr darum, diese bloßzustellen, zu brandmarken und zu bestrafen, damit die Leute sich daran ergötzen können.[9]

Als der Chefredaktor die entwendeten Fotos, meinen Namen und die Drohkommentare noch immer nicht entfernen will, leitet meine Freundin Ina eine Kampagne gegen »Newzglobe« ein, nach dem Prinzip »hit them where it hurts«.

»Wenn sie die Regeln der Presseethik nicht befolgen wollen, sondern letztlich nur auf Klicks und Geld aus sind, müssen wir sie genau dort attackieren, um sie zur Einhaltung der Regeln zu zwingen«, sagt sie und erklärt ihre Idee. »Ich habe vor, all ihre Inserenten ausfindig zu machen, sich mit deren Medienagenturen in Verbindung zu setzen und dort nachzufragen, ob sie diese Sache wirklich finanzieren wollen. Und ich glaube, es könnte funktionieren.«

Gemeinsam erstellen wir eine Liste von über 40 Inserenten, die sich auf der Website präsentieren. Eine Gruppe von Aktivisten übernimmt statt meiner die Kontaktaufnahme. Sie verweisen auf die heftige Kritik der Zeitung des Journalistenverbands »Journalisten« an der mangelnden Presseethik und wenden sich unter anderem an Autohersteller, Kleiderboutiquen, Pokergesellschaften, Fensterhersteller und Reiseanbieter. Keiner von ihnen ist gewillt, die öffentliche Bloßstellung von Verbrechensopfern sowie mangelnde Presseethik zu unterstützen. Nicht einmal ideelle Vereinigungen, die gratis inserieren dürfen, wollen die Zusammenarbeit fortsetzen. Oder zumindest fast keine. Das Unternehmen Silja Line hingegen bekundet, dass man keine Probleme mit der Internetseite habe. Ihr Werbeagent wird jedoch mit derart vielen Nachfragen von anderen Kunden bombardiert, dass sie die Zusammenarbeit dennoch beenden. Auf diese Weise verliert »Newzglobe« seine wichtigste Einnahmequelle. Die Website wird vollkommen werbefrei.

Die Marketingleiterin meldet sich bei einer der Aktivistinnen. Sie klingt ziemlich aufgebracht und beteuert, dass ihre Website die Inserate gerne entfernt hätte, wenn die Aktivistin Kontakt zur Zeitung anstatt zu den Inserenten aufgenommen hätte. Ich helfe der Aktivistin bei der Erstellung einer langen Liste mit allen fehlgeschlagenen Versuchen, auf den Chefredaktor einzuwirken. Die Marketingleiterin antwortet nicht.

Von nun an wird keine schwedische Zeitung mehr meinen Namen veröffentlichen, und wenige Monaten später wird der Chefredaktor gefeuert werden.

26. August 2010

> Bist du nun endlich zufrieden? Jetzt, wo die Story die Titelseite ziert, nachdem du ›Expressen‹ über die Strafanzeige informiert hast? Du hast das doch nur an deinen Buddy weitergegeben, um Aufmerksamkeit zu erhaschen.

Ich habe eine Mail von einer mir unbekannten Person erhalten, deren Thematik mir jedoch sehr wohl bekannt ist. Die Tatsachen, dass ich vor langer Zeit eine Freundschaftsanfrage auf Facebook von einem Journalisten akzeptiert habe, der den ersten Artikel über den Fall schrieb, und dass ich einmal für »Gotlands tidningar«, eine Zeitung mit derselben Abkürzung wie der von »Expressens« Schwesterzeitung »Göteborgs tidning«, GT, gearbeitet habe, scheinen den Beweis dafür zu liefern, dass ich die Medienhetze selbst geplant habe. Wenn die Verfasserin oder der Verfasser dieser Mail allein meinen Blick beim Lesen dieser Nachricht hätte sehen können, hätte dies definitiv ausgereicht, um zu verstehen, dass ich mitnichten zufrieden bin und die Aufmerksamkeit keineswegs genieße. Außerdem war ich gar nicht diejenige, die Informationen weitergegeben hat – falls nun ausgerechnet die Weitergabe von Informationen die schlimmste Anschuldigung ist, die einem zuteilwerden kann, wenn man gegen Julian Assange aussagt. Vielmehr scheint es so gewesen zu sein, dass die Staatsanwältin ziemlich rasch die mangelnde Bereitschaft Julians zu einer Zusammenarbeit bemerkt hat und deswegen eine Vorladung veranlasste. Julians Einschätzung, dass Schweden eines der transparentesten Länder der Welt sei, ist schließlich richtig. Hierzulande gilt eine Vorladung als öffentliche Handlung, und genau diese Tatsache führte dazu, dass die Medien von dem Fall erfuhren. Eigentlich hätte die Polizistin das wissen müssen und sich nicht ganz so sicher sein sollen, dass wir geschützt seien. Vielleicht hätte sie uns auch nicht unbedingt garantieren sollen, dass nichts nach außen durchsickern würde, wenn es zu keinem Prozess käme. Eine Warnung vor diesen Risiken hätte unsere Zeugenaussagen jedoch vermutlich nicht beeinflusst.

27. August 2010

Claes Borgström fordert eine Prüfung des Beschlusses der Staatsanwältin, die Ermittlungen wegen der Vergewaltigung Marias einzustellen. Er glaubt, dass wir auch in meinem Fall eine Verurteilung Julians wegen Vergewaltigung erreichen können, da dieser mich gegen meinen Willen festgehalten und sein Geschlechtsorgan gegen meinen Unterleib gepresst hat. Claes hält dies nach Beurteilung der Einzelheiten ebenfalls für eine Vergewaltigung. Doch ich will die Sache nicht unnötig verkomplizieren. Ich möchte nach wie vor das Risiko einer bewussten Ansteckung durch Julian prüfen lassen, halte die begriffliche Einstufung der Sache aber eher für unerheblich. Außerdem möchte ich vermeiden, mit einer möglichen Diskussion über die genaue Bezeichnung der Straftaten noch mehr Hass auf mich zu ziehen. Rein juristisch betrachtet scheint es jedoch Gründe dafür zu geben, mich als Vergewaltigungsopfer zu bezeichnen.

28. August 2010

Gerade mal eine von den zwölf Wochen ist vergangen, die es dauert, bis ich mich auf HIV testen lassen kann. Ich muss mehrmals täglich daran denken und halte es noch immer für notwendig, dass Julian sich testen lässt. Zuweilen befällt mich eine paranoide Todesangst, dann wieder male ich mir Szenarien aus, in denen ich mich wegen der Einnahme antiretroviraler Medikamente jeden Tag übergeben muss – wie Maria es gerade erlebt – eine höchst unangenehme Nebenwirkung. Ich grüble darüber, womöglich meinen Alltag umgestalten zu müssen und dass mir womöglich nur noch wenige Jahre bleiben werden, wenn ich die Medikamente ebenso schlecht vertrage wie sie. Andreas ist mit seiner neuen Freundin zusammen, während ich allein dasitze mit all meinen Gedanken darüber, wie schwer es höchstwahrscheinlich werden wird, je eine Familie zu gründen.

Jeden Tag aufs Neue bekomme ich massenweise Drohungen, und ich werde immer wieder als Hure beschimpft. Inzwischen habe ich meinen Blog mit einem Passwort versehen, benutze Twitter nur noch privat und verfasse keinerlei Beiträge für Zeitungen mehr. Wenn ich mich zeige, mache ich mich zur Zielscheibe, was ich zu vermeiden versuche. Und trotzdem komme ich nicht zur Ruhe. Freunde informieren mich regelmäßig über perfide Äußerungen über mich, die sie in verschiedenen Foren und Threads gelesen haben, und schicken mir Screenshots, Zitate und Auszüge aus Zeitungsartikeln. Ich bedanke mich jedes Mal für ihr Wohlwollen und bitte sie, mir diese Art von Kommentaren nicht mehr zu schicken. Doch es kommen immer wieder neue, gutgemeinte

Informationen. Der Hass gleicht den Wellen an einem Meeressaum. Sie spülen den Strand, der meine Seele darstellt, Sandkorn für Sandkorn ins Meer hinaus. Und mein Schutzwall, der die Wellen abhalten soll, wird sowohl von allen netten Menschen, die mir nur helfen wollen, als auch von jenen, die die Wellen erzeugen, immer wieder durchbrochen. Nicht zuletzt auch von den »schwedenfreundlichen« Männern, die mich heute auf Twitter angepinnt haben, um mir mitzuteilen, dass sie eine lebende Piñata aus mir machen wollen. Eine typisch schwedische Version der Steinigung.

Es gelingt mir einfach nicht, den Schutzwall aufrechtzuerhalten, und ich werde schließlich aufs Meer hinausgetragen.

Die Tatsache, dass so viele schriftliche Dokumente von mir einsehbar sind – nicht zuletzt auch meine Anschauungen zu bestimmten Dingen sowie Fotos von mir – weil ich einen Großteil meines Lebens im Internet geführt habe, erleichtert es den Usern ungemein, auf mich einzuprügeln, sowohl elektronisch als auch mental. Doch damit nicht genug. Ich habe auch Angst vor physischer Gewalt. Davor, wiedererkannt zu werden, wenn ich mich draußen bewege.

Jeden Journalisten, der Kontakt zu mir aufnimmt, sehe ich als mögliche Bedrohung an. Denn woher soll ich wissen, ob ein Mensch, der sich an meine Fersen heftet, nicht doch ein Hater aus den Kommentarfeldern ist? Ein Gewalttäter, der aus dem Bildschirm herauskriecht, um seine Drohungen wahrzumachen. Ich bewege mich nun lautlos durch die Stadt. Je mehr man mich hört, desto größer wird nach meinem Empfinden die Gefahr. Deshalb habe ich aufgehört, mich im öffentlichen Raum mit Menschen zu unterhalten oder ins Café zu gehen. Ich telefoniere auch nicht mehr öffentlich, aus Angst, dass jemand meine Stimme wiedererkennt. Ich habe Angst, dass man mich umbringen wird, so, wie sie es mir androhen. Und wenn ich unbedingt doch einmal das Haus verlassen muss, versuche ich, mein Ziel möglichst unbemerkt und rasch anzusteuern.

29. August 2010

Eine Verwandte schickt mir eine Mail aus Mexiko. Sie hatte in irgendeinem Geschäft etwas Zerbrechliches gekauft und die Verkäuferin gebeten, es in Zeitungspapier einzuwickeln. Und ausgerechnet von diesem Papier blickte ihr in Großaufnahme mein Gesicht entgegen.

Eine Kollegin informiert mich darüber, dass eine norwegische Zeitung dasselbe Bild veröffentlicht hat, und meine ehemalige Gastfamilie in Uruguay, bei der ich als Austauschstudentin lebte, hat es im Fernsehen gesehen. Als ich bei der »New York Times« anrufe und meine Ansprüche als Urheberin geltend mache, entfernen sie es von ihrer Website. Ein Magazin in Indien hat es ebenfalls groß herausgebracht.

Das Foto wurde vor zwei Jahren aufgenommen, nachdem ich für meine Teilnahme im Frühstücksfernsehen bei SVT geschminkt worden war. Ich trage einen Blazer sowie ein leicht ausgeschnittenes Shirt und schaue in die Kamera. Ich habe das Bild als *Byline* für Diskussionsbeiträge benutzt sowie als Avatar für meinen Blog und fand es für mich als Frau und auch in meiner Funktion als Kommentatorin angemessen. Professionell, ansprechend und mit relativ neutralem Gesichtsausdruck. Niemand hat es zuvor auch nur andeutungsweise als anstößig kommentiert, es galt als ganz gewöhnliches Foto. Doch als ich zur gejagten Beute wurde, veränderte sich offenbar etwas.

»Mit diesen Titten kannst du Julian wirklich nicht vorwerfen, irgendwas falschgemacht zu haben, er ist schließlich nur seinen Instinkten gefolgt«, schreibt jemand, als würde allein schon der Anblick von Frauen heterosexuelle Männer dazu verleiten, sich an ihnen zu vergreifen.

Oder genau dasselbe in gehobener Ausdrucksweise:

»Sie haben sich beim Fototermin offenbar entschieden, Dekolleté zu zeigen und somit Ihre Weiblichkeit zu betonen. Da Sie keinerlei Interesse daran zu haben scheinen, sich vor männlichen Blicken zu schützen, brauchen Sie sich auch nicht über das zu wundern, was passiert ist.«

Die Analysen aufgrund meines Aussehens nehmen zu. Die Leute lassen sich über meine Haare, meine Nase, meine Fingernägel und nicht zuletzt auch über die Frage aus, wie es möglich sein kann, Feministin und zugleich gutaussehend zu sein. Der allererste Kommentar, den ich im Zuge der Diskussion las, nachdem mein Name veröffentlicht worden war und jemand genau dieses Foto aufgetan hatte, lautete schlicht und einfach: »schick«. Für kurze Zeit verhalf mir diese Einschätzung zu so etwas wie einem positiven Image. Andere hingegen finden mich hässlich. Und manche können sich nicht einmal entscheiden, ob ich nun abstoßend oder eher attraktiv bin:

> Diese widerliche Kröte ist ja lebensgefährlich. Aber ich könnte mir gut vorstellen, dass ein versoffener Snob aus dem schicken Östermalm, der sich im Riche ordentlich einen angezwitschert hat, sie nicht von der Bettkante schubsen würde, auch wenn sie natürlich nicht gerade 'ne große Nummer ist.

> Großer Gott! Diese Frau sollte wirklich etwas mehr für ihren Körper tun und endlich mal ein bisschen Sport treiben. Vielleicht einfach etwas weniger twittern? Also wirklich, erst 31 Jahre und schon so abgewrackt …

> So wahnsinnig hässlich sieht sie ja nicht aus, aber 'nen hässlichen Charakter hat sie wahrscheinlich schon.

Die User sind sich offenbar nicht einig, ob ich unattraktiv bin oder nicht. Doch sowohl meine Schönheit als auch meine Hässlichkeit lassen sich gegen mich verwenden. Aus diesen Kommentaren lese ich weniger den Grad meiner Attraktivität ab als vielmehr die Bedeutung, die ihre Verfasser meinem Aussehen zuschreiben. Und dass sie den Wert einer Frau nur allzu gern an deren äußerem Erscheinungsbild messen.

Sie definieren mich lieber als Objekt, als Besitztum anstatt als Subjekt und eigenständigen Menschen. Dies ist ein Element des Patriarchats, der Geschlechterordnung, in der wir leben. Ich hasse das Patriarchat.

Am liebsten würde ich diesen Männern geradewegs ins Gesicht schreien, dass sie die Klappe halten sollen. Doch ich will ihr Bild von mir als hysterischem Weib – oder besser gesagt, das von jenen Frauen, die ihre Rechte einfordern – nicht noch bestätigen. Meiner Auffassung nach bergen ihre Behauptungen ein gewisses Dilemma. Einerseits erwarten sie von mir, hübsch und aufgeschlossen zu sein – also mich den männlichen Blicken zu stellen, anstatt mich vor ihnen zu verbergen –, andererseits bin ich selbst schuld, wenn ich mich als aufgeschlossen präsentiere, wie in diesem Fall auf einem Foto in hochauflösender Qualität. Das kommt einer Doppelbestrafung gleich, einer Herrschaftstechnik. Das Patriarchat kennt viele davon.

30. August 2010

Gegen Julian besteht zurzeit ausschließlich der Tatverdacht wegen Belästigung in meinem Fall, also der Verdacht, das Kondom bewusst zerrissen zu haben. Heute wird er deswegen vernommen, 54 Minuten lang. Ich darf nicht an seiner Vernehmung teilnehmen, kann aber Auszüge daraus im »Expressen« nachlesen.

Auf direkte Nachfrage gibt Julian laut »Expressen« zu, dass ich seine sexuellen Annäherungen abgewiesen habe: »Ja, gelegentlich schon, aber nicht so, dass es von Bedeutung gewesen wäre. Nein, nichts, was irgendwie ungewöhnlich wäre.«[10]

Darüber hinaus bestätigt er meine Version der Ereignisse. Allerdings gibt er zu Protokoll, dass wir mehrfach Sex gehabt hätten, und verneint, dabei je Gewalt angewendet zu haben. Er beteuert ebenfalls, das Kondom nicht zerrissen zu haben, und behauptet sogar, dass es gar nicht kaputtgegangen sei.

31. August 2010

Die Kritiker von Wikileaks instrumentalisieren die Übergriffe als Waffe gegen die Organisation. Zugleich äußern sich mehrere Kooperationspartner von Wikileaks und fordern, dass Julian als Repräsentant der Plattform eine Auszeit nehmen sollte, um zu verhindern, dass die Kritik an seinem persönlichen Verhalten auf Wikileaks übergehe. Sie sind der Auffassung, dass man die beiden Fälle nicht miteinander vermengen sollte. Doch Julian scheint offenbar genau dies zu bezwecken. Seiner Argumentation zufolge hat die Strafanzeige politische und keine sexualstrafrechtlichen Gründe, und er verschanzt sich aus Selbstschutz hinter der Organisation und ihren Bestrebungen. Aber in der Rechtssache geht es nicht um Wikileaks, sondern um Julians Unfähigkeit, die Integrität anderer Menschen zu respektieren, wenn sie seinen eigenen Wünschen im Weg steht. Es geht um den Verdacht, dass er sein Sexualleben nicht innerhalb gesetzlicher Grenzen führt, und auch darum, nicht zuzulassen, dass er Frauen auch in Zukunft schlecht behandelt. Doch nicht zuletzt geht es um die Wahrheit an sich. Denn gerade in der akuten Krise, in der sich unser Planet befindet, können wir ohne die Wahrheit als grundlegenden Baustein niemals eine gerechte und gleichberechtigte Welt aufbauen.

Ich gehe wieder zur Arbeit. Der Reporter vom »Expressen«, der den ersten Artikel schrieb – jener ehemalige Freund bei Facebook – sitzt in der Empfangshalle und wartet auf mich. Vor gut einem Jahr startete er eine seiner vielen Hetzjagden auf eine linksgerichtete Politikerin. Damals machte er es genauso, er wartete am Ausgang ihrer Arbeitsstelle auf sie. Und als sie nicht kam, fotografierte er einfach eine Frau, die ihr ähnlichsah und deren gestresster Blick Anlass für neue Schlagzeilen bot.

Ich weiß, dass dies in anderen Ländern gang und gäbe ist, nicht zuletzt in Großbritannien, denn mehrere britische Journalisten haben mich bereits mit ähnlichen Methoden gesucht. Doch dieser Mann ist der einzige schwedische Journalist, der schon zum wiederholten Mal meine Privatsphäre missachtet und mich in derart extremer Weise ausspioniert wie ein Stalker. Ich beobachte ihn von draußen, als ich vom Mittagessen zurückkehre. Er scheint seinen Posten nicht verlassen zu haben, offenbar aus Angst davor, einen Scoop zu verpassen – welcher auch immer das sein könnte. Ich benutze einen anderen, ihm unbekannten Eingang, um in mein Büro zu kommen. In gewisser Weise ist es ein Vorteil, seinen Arbeitsplatz in der Parteizentrale der Sozialdemokraten zu haben, wo man sich mit Medienhetze auskennt.

1. September 2010

Ein dritter Staatsanwalt übernimmt den Fall. Oberstaatsanwältin Marianne Ny löst Eva Finné ab. Ny schließt sich den Einschätzungen der Polizei und der ersten Staatsanwältin an und stuft die Verdachtsmomente erneut als relevant ein. Marias Fall wird wieder aufgenommen.

Die Ermittlungen wegen Nötigung in meinem Fall werden ausgeweitet und umfassen jetzt »sämtliche Anklagepunkte in der Strafanzeige«, wie die Staatsanwältin in ihrer Pressemitteilung schreibt. Unter diese Anklagepunkte fallen, dass Julian mich zwangsinseminierte, dass er sich weigerte, meine Wohnung zu verlassen, dass er mich festhielt und versuchte, ohne Kondom in mich einzudringen, und dass er mich kurz darauf sexuell bedrängte. Diese Vergehen werden jedoch als weniger schwerwiegend eingestuft als der Tatverdacht auf Vergewaltigung in Marias Fall. Die Verjährungsfrist beträgt in meinem Fall fünf Jahre, in Marias zehn.

3. September 2010

Ein Mann namens Jacob schreibt: »Ich hätte nie geglaubt, dass ich so etwas einmal sagen würde, aber diese Frau hat es wirklich verdient, richtig vergewaltigt zu werden.« Ein anderer mailt erbost: »Du nutzt das Rechtswesen in schamloser Weise aus, um persönlich davon zu profitieren. Deshalb hast du öffentlichen Spott verdient.« Ein mir unbekannter, aber äußerst seriös wirkender amerikanischer Blogger, dessen Beiträge viele Klicks aufweisen, erklärt daraufhin, warum es falsch sei, Menschen im Internet bloßzustellen. Er schreibt, dass nicht einmal schuldig gesprochene Verbrecher eine Massenhetze verdient hätten und dass Außenstehende in den meisten Fällen nicht besonders gut informiert seien und sich deswegen nicht daran beteiligen sollten. Er wirkt recht vernünftig. Doch dann meint er unvermittelt, dass nichts von all dem auf mich zutreffe. Genauso wie Jacob, der sich erst deutlich von den Internethassern abgrenzte, ändert er seine Meinung und behauptet jetzt, in meinem Fall zu der Überzeugung gelangt zu sein, dass ein starkes Signal (»a bigger message«) nötig sei, um zu zeigen, was mit Frauen geschehen solle, die »nur vorgeben, einem Übergriff ausgesetzt gewesen zu sein«. Er macht meine Sozialversicherungsnummer, meine Telefonnummer und auch meine Adresse publik. Und um seine Auffassung noch zu illustrieren, fügt er ein Foto meines Hauseingangs hinzu.

Alle Menschen, die daraufhin den auf dem Foto dargestellten Hauseingang aufsuchen, all jene, die mich täglich verfolgen und belästigen, schenken seinen Worten Glauben. Sie nehmen an, dass Leute wie er mehr darüber wissen, was in der betreffenden Nacht in meiner Wohnung geschah, als das Rechtswesen. Das Signal, das Blogger wie er aussenden, warnt die Menschen nicht davor, zu lügen. Es warnt vielmehr davor, sexuelle Übergriffe anzuzeigen. Diese Warnungen sind keineswegs neu, sie enthalten eine unmissverständliche Botschaft, die alle Schichten der Gesellschaft erreicht. Keine von denen, die noch zögern, ob sie mit einer ähnlichen Wahrheit zur Polizei gehen sollen, hat sie überhört. Nein, das, was mir widerfahren ist, entspricht nicht dem, was mit Frauen geschieht, die in Vernehmungen lügen. Das, was mir widerfahren ist, geschieht mit so vielen, die die Wahrheit über Sexualstraftaten aussprechen.

Ich würde dem Blogger gern antworten, dass selbst angesehene Leute, wohlhabende, berühmte und einflussreiche Leute deswegen noch lange nicht über dem Gesetz stehen. Genau aus diesem Grund habe ich mich für Wikileaks engagiert. Denn wenn man sieht, dass irgendwo irgendetwas ziemlich schiefläuft, und sei es in der eigenen Organisation, muss man es ansprechen. Außer mir haben ganz sicher noch mehr – vermutlich sogar viel mehr – Frauen ähnliche Erfahrungen gemacht, doch im Internet bleibt es still. Ich würde dem Blogger gerne erklären, dass der Preis für das Publikmachen solcher Erfahrungen einfach zu hoch ist. Und ich zwar verstehen könne, wenn man sich zu der Denkweise von ihm und seinesgleichen verleiten lasse, diese aber falsch sei. Ich würde ihm gern erklären, wie traurig und verletzt ich bin und dass er ganz sicher anders darüber dächte, wenn er begreifen würde, dass ich auch nur ein Mensch bin. Dass ich nicht als fiktive Figur in irgendeinem Undercoveragenten-Hinterzimmer von einer Gruppe Verschwörern erfunden wurde. In der Vergangenheit habe ich mehrfach versucht, auf derlei Kommentare zu antworten, und in Einzelfällen funktionierte es auch. Männer, die sich dafür bedankten, dass ich ihnen geschrieben hatte, und die sich entschuldigten. Doch in den häufigsten Fällen verschlimmerte meine Verletzlichkeit die Sache eher noch. Ihre Hasskommentare und niederträchtigen Blogeinträge wurden nur noch zahlreicher, und sie verhöhnten meine Kontaktaufnahme öffentlich. Sie begannen, Forderungen zu stellen, verlangten mir bestimmte Verhaltensweisen ab und zwangen mich, Informationen preiszugeben, die auf völlig falschen Annahmen beruhten. Sie waren wie Raubtiere, deren Jagdinstinkte zunehmen, sobald sie den Geruch von Angst und Schwäche wahrnehmen. Diesmal traue ich mich jedenfalls nicht, zurückzuschreiben. Ein Gefühl der Ohnmacht überwältigt mich.

Zugleich kommt mir ein Gedanke. Es könnte ja ansteckend sein, die eigene Geschichte zu erzählen. Vielleicht halten es genau deswegen so viele Männer für derart wichtig, jene Frauen zum Schweigen zu bringen, die Strafanzeige erstatten, damit nicht noch mehr von diesen anfangen auszupacken.

4. September 2010

Eine meiner Freundinnen hat im Internet gelesen, dass jemand ein Kopfgeld von 5000 Dollar auf mich ausgesetzt hat. Ich bedanke mich für die Info, bitte aber erneut darum, mir keine weiteren derartigen Nachrichten zukommen zu lassen.

6. September 2010

Heute werde ich zu einer weiteren ergänzenden Vernehmung einbestellt. Die Beamten haben noch mehr Fragen zum Verlauf der Ereignisse, zu anderen Kontaktpersonen und zu den Motiven für mein Verhalten.

Ich beschreibe unter anderem, wie ich Julians Auftreten mir gegenüber empfunden habe:

»Die meiste Zeit [in der er bei mir wohnte] behandelte er mich so wie vor unserem ersten gemeinsamen Abendessen. Doch in dieser sexuellen Situation verhielt er sich völlig anders. Es war so, dass er, also, ihm schien ziemlich viel daran gelegen zu sein, die Bedingungen zu diktieren.«

»Mhm.«

»Und das habe ich noch nie zuvor erlebt.«

»Okay.«

»[Ich war] ziemlich geschockt [oder, ich meine, es war] eine erschütternde Erfahrung. Man sieht sich selbst gewissermaßen von außen.«[11]

7. September 2010

Eine ehemalige Mitarbeiterin von Wikileaks schreibt mir eine Mail.

> Liebe Anna. Ich möchte Sie nur auf die Tatsache aufmerksam machen, dass J eine Zeit lang in Kenia gelebt hat, und viel in Asien, besonders in Vietnam herumgereist ist. In beiden Ländern sind die HIV-Raten ziemlich hoch.[12]

Die Frage nach meiner Angst vor HIV ist, soweit ich es gesehen habe, noch nicht bis an die Medien durchgedrungen. Deshalb schätze ich, dass die Frau persönliche Erfahrungen mit Julians risikoreichem Sexualverhalten gemacht hat und sich deshalb um mich sorgt. Ich finde es wahnsinnig nett von ihr, dass sie sich meldet, und ich begreife ihre Nachricht als Solidaritätsbekundung unter Frauen. Zugleich verursacht mir der Gedanke daran Stress. Natürlich hat mich das Thema Aids schon von Anfang an beschäftigt. An manchen Tagen ist es sogar fast das Einzige, woran ich in all diesem Tumult denke. Ich stelle mir Fragen wie: Hat Julian mich bewusst einem Risiko ausgesetzt? Werde ich sterben? Offenbar ist er besessen davon, ungeschützten Verkehr zu haben, und er scheint auch nicht besonders wählerisch zu sein, mit wem und wie vielen Frauen er schläft. Außerdem deutet alles darauf hin, dass er dies schon seit einer Weile so praktiziert – nicht zuletzt in Hochrisikogebieten.

Doch ich kann nichts dagegen tun, außer immer wieder darüber zu grübeln und schon im Voraus in Panik zu verfallen. Wenn Julian sich nicht testen lässt, bin ich gezwungen, die besagten drei Monate zu warten, bevor ich das Ergebnis erfahre. Bisher sind gerade mal zwei Wochen vergangen.

8. September 2010

»Ich weiß tief in meinem Herzen, dass du die Wahrheit sagst«[13], schreibt die Frau von gestern in unserem weiteren Mailwechsel. Sie schildert genau dasselbe Gefühl, das ich hatte, als Maria mir ihre Geschichte anvertraute. Wir wissen es. Aufgrund gemeinsamer Erfahrungen. Es ist kein Zufall, dass sie, die in Julians Nähe arbeitete, uns von ganzem Herzen glaubt.

9. September 2010

Das Medieninteresse hat sich etwas gelegt, und ich verwende so gut wie meine gesamte Zeit auf die Kampagne vor der Reichstagswahl. Ich gehe Klinken putzen in den Stadtteilen Tensta, Fittja, Upplands Väsby und Södermalm. Doch von mehreren Parteigenossen muss ich mir anhören, dass es unangebracht wäre, wenn ich mich am Wahltag in einem Wahllokal zeigen würde. Ich sei eine äußerst unpopuläre Person, und letztlich könne es der Partei schaden, wenn ich diese öffentlich repräsentieren würde.

12. September 2010

In vielen Blogs geht es weiterhin um mich und meinen Fall. Leute verfechten Konspirationstheorien und behaupten, dass ich in Verbindung mit dem CIA, dem Pentagon, dem FBI, dem *Zionist Occupation Government* (ZOG), der UNO, der feministischen Partei *Feministisk initiativ* oder den Muslimbrüdern stünde. Einige Internettrolle meinen sogar, dass ich aus Loyalität zu einem Soldaten in meiner Verwandtschaft gegen Julian ausgesagt hätte.

16. September 2010

Ich habe einen Zeitungskommentar verfasst, in dem ich dazu auffordere, eine progressive Wählerstimme möglichst nicht an eine kleine Partei zu verschwenden, die sowieso keine Chance darauf habe, in den Reichstag einzuziehen. Daraufhin erhalte ich von einer der größten Zeitungen Schwedens den Bescheid, dass sie einen Artikel des christdemokratischen Parteivorsitzenden herausnehmen werden und stattdessen meinen Artikel bringen wollen. Für mich ist das eine große Sache, denn inmitten eines erbitterten Kampfes zwischen den Parteien um jeden Millimeter Medienfläche ist es mir gelungen, uns einen Kanal zu sichern, der täglich nahezu ein Drittel der Wähler erreicht.

Ich werde zum Gespräch in die Presseabteilung der Sozialdemokraten gebeten. Allerdings nicht, um zu feiern. Ihre Repräsentantin ist höflich und korrekt, doch es kommt noch nicht einmal zu einem Gespräch. Stattdessen werde ich nur darüber in Kenntnis gesetzt, dass der Artikel nicht in meinem Namen veröffentlicht werden könne. Es sind nur noch wenige Tage bis zur Wahl, und die Unterstützung von Julian Assange gilt als ein Anliegen des linken Flügels. Deswegen kann es die Partei auf keinen Fall riskieren, mit Themen in Verbindung gebracht zu werden, die der Wähler als Verrat von Assange wahrnimmt – letztlich bin ich also der Verrat.

Der Grund dafür liegt auf der Hand, und ich kann ihren Worten nichts entgegensetzen. Die Medienhetze ist brutal, und die Partei kann es sich nicht leisten, Wähler zu opfern. Auch wenn es mich traurig stimmt, leuchtet es mir ein. Ich sorge dafür, dass meine Freundin Kristina statt meiner unterschreibt. Doch zugleich fühle ich mich im Stich gelassen. Die grausame Medienlogik, die besagt, dass jeder Mensch immer nur für eine Sache auf einmal bekannt sein kann, hat dafür gesorgt, dass ich womöglich für immer eine umstrittene Person sein werde. Im besten Fall ein Opfer. In der Verlängerung bedeutet das jedoch, dass selbst diejenigen, die mir offiziell keine Schuld geben, mir stattdessen inoffiziell einen Teil der Strafe aufbürden.

19. September 2010

Die Sozialdemokraten verlieren die Wahl. Die Schwedendemokraten ziehen mit annähernd sechs Prozent aller Stimmen zum ersten Mal in den Reichstag ein. Jene Partei, die 1988 von Veteranen innerhalb des Nationalsozialismus, also des militanten Rassismus und Faschismus gegründet wurde – darunter sogar einem Freiwilligen der Waffen-SS im damaligen Nazi-Deutschland – und deren Symbol zudem die faschistische Fackel ist. Ich bin ziemlich geknickt.

22. September 2010

Jetzt steht endgültig fest, dass ich meinen Job verlieren werde. Die formelle Begründung lautet, dass es nach dem Wahlverlust an Geld fehlt. Zum Ausgleich erhalte ich ein zusätzliches Monatsgehalt. Ich werde bis Ende März 2011 arbeiten, doch vorher muss ich noch sechs Wochen Resturlaub nehmen, was für mich in Ordnung ist. Mein Vater und ich haben bereits darüber nachgedacht, ehrenamtlich für irgendeine Hilfsorganisation im Ausland zu arbeiten, sobald er in Rente geht, und wir sehen dies als gute Gelegenheit. Wir bewerben uns als Begleitpersonen beim Begleitprogramm des Weltkirchenrats in Israel und Palästina.

27. September 2010

Julian Assange wird erneut vorgeladen.

15. Oktober 2010

Ich erfahre, dass die geplante Vernehmung Julians nicht stattfinden konnte. Die jetzige Staatsanwältin hat seit Anfang September, also mit Beginn ihrer Zuständigkeit für den Fall, auf eine Vernehmung hingewirkt, doch er entzieht sich einer Vorladung und weigert sich, bei der Polizei zu erscheinen. Ich würde gern in irgendeiner Form mit ihm kommunizieren, da wir beide kein Interesse daran haben, Wikileaks zu schaden, weder mit einem unnötig in die Länge gezogenen Prozess noch mit einer falschen Berichterstattung durch die Medien. Doch Julian scheint die Handynummer gewechselt zu haben, und auf meine Nachrichten an beide Mailadressen, die ich besitze, bekomme ich keine Antwort. Aber eventuell können Johannes oder Donald helfen, überlege ich. Ich schicke eine SMS an Johannes:

> Hallo, Julian ist heute nicht zur Vernehmung erschienen, und wenn er sich weiter der Vorladung und seiner Meldepflicht entzieht, wird er höchstwahrscheinlich noch diese Woche per internationalem Haftbefehl gesucht. Falls du also Kontakt zu ihm hast, könntest du ihn vielleicht darum bitten, sich möglichst umgehend bei der Polizei zu melden, damit die Medien endlich Ruhe geben? Danke.
>
> Ich werde mein Bestes tun. Hoffe, bei dir ist alles in Ordnung.
>
> Okay, danke. Geht so, aber wird schon werden.

18. Oktober 2010

Johannes meldet sich erneut:

> Hallo, habe gerade mit ihm gesprochen und deine Bitte ausgerichtet. Fürchte aber, es sieht nicht gut aus. Glaube, dass er aus dieser Sache einen Riesenzirkus machen wird …
>
> Verstehe nicht, was er damit erreichen will. Wikileaks zuliebe sollte er sich besser zusammenreißen, aber für mich spielt es, glaube ich, keine so große Rolle. Danke, A

Der Staatsanwältin zufolge sind mehrere Vernehmungen mit Julian nötig, sowohl wegen der ihm zur Last gelegten Straftaten in Marias Fall als auch wegen einer Reihe anderer Unklarheiten. Doch alle Versuche, ihn zum Erscheinen auf dem Revier zu bewegen, scheitern. Pia, meine Juristin an der Seite von Claes in der Rechtsanwaltskanzlei Borgström, ist überrascht, dass Julian sich der Polizei entzieht. Sie war fest davon ausgegangen, dass es umgehend zu einem Prozess kommen würde. Jetzt allerdings könnten wir, wie sie sagt, mit den Vorbereitungen auf das Gerichtsverfahren noch ein wenig warten.

Die schwedische Einwanderungsbehörde lehnt Julians Antrag auf eine Arbeits- und Aufenthaltsgenehmigung ab.

Ich erfahre, dass ich beim Begleitprogramm angenommen wurde, und werde im Dezember für drei Monate nach Israel und Palästina fliegen. Mein Vater ist leider nicht angenommen worden.

19. Oktober 2010

Julian benutzt weiterhin den guten Ruf von Wikileaks, um sich selbst reinzuwaschen. Er behauptet in den Medien, Angst vor weiteren Vernehmungen zu haben, weil er glaube, verfolgt zu werden. Er versucht noch immer, mit verschiedenen Argumenten zu untermauern, dass man ihn reingelegt habe – und zwar aus völlig anderen und letztlich weitaus bedeutsameren Gründen als dem »simplen« Sexualvergehen, um das es tatsächlich geht.

Wenn er wirklich Angst davor hat, wegen Spionage und nicht wegen der Sexualstraftaten zur Rechenschaft gezogen zu werden, frage ich mich, warum er aus Schweden geflohen ist – einem Land, das Menschen, denen politische Verbrechen zur Last gelegt werden, nicht an die USA ausliefert – um sich dann ausgerechnet in eines der Länder abzusetzen, die am engsten mit den USA zusammenarbeiten. Warum glaubt er, festgenommen und an die USA ausgeliefert zu werden, sobald er seinen Fuß in eine schwedische Polizeidienststelle setzt, obwohl er bereits zur Vernehmung in einer schwedischen Polizeidienststelle war, ohne festgenommen zu werden?

Julian ist selbstverständlich eine zentrale Figur für Wikileaks, aber längst nicht ihr einziger Vertreter. Er hat die Plattform nicht allein entwickelt, viele andere haben daran mitgewirkt und betreiben sie bis heute gemeinsam. Doch Julian ist gerade dabei, genau das zu zerstören, was ihn für die Gründung von Wikileaks so unentbehrlich gemacht hat. Und seine Anhänger lassen es zu, sie geben ihm ausnahmslos Rückendeckung.

Meiner Überzeugung nach hat er im Augenblick am meisten Angst davor, sich für die Sexualstraftaten verantworten zu müssen. Er will verhindern, dass das Gericht und auch die Medien Nachforschungen zu der Frage anstellen, warum er gegen den Willen seiner Sexpartnerinnen Kondome zerreißt. Und außerdem lässt er es schon aus Prinzip nicht zu, dass ihm irgendwer Grenzen für sein Verhalten setzt.

22. Oktober 2010

Wikileaks veröffentlicht das *Kriegstagebuch des Irak-Krieges*. Damit gelangen Einzelheiten zu zivilen Todesopfern, zu Folter und Massenhinrichtungen sowie zu weiteren Kriegsverbrechen an die Öffentlichkeit.

Eine Person, die mit der Weiterleitung dieser Informationen an Wikileaks alles riskiert hat, ist ein Geheimdienstanalyst namens Manning. Er bezeichnet die Dokumente als Offenbarung »der wahren Natur über die asymmetrische Kriegsführung im 21. Jahrhundert« und ist im Zuge dessen zu einem der großen Helden unserer modernen Geschichte geworden. Bereits im Juni wurde Manning wegen der Weitergabe der vermutlich wichtigsten je an die Öffentlichkeit gedrungenen Informationen während eines laufenden Krieges, dem *Kriegstagebuch des Afghanistan-Krieges*, verklagt. Diese Archivdokumente haben der Menschheit unwiderlegbare Beweise dafür geliefert, wie grausam Kriege wirklich sind. Und genau diese Dokumente waren für uns der Anlass, Julian nach Schweden einzuladen.

Eine der 22 Straftaten, deren Manning beschuldigt wird, lautet *Aiding the enemy by indirect means* (»Kollaboration mit dem Feind«), ein Delikt, das in den USA mit Todesstrafe geahndet werden kann. Es gibt keine Berichte darüber, dass jemand durch die Weitergabe dieser Informationen zu Schaden gekommen sei, und außer Manning ist auch sonst niemand eines Vergehens bezichtigt worden, das durch besagte Informationen an die Öffentlichkeit drang. Selbst jene Personen, die im »Collateral Murder«-Video Kriegsverbrechen begehen, sind nicht zur Rechenschaft gezogen worden.

Der am 17. Dezember 1987 in Crescent, Logan County, Oklahoma, geborene Manning wurde 2009 als nachrichtendienstlicher Analytiker in den Irak entsandt, wo er in einer Militärbasis außerhalb von Bagdad arbeitete. In dieser Militärbasis hatte Manning Zugang zu streng geheimen Daten. Und obwohl dieser 47 Kilo leichte Soldat an vorderster Front der Infragestellung von Kriegsverbrechen stand, hat man ihn in der Friedensdebatte über mangelnde Meinungsfreiheit und Transparenz – der Geißel des globalen Entschuldigens von sexuellen Übergriffen – nur allzu oft vergessen.

Seit seiner Überführung vom Irak ins Quantico-Gefängnis in den USA muss Manning Angaben zufolge 23 Stunden am Tag in Einzelhaft verbringen, was nicht zuletzt von Amnesty International als Folter eingestuft wird, wobei man ihm über längere Zeiträume hinweg sogar den Zugang zu Kleidung verwehrt. Manning soll außerdem täglich diversen Demütigungen ausgesetzt sein.

Die Einkünfte von Wikileaks werden für Assanges Verteidigung und seine Unkosten verwendet, für jene von Manning hingegen nicht, was mich bedrückt. Der Schriftsteller Jan Guillou fasst meine Gedanken in einer Kolumne im »Aftonbladet« in Worte:

> *Manning sollte sich eigentlich mit dem Argument verteidigen, dass er dazu beigetragen habe, amerikanische Kriegsverbrechen zu enthüllen, und die hehren demokratischen Grundsätze somit seine Weitergabe von Informationen rechtfertigen. Es kann nicht sein, dass die amerikanische Kriegsmacht ihre kriminellen Machenschaften geheim hält und ihre Auftraggeber, das amerikanische Volk, hinters Licht führt. Auf dieser Grundlage sollte die Verteidigung aufbauen. Da im Zuge dessen jedoch starke juristische Prinzipien gegeneinander abgewogen werden müssen, braucht Bradley Manning die bestmöglichen Anwälte überhaupt. Und dafür benötigt das amerikanische Rechtswesen Geld. Geld, das Wikileaks trotz einer Zusage wiederum nicht bereitstellt. Stattdessen hält sich Julian Assange jetzt drei englische Anwälte, die ihn davor bewahren sollen, in Schweden zur Vernehmung erscheinen zu müssen.*[14]

Mannings Netzwerk zufolge hat Wikileaks inzwischen jedoch eine Unterstützung Mannings in Höhe von 50.000 Dollar zugesichert.

13. November 2010

Die drei Monate sind endlich vergangen, und ich nehme einen Termin zur Blutabnahme wahr. Das Ergebnis erhalte ich in einer Woche.

16. November 2010

Eine Frau schickt mir eine Mail und verweist auf #freeassange. Sie schreibt:

> Am Ende wird die Wahrheit ans Licht kommen.
>
> Das hoffe ich inständig!, antworte ich.

Bei dem gesamten Fall geht es für mich um genau das, die Wahrheit. Ich sehne ein Gerichtsverfahren herbei, in dessen Verlauf endlich Beweise erbracht und Zeugenaussagen vorgetragen werden. In dem alle Fehlinterpretationen und Konspirationstheorien abgehandelt werden können, inklusive aller möglichen dubiosen Machenschaften, die mir unterstellt werden, oder auch geheimer Coups, die ich gemeinsam mit der Polizei geplant haben soll. Nicht zuletzt lässt sich dann bestimmt auch klären, welche sarkastischen SMS ich verschickt oder in welcher Weise ich mich sonst »falsch« verhalten haben soll, um dem Klischee eines echten Vergewaltigungsopfers zu entsprechen. Dann werden alle technischen Beweismittel und die Zeugenaussagen Punkt für Punkt durchgegangen. Ich weiß, dass wir ziemlich gute Chancen haben, den Prozess zu gewinnen, sobald die Beweise vorgelegt werden. Ich hoffe also inständig, dass die Frau recht behält und am Ende tatsächlich die Wahrheit ans Licht kommt.

18. November 2010

Keiner weiß, wo Julian sich aufhält, während Wikileaks immer neues Material veröffentlicht, darunter Informationen über die Beziehungen der USA zu anderen Ländern. Irgendjemand hat verkündet, dass Julian an einem Seminar in London mitwirken werde, deshalb halte ich es für wahrscheinlich, dass er dort ist.

Die Ermittlungen können nicht vorankommen, solange Julian nicht erneut vernommen wird. Aus diesem Grund beantragt die Staatsanwältin Marianne Ny seine Festnahme, da sie einen hinreichenden Verdacht auf Vergewaltigung, sexuelle Belästigung in drei Fällen sowie Nötigung erkennt. Das Amtsgericht Stockholm folgt Marianne Nys Antrag und beschließt seine Festnahme. Um den Haftbefehl vollstrecken zu können, wird Julian international gesucht, und die Staatsanwältin erlässt einen europäischen Haftbefehl.

20. November 2010

Mein HIV-Test ist negativ. Ich lache und weine vor Erleichterung. Doch meine Erleichterung geht rasch in Wut über. Das Risiko, sich im Zuge eines einmaligen Geschlechtsverkehrs bei jemanden anzustecken, der bereits Aids hat, ist äußerst gering. Aber die Tatsache, dass ich mich nicht angesteckt habe, sagt noch nichts über Julians Gesundheitszustand aus. Um den zu erfahren, müsste er sich ebenfalls testen lassen. Ganze drei Monate lang habe ich gelitten, was er mir hätte ersparen können, wenn er es nur gewollt hätte.

Julian hat meine Strafanzeige als faulen Trick bezeichnet. Doch mein Besuch bei der Polizei und meine Aussage dort waren kein Trick. Ich würde es auf jeden Fall wieder tun. Doch dann würde ich nicht warten, bis die Polizei Strafanzeige stellt, sondern selbst Anzeige erstatten.

22. November 2010

Julian legt bei Svea hovrätt, dem Oberlandesgericht Schwedens, Beschwerde gegen den Haftbefehl ein. Ich widme mich meiner Arbeit, bewerbe mich nebenbei auf einen neuen Job und verbringe meine Freizeit damit, alle Hasskommentare zu löschen, die noch immer in konstantem Strom meine Social-Media-Kanäle fluten.

24. November 2010

Svea hovrätt weist Julians Beschwerde ab und hält den Haftbefehl aufrecht, da ein hinreichender Tatverdacht auf Nötigung, Vergewaltigung sowie sexuelle Belästigung in zwei Fällen vorliege. Die internationale Ausschreibung zur Fahndung und der europäische Haftbefehl werden gemäß dem Beschluss von Svea hovrätt angepasst.

Ich weiß nicht genau, welcher Tatbestand der Belästigung gestrichen wurde, schätze aber, dass es Julians Weigerung war, meine Wohnung zu verlassen. Sowohl sein gewalttätiges Verhalten mir gegenüber als auch die Zwangsinsemination sind eingebracht und als Tatbestand eingestuft worden, und höchstwahrscheinlich gilt dies auch für die Tatsache, dass er seinen Unterleib gegen mich presste, während ich schlief.

Das Ganze beschäftigt mich jedoch nicht weiter, weil ich heute erfahren habe, in welchem Ort im Westjordanland ich nächste Woche eingesetzt werde. Es ist ein Dorf mit 90 Einwohnern namens Yanoun. Ein Dorf, das von aggressiven israelischen Siedlern stark bedrängt wird und in dem ich mit meiner Anwesenheit als internationale Person verhindern soll, dass Tiere getötet und Brunnen vergiftet werden. In meinem neu eröffneten Blog – einem obligatorischen Bestandteil der Öffentlichkeitsarbeit einer Begleitperson – bezeichne ich das Dorf im ersten Eintrag als »mein neues Zuhause«. Nach diversen Erste-Hilfe-Kursen, Einführungen in die Geschichte des Nahen Ostens sowie Sprachkursen zur Erlangung von Grundkenntnissen in Arabisch und

Hebräisch fühle ich mich gut vorbereitet. Und ich freue mich sehr darauf, die Theorie endlich in die Praxis umsetzen zu können.

Allmählich halte ich es jedoch für angebracht, mich vor den Organisatoren des Programms zu »outen«. Während eines Wochenendseminars nehme ich eine Kursleiterin zur Seite und vertraue ihr an, dass ich eine der beiden durch die Übergriffe von Julian Assange Geschädigten bin. Ich halte es für wichtig, dies bei der Einschätzung der Risiken zu beachten. Mein bisheriges Zögern erkläre ich damit, dass ich lange davon ausging, das Ganze bereits vor meiner Abreise überstanden zu haben. Aber jetzt, da Julian sich dem Zugriff der Polizei entziehe, sei mit einer erneuten Medienhetze zu rechnen. Die Kursleiterin reagiert leicht schockiert, bedankt sich aber für meine Offenheit.

28. November 2010

250.000 Dokumente, die Wikileaks aus amerikanischen Botschaften zugespielt wurden, werden veröffentlicht, unter anderem vom »Guardian«. Darin werden umfangreiche Fälle von Korruption in Regimen im Nahen Osten und nicht zuletzt auch diverse private Statements amerikanischer Diplomaten über ihre Dienststellen enthüllt.

30. November 2010

Julian legt bei Högsta domstolen, dem obersten Gericht Schwedens in Zivil- und Strafsachen, Beschwerde gegen den Haftbefehl von Svea hovrätt ein.

2. Dezember 2010

Julians Mutter Christine tritt als Leumundszeugin im Hetztribunal auf. Sie beteuert, ihrem Sohn im Zuge der Erziehung umfängliche grundlegende ethische Werte vermittelt zu haben und dass er intelligent und einfühlsam sei. Zudem versichert sie, dass er sich allein für das Gute einsetzen und das Böse bekämpfen würde.

Sie scheint ihn offenbar gut zu kennen. Außerdem wirkt sie glaubwürdig und hat höchstwahrscheinlich recht mit all ihren Behauptungen. Dennoch lässt sich nicht leugnen, dass Julian mehrerer Sexualstraftaten verdächtigt wird. Auch wenn sein Charakter natürlich nicht gesetzwidrig ist, können seine Handlungen sehr wohl strafbar sein. Die Charaktere von Täter und Opfer sollten bei der Beurteilung des Falls eigentlich nicht von Interesse sein, doch immer wieder wird die Person der Sache in den Weg gestellt, um die es eigentlich geht.

5. Dezember 2010

Ich packe für meine Reise nach Palästina und putze meine Wohnung, um sie für drei Monate unterzuvermieten. Ich trage jede Menge Sachen auf den Dachboden hinauf, um sie einzulagern und Platz für die Untermieterin zu schaffen. Nebenbei sehe ich im Internet, dass Julian an weiteren Enthüllungen arbeitet. Wikileaks veröffentlicht noch mehr Material über die Beziehungen der USA zu anderen Ländern.

Aus der amerikanischen Botschaft in Schweden sickert ein Schreiben eines Diplomaten an Präsident George W. Bush durch. Es besagt, dass unser konservativer Außenminister Carl Bildt »ein mittelgroßer Hund« sei, »der sich wie ein großer aufführe«[15], und es ihm an politischer Kompetenz mangele. Vor einer Reise Bildts in die USA erhält Bush deswegen den Rat, ihm mit den Worten zu schmeicheln, dass er in einer höheren Liga spiele, und sich beeindruckt von seinen internationalen Verdiensten zu zeigen. Diese Erkenntnisse sind für mich als Sozialdemokratin zwar unterhaltsam, nicht zuletzt darum, weil ich Bildt schon seit Langem für stark überschätzt halte, aber ich kann nur schwer ausmachen, inwiefern es sich dabei um eine zentrale Friedens- oder Meinungsfreiheitsfrage handeln soll.

6. Dezember 2010

Jeden Tag wird in den unterschiedlichsten Zeitungen über Wikileaks berichtet. Unabhängig davon, ob in Interviews oder Analysen, greifen die Leute diese Informationen auf und verknüpfen sie mit mir. Doch seit dem ersten Ausbruch im August hat sich der Medienrummel definitiv gelegt. In meinem Blog erscheinen nicht mehr Hasskommentare, als ich bewältigen kann, und ich habe den Eindruck, wieder ein einigermaßen normales Leben führen zu können. Julian scheint den Gerichtsprozess zwar aus unerfindlichen Gründen so weit wie möglich hinauszögern zu wollen, aber daran kann ich leider nichts ändern. Ich möchte das Ganze einfach nur hinter mir lassen und mich Neuem zuwenden. Und genau das tue ich auch. Morgen trete ich meine Reise an!

Andreas ist in meine Wohnung gekommen und hilft mir, die letzten Sachen zusammenzupacken. Wir sind bis in die frühen Morgenstunden hinein damit beschäftigt, und in den wenigen Stunden Schlaf, die wir bekommen, liege ich in seinen Armen. Er ist traurig darüber, dass ich fliege.

»Aber es tut uns bestimmt gut, mal eine paarmonatige Auszeit zu nehmen«, sage ich.

»Ja, Zeit zum Nachdenken, und wenn du wieder zurückkommst, versuchen wir es einfach noch mal«, bestätigt er.

»Ich liebe dich.«

»Ich liebe dich auch.«

Obwohl ich in meinem Blog geschrieben habe, dass ich nach unserer langwierigen und demütigenden Trennung auf Rache sann, und obwohl er zuvor mehrfach sein Versprechen gebrochen hatte, glauben wir beide, dass sich alles wieder einrenken wird. Ich habe das Gefühl, dass sich nun alle Puzzleteile meines Lebens zusammenfügen.

7. Dezember 2010

Gegen fünf Uhr morgens weckt uns der Handywecker, und Andreas ruft zwei Taxis. Eines, das mich zum Flughafen Arlanda bringen soll, und ein weiteres, das ihn nach Hause bringt, damit er weiterschlafen kann.

Am Flughafen treffe ich meinen Freund Mats, einen Christdemokraten, der nach Hebron fliegt. Wir geben unsere Koffer auf und trinken einen Kaffee am Gate.

Auf einem Fernsehschirm erblicke ich eine Gestalt, die ich wiedererkenne. Es ist Julian. Ich bedeute Mats, kurz leise zu sein, und lausche dem Beitrag. Julian hat gerade verkündet, dass er sich heute bei der Polizei einfinden werde. Ausgerechnet heute. Nachdem er sich monatelang einer Vernehmung entzogen hat, wird er also jetzt in England – wo er sich tatsächlich aufhält – zur Polizei gehen. Die Nachricht kommt auf »Al Jazeera«. Das bedeutet, dass man auch im Nahen Osten über den Fall spricht. Es ist erst kurz nach sechs Uhr, als ich bei Karin, der schwedischen Koordinatorin des Begleitprogramms, anrufe. Ich hole sie aus dem Schlaf.

»Oha, das ist gar nicht gut«, sagt sie, nachdem ich sie informiert habe.

Ich nehme an, dass der Medienrummel genauso groß sein wird wie im Sommer, als der Fall gerade publik wurde, und ich vermute, ebenso penetrant von der Presse, dem Fernsehen und dem Radio verfolgt zu werden wie im August – und auch ebenso gehasst. Ich sehe bereits vor mir, wie sowohl Israelis als auch Palästinenser mich als Feindin ächten werden, und Karin teilt meine Einschätzung.

»Die Gewalt im Westjordanland brodelt unmittelbar unter der Oberfläche, und wenn es erneut zu einer solchen Hetze kommen sollte, haben wir nicht die Ressourcen, um dich zu schützen«, erklärt sie.

Als die Programmleitung mir nahegelegt, besser nicht hinzufliegen, bleibt mir eigentlich keine andere Wahl. Ich verabschiede mich von Mats, und mithilfe des Flughafenpersonals bekomme ich meinen Koffer zurück, bevor die Maschine abhebt – leider ohne mich. Ich stehe unter Schock. Allein mit meinem großen Koffer sinke ich im Terminal auf eine Bank. Die Puzzleteile in meinem Inneren werden erneut durcheinandergewirbelt. Ich habe keine Arbeit mehr und auch keine Wohnung. Am Horizont zieht gerade ein Medientornado auf, und als sei das nicht schon genug, steht außerdem noch eine anonyme Meute verrückter Frauenhasser bereit, dir mir in allen sozialen Medien mit den unterschiedlichsten Ausdrucksweisen androhen, mich zu vergewaltigen und totzuschlagen. Das Leben war schon einmal lustiger.

Meine engste Kontaktperson ist Andreas. Doch er kann in der Zwischenzeit noch nicht gerade viel Schlaf bekommen haben, weshalb ich ihn durch einen Anruf nicht stören will. Stattdessen nehme ich den Flughafenbus in die Stadt und von dort die U-Bahn. Das letzte Stück bis zu seiner Wohnung gehe ich zu Fuß. Es ist dieselbe Wohnung, die gemeinsam zu kaufen ich ihm einmal vorgeschlagen habe, nachdem ich all die Jahre zuvor in Wohnungen gewohnt hatte, die nur ihm gehörten. An der Haustür gebe ich den Code ein, dann schleppe ich den Koffer die Treppen hinauf. Ich klingele an seiner Tür. Als Überraschung, denke ich. Wir wollten es ja noch einmal miteinander versuchen, auch wenn nun aus der Auszeit nichts geworden ist. Doch niemand öffnet.

Ich rufe ihn auf dem Handy an, aber er geht nicht ran.

Ich versuche es erneut. Auf dem Handy, an der Tür und wieder auf dem Handy.

Schließlich bekomme ich eine SMS. Er hat ein Frühstücksmeeting, will mir aber nicht sagen, wo. Stattdessen schlägt er vor, dass wir uns in einem etwas entfernt liegenden Café auf der anderen Seite der U-Bahn-Station treffen. Ich lasse den Koffer vor seiner Wohnungstür stehen und mache mich auf den Weg. Und denke nach. Frühstücksmeeting? Warum hat er ausgerechnet nach einer Nacht, in der er kaum zum Schlafen kam, noch vor acht Uhr morgens ein Meeting eingeplant? Schlagartig wird mir klar, dass er mich angelogen hat. Er ist in der Wohnung, will mich aber von dort weglocken. Nur warum? Mein Herz pocht heftig, als ich im Laufschritt wieder umkehre. Er ist nicht allein.

Als ich seine Wohnung erreiche, stellt sich heraus, dass er natürlich nicht bei irgendeinem Meeting ist, sondern zu Hause. Er räumt ein, die andere Frau weggeschickt zu haben, und lässt mich herein. Ich weiß nicht, was diese andere Frau gerade empfindet, aber ich selbst bin völlig aufgelöst. Schließlich schlucke ich das Gefühl der Demütigung herunter. Ich habe einfach keine Ahnung, wo ich sonst hingehen soll.

Julian stellt sich tatsächlich der Polizei und begibt sich freiwillig in Untersuchungshaft. Alles Weitere bleibt abzuwarten. Die Medienhetze nimmt gehörig Fahrt auf. Das kleine Dorf Yanoun wird von mindestens 15 Journalisten bestürmt. Viele kommen natürlich aus dem nahegelegenen Tel Aviv, einige aus anderen Städten im Nahen Osten, und sogar Vertreter der europäischen Boulevardpresse reisen an. In den Medien und im Netz werde ich völlig grundlos als Judenhasserin und rabiate Fürsprecherin von Verstößen gegen das Völkerrecht in Israel verunglimpft. Verdächtigt, angeklagt und verurteilt von aufgebrachten Menschen aller Couleur.

Vor dem Gefängnis in London, in dem Julian einsitzt, stehen Demonstranten. Eine Frau hält ein Plakat mit der Aufschrift »I want your babies« hoch. Wenn Julians Motiv Befruchtung lautete, scheint es demnach genügend Möglichkeiten dafür zu geben, ohne jeglichen Zwang anwenden zu müssen.

Ich lag übrigens falsch mit meiner Annahme, dass jetzt ein ebenso großer Medienrummel herrschen würde wie im August. Wie sich herausstellt, ist er nicht nur in Yanoun, sondern in der ganzen Welt noch um ein Vielfaches schlimmer geworden. Man merkt, dass Julian inzwischen deutlich bekannter ist und weitaus mehr Rückhalt erfährt. Er wird von

Tausenden Menschen mit Plakaten und Internethass gegen mich direkt oder indirekt unterstützt. Dasselbe Hetztribunal, das ihn freispricht, verurteilt nun mich. Es scheint, als würde alles, aber auch wirklich alles, was man über mich finden kann, gegen mich verwendet werden. Wenn ich in Diskussionen als aktiv und engagiert gelte, wird er, der sich an mir vergriffen hat, zu einem passiven Opfer stilisiert. Und obwohl ich alles unternehme, um mich von den Trollen fernzuhalten, holen sie mich doch wieder ein. Sie erdichten alle möglichen Lügengeschichten, die meisten davon ohne auch nur das geringste Fünkchen Wahrheit, Respekt oder gar Wohlwollen:

»Ich kenne sie, ich kann so einiges über sie berichten.«

»Spannend, erzähl mir alles, was du über ihr Sexleben weißt. Wie treibt sie es denn gern im Bett etc.?«

»Warum legt sie sich eigentlich ein Image als Flittchen zu, das mit nahezu jedem ins Bett steigt? Wer hat denn je von dieser Tussi gehört, bevor sie sich an Julian Assange ranschmiss? Hat sie es eigentlich geplant, ihn erst heißzumachen, um ihn dann den Bullen auf'nem Silbertablett zu servieren, und sich auf diese Weise einen Namen zu machen als devotes Betthäschen für Männer mit ›Macht‹?»

»Oh, oh! Sie scheint ja nicht gerade davor zurückzuschrecken, ihr verkorkstes Inneres zur Schau zu stellen. Hier kommt eine kleine Amateurdiagnose meinerseits, ausgehend von dieser lächerlichen Racheliste: Ihr Vater war ihrer Mutter notorisch untreu, und Anna hatte Pech mit ihren ersten Sexpartnern (ältere väterliche Sozialistensäcke, die sich als korrupt herausstellten und eine Schwäche für Alkohol und junge Muschis hatten). Sie wäre lieber lesbisch geworden, aber leider lockte dann doch das eklige Männerglied. Sie hat eine schwere Borderline-Störung und ist narzisstisch veranlagt. Kann mir gut vorstellen, wie mies sie sich jetzt fühlt, wo ihr allmählich aufgeht, wie schräg das ist, was sie da abzieht.«

»Du liegst komplett falsch, all ihre Ex-Partner waren jünger als sie, und die meisten standen politisch rechts, irgendwo bei den Liberalen, Extremliberalen oder den Dunkelblauen.«

»Ah, interessant!!! Sie hatte also 'ne Schwäche für Jungs mit der entgegengesetzten ideologischen Überzeugung, typisch Borderline, mit Leuten zu pimpern, die dicht am eigenen Selbsthass sind.«

»Eine echt widerliche Groupie-Hure.«

»Wie sieht eigentlich die Sex-Vergangenheit dieser dämlichen Feministin Anna Ardin aus? Wie viele und welche Fickpartner hat sie eigentlich vor Assange gehabt? Und wie viele Gambier hat sie vernascht? Wie viele Muslime hat sie gebumst? Und wie viele Geschlechtskrankheiten hat sie gehabt oder hat sie noch immer? Hat sie sich in Gambia HIV eingefangen, und wollte sie vielleicht deswegen nicht ohne Gummi ficken (meine eigene Spekulation)?«

»Dieser Anna Ardin steigen die Rachegelüste an Männern offenbar zu Kopf.«

»Also diese verfluchte Fotze ist wirklich das Allerletzte, die hat kein Fünkchen Scham im Körper. Pfui Teufel! Unfassbar ... manche können wirklich nicht tief genug fallen!! Die Frau ist völlig durchgeknallt und außerdem gemeingefährlich, sie sollte verflucht noch mal eingebuchtet werden! Entschuldigt meine drastischen Worte, aber mich hat das Ganze total geschockt! Und dass sie auch noch die Unverfrorenheit besitzt, sich als Unterstützerin von Wikileaks auszugeben, wo sie doch alles dafür tut, die Organisation, das freie Wort und das gesamte freie Internet eigenhändig abzuschießen!«

»Da sie von Gotland ist, sollen sich doch die Leute auf der Insel all der Probleme annehmen, die sie verursacht. Hoffe nur, dass sie nie mehr 'n Einreisevisum fürs Festland kriegt. Da sind mir 100 hart arbeitende Türken, Griechen und Jugos weitaus lieber als eine einzige extremfeministische Gotländerin wie die.«

»Zum Teufel auch, gibt es denn keinen, der die Eier hat, dem ganzen Scheiß mal ein Ende zu setzen? Anna FUCKING Ardin, was für eine verfluchte Schlampe!!!«

»Anna Ardin – einsame Spinnerin oder politische Schachfigur? Für Letztere ist der Weg nach ganz oben definitiv verbaut, deshalb stimme ich für ›einsame Spinnerin‹.«

»Ich frag mich nur, wie man jetzt von außen auf die schwedischen

Frauen blickt, wo diese Wikileaks-Groupie-radikalfeministische-Hure Anna Ardin den Laden aufgemischt hat. Wäre nett, wenn ihr, die im Ausland wohnt, das mal checken könntet.«

»Wenn man mich fragt, ist sie genau wie jede andere schwedische Frau auch: eine verfluchte, rabiate PK Radikalfeministin und Marxistin, die nicht davor zurückscheut, einen in den Knast zu treiben, wenn man ihr aufgeblasenes Ego kränkt, weil sie eben 'ne Hure ist.«

»Diese Frau ist ja sowas von rachsüchtig, die tickt doch nicht mehr richtig. Ganz klar 'ne Psychopathin mit kolossaler Selbstüberschätzung. Rücksichtslos ohne Ende und besessen vom Erfolg um jeden Preis. Dass sie gleich zu so krassen Mitteln greift, nur um sich zu rächen, und dann auch noch 'ne Anleitung dafür ins Netz stellt. Wenn das kein Rassismus gegen Männer ist!«

»Sie ist keineswegs die Person, für die sie irgendwelche entfernten Bekannten halten, und sie verkörpert weder christliche noch feministische Ideale. Sie ekelt mich einfach nur an. Pfui Teufel, wie eklig sie ist. Ich hoffe nur, dass du das liest, Anna, wie verflucht eklig du bist.«

»DU BIST EINE EINZIGE EKLIGE ENTSCHULDIGUNG FÜR EINE FRAU!«

»Sie ist eine Hure, die Aufmerksamkeit erheischen will.«

Ich bekomme jetzt noch mehr, noch schlimmere und noch konkretere Drohungen als zuvor. Die Abteilung für Personenschutz der Polizei schätzt meine Sicherheit als zunehmend gefährdet ein. Die Beamten sprechen die Empfehlung aus, mich eine Zeit lang im Ausland zu verstecken, da es kostengünstiger und sicherer ist als der Einsatz von Personenschützern. Sie gehen von mindestens zwei Wochen aus. Ihr Ziel ist es selbstverständlich, mich vor einer akuten Bedrohung zu schützen, aber nicht zuletzt auch vor den Medien, insbesondere den britischen. Die Situation ist völlig unhaltbar. Ich werde gebrandmarkt, gedemütigt und gejagt. Deshalb stimme ich zu, dass sie mich an einen geheimen Ort bringen, stelle aber die Bedingung, dass mich jemand begleiten darf. Die Polizei willigt ein, und ich rufe Somar an, eine meiner besten Freundinnen, und berichte ihr von meinem Entschluss. Ich wäre wahnsinnig froh, wenn sie mich begleiten würde, auch wenn mir klar ist, dass es ziemlich viel verlangt ist, zumal wenn sie dafür so kurzfristig und lange Urlaub nehmen muss. Aber ich brauche noch nicht einmal zu fragen.

»Möchtest du, dass ich mitkomme?«

»Oh ja, wenn es möglich wäre?!«

»Na klar!«, antwortet sie, ohne auch nur eine Sekunde zu zögern. Sie muss es nur noch mit ihrem Chef abklären.

Kurz darauf ruft sie zurück.

»Es ist super gelaufen«, sagt sie. »Ich hab nur gesagt, dass eine Freundin von mir bedroht wird. Aber er hat sofort großes Verständnis gezeigt. Er denkt wohl, dass es irgendeine Ehrensache ist, was es letztlich ja auch ist«, erklärt sie und lacht.

Ich lese in einer Übersicht Folgendes über ehrenbezogene Gewalt und Unterdrückung : »Die Ehrenkultur schränkt die Freiheit des Einzelnen ein.«[16] »Eine ehrenbezogene Unterdrückung findet statt, wenn diese Einschränkungen bei Personen Anwendung finden, die die Werte der Ehrenkultur nicht einhalten.« Hierbei handelt es sich demzufolge häufig um »ein soziales System mit einer strengen Kontrollfunktion, insbesondere bezogen auf die Sexualität von Mädchen und Frauen«. Wenn ich die Nachrichten der anonymen Männer lese und sehe, worüber sie in ihren Foren diskutieren, lässt sich unschwer erkennen, dass sie zum einen meine Sexualität kontrollieren wollen und zum anderen der Auffassung sind, dass ich gegen die Werte ihrer Kultur verstoße. Das Ganze hat zum Glück nichts mit meiner Familie zu tun, und ich bin dankbar dafür, in einer Gesellschaft, in einem Land und in einer Zeit zu leben, in der weder meine Verwandtschaft noch die Gesetzgebung eine Unterdrückung meiner Person unterstützen. Ich bin dankbar dafür, dass die Männer im Netz keine endgültige Macht über mein Leben haben und deren Parteien keine Gesetze erlassen, die meine Rechte reglementieren. Und ich hoffe, dass dies auch nie der Fall sein wird. Denn ich sehe, dass sie sich in Parteien organisieren, und ich sehe auch, welchen Parteien die fanatischsten von ihnen angehören.

Eine Rechtsanwältin aus dem Ausland nimmt Kontakt zu Claes auf. Sie wurde von einer jungen Frau bezüglich eines Übergriffs von Julian konsultiert, der unseren Schilderungen ähnelte. Sie will selbst keine Strafanzeige erstatten, würde aber in unserem Prozess gern als Zeugin auftreten. Allerdings möchte sie vollständig anonym bleiben. Claes meldet sich bei mir, damit wir gemeinsam besprechen können, was er der Anwältin antworten soll.

»In Schweden ist es schließlich nicht möglich, anonym zu bleiben«, gibt Claes zu bedenken.

»Nein, okay, das musst du ihr unbedingt sagen«, entgegne ich. »Aber natürlich wäre es großartig, wenn sie als Zeugin auftreten könnte.«

»Ja, ich richte es ihr aus.«

»Aber du musst ihr unmissverständlich klarmachen, dass es wirklich lebensgefährlich ist. Ihr Name wird an die Öffentlichkeit gelangen, und der Internet-Mob wird sie früher oder später einholen.«

»Ja, sie muss sich über die Risiken im Klaren sein, wenn sie sich dafür entscheidet.«

Die Frau zieht sich zurück.

Wenn du die Wahl gehabt hättest, jemandem die Strafe für das zu erlassen, was er dir angetan hat, und für das du selbst verhöhnt und bedroht wirst, wenn dein Privatleben bis ins kleinste Detail öffentlich gemacht wird und du dich vor deinen Verwandten verantworten musst, da sie ebenfalls bloßgestellt werden, wenn dir sogar die Schriftsteller misstrauen, deren Werke in deinem eigenen Bücherregal stehen, wenn du nicht mehr deiner Arbeit nachgehen kannst, weil du gezwungen bist, unterzutauchen und dich an verschiedenen Orten zu verstecken, wenn Journalisten in deinem Treppenhaus herumlungern und du bei Meetings, die unerlaubterweise öffentlich angekündigt wurden, Personenschutz benötigst, hättest du dann trotzdem Strafanzeige erstattet? Als ich mir diese Frage stelle, ist die Antwort sonnenklar. Ja, wenn ich die Wahl gehabt hätte, aber ich hatte sie nicht.

Obwohl ich im Nachhinein mehr weiß und obwohl ich oft genug wünschte, es bleiben gelassen zu haben, hätte ich trotzdem Anzeige erstattet. Aber ich würde nie von irgendeiner anderen Frau fordern, einen Mann mit höherem Status bei der Polizei anzuzeigen. Ich würde sie unterstützen, wenn sie sich dafür entscheidet, und ihr unbedingt Mut zusprechen, wenn sie sich traut, aber nie auch nur den Versuch unternehmen, sie dazu zu überreden, nur weil es moralisch betrachtet richtig ist. Niemals. Denn ich weiß, dass alles, was danach kommt, noch schlimmer ist. Vielleicht erfährst du Wiedergutmachung für den Übergriff, aber nicht für den Rufmord, den der Mann und seine Freunde sowie all jene, die er dafür bezahlt hat – nicht zu vergessen die anderen Männer, die sich in seinem Glanz sonnen möchten –, an dir begehen. Dennoch war es für mich die Sache wert gewesen. Wenn ich dazu beitragen kann – wenn auch nur in äußerst geringem Maß –, dass das Patriarchat eines Tages fällt, ist es die Sache wert.

8. Dezember 2010

Eine Zeitung bietet mir Geld für meine Geschichte. Es handelt sich um ein großes deutsches Blatt, das mir die »Chance auf einen fünfstelligen Eurobetrag« in Aussicht stellt. Ich schicke einen Ausschnitt der Anfrage per SMS an Maria, um ihr zu zeigen, wie absurd das Ganze ist. Die Sache kommt mir geradezu unwirklich vor, und ich gehe davon aus, dass sie sich in der Person geirrt haben. Deshalb antworte ich nicht. Ich befürchte, schon die geringste Bewegung könnte mich verraten und dazu führen, dass sich die Raubtiere auf mich stürzen und mich zerfleischen. Kein Geld der Welt kann mich dazu bringen, mit irgendwem über den Fall zu sprechen oder auf andere Weise Öl in das Feuer zu gießen, auf dessen Scheiterhaufen ich verbrannt werden soll. Was die hartnäckigsten Journalisten angeht, bitte ich Claes um Unterstützung.

Ich sitze in Andreas' Wohnung am Küchentisch und sehe alle eingehenden Mails, SMS, verpasste Anrufe und Tweets auf dem Display meines Handys. Von Freunden und Nachbarn erfahre ich, dass sie Besuch von Fremden bekommen haben, und an den abgelegensten Orten stehen Leute, um mich abzupassen. Ich fühle mich wie gelähmt.

In den unterschiedlichsten Gruppierungen wird jeweils genau das aufgegriffen, was diese Gruppe gerade nicht vertritt. Unter FeministInnen wird mein Verrat angeprangert, Maria nicht vor Julian gewarnt zu haben, unter AntifeministInnen mein feministisches Engagement. Unter Castro-FreundInnen hält man mir meine einstige Forderung vor, die politischen Gefangenen in Kuba freizulassen, und unter FreundInnen der USA meine Verteidigung der sozialen Rechte Kubas, des Car-Sharing-Systems und des starken Kultursektors. Unter MuslimInnen verbreitet sich der Verdacht, dass ich gemeinsame Sache mit den USA mache, unter islamfeindlich Gesinnten mein Engagement für die Rechte der MuslimInnen, und in der breiten Öffentlichkeit keimt der Verdacht, dass ich womöglich gar nicht real existierte, sondern nur eine erfundene Figur sei. Ein Blogeintrag von 2005 aus meiner Zeit in der schwedischen Botschaft in Buenos Aires, in dem ich darlege, dass ich durchaus eine Ähnlichkeit zwischen den Sozialdemokraten in Schweden und den Peronisten in Argentinien sehe, wird dort zu einer landesweiten Nachricht, die dafür sorgt, dass die Anti-Peronisten mich anfeinden. Alle finden irgendeinen Weg, um mich zu attackieren.

Wenn Julian doch endlich vor Gericht gestellt würde, könnte ich vielleicht zu meinem normalen Leben zurückkehren. Ich will, dass der Fall möglichst bald rechtlich geklärt wird. Doch bislang beschäftigt die Frage lediglich die Medien und das Internet. Das Ganze kommt einem Volkstribunal ohne jegliche Rechtssicherheit gleich. Die fremden Menschen in meinem Treppenhaus erinnern an eine ausgesandte Jagdgesellschaft, die mich, die Beute, ins Licht treiben soll. Sie wollen mich einfangen, bestechen und unter Androhungen zwingen, an dem Tribunal mitzuwirken, das jetzt nur allzu offensichtlich zu Julians Bedingungen stattfindet.

Wie sollte ich da jemals gewinnen? Ich bin ein Nobody, eine auf sich allein gestellte Person ohne jegliche Waffen in Form von Prominenz oder Verbindungen zu Journalisten und Präsidenten, eine Schießbudenfigur mit gebrochenem Herzen und ohne den geringsten Hauch von Glamour. Nicht das Hetztribunal, sondern die Justiz sollte letztendlich die Beweise beurteilen. Das ist meine einzige Chance. Und nun scheint es endlich so weit zu sein. Julian hat sich der Polizei gestellt, und das Urteil ist in Reichweite. Zugleich braut sich der Mediensturm zu einem Orkan zusammen. Er brüllt mir ins Ohr, dass ich letztlich selbst schuld sei an der Hetze, weil ich mich konsequent geweigert hätte, meine Version des Falles zu schildern. Und er wirft mir vor, die Sache verdunkeln zu wollen.

Zwei Personenschützer von der Polizei Stockholm bringen mich von Andreas' Wohnung zu einem Hotel in Upplands Väsby. Aus Angst davor, dass mich irgendjemand erkennt und die Zeitungen informiert, bitte ich die Polizistin, mich unter ihrem Namen einzuchecken. Ich habe Todesangst. Sie hilft mir auch, möglichst rasch den Weg vom Streifenwagen mit den schützenden getönten Scheiben zu meinem Hotelzimmer zurückzulegen, damit ich mich nicht länger als nötig in der Lobby aufhalten muss. Ungefähr eine Stunde später kommt meine Freundin Somar.

Man wird mich in einem Land verstecken, das eng mit der schwedischen Polizei zusammenarbeitet. Ich habe sie darum gebeten, eines auszuwählen, dessen Sprache ich beherrsche. Die Polizei entscheidet sich für Spanien, genauer gesagt Barcelona, und organisiert die Buchung von Flug und Hotel. Für einen Augenblick kommt mir das wie Luxus vor.

Früh am nächsten Tag werden wir von der Polizei im Hotel abgeholt. Der Himmel ist pechschwarz. Dank einer Ausnahmegenehmigung können uns die Beamten mit dem Wagen außen am Flughafengebäude vorbei bis zum Gate eskortieren. Da die Bedrohungslage als akut eingestuft wird, gilt es, das Risiko, dass mich jemand erkennt und meinen Aufenthaltsort ausplaudert, so weit wie möglich zu minimieren. Wir gehen an Bord des Flugzeugs, dann heben wir ab.

Als wir in Barcelona landen, suche ich als Erstes einen Friseursalon auf. Ich bitte die Friseurin, mir die Haare dunkel zu färben. Dann kaufe ich mir einen Frühlingsmantel und checke in unserem Hotel ein, das auf meinen falschen Namen Carolina Blomgren gebucht ist.

Im Hotel besteht keine Möglichkeit, etwas zu kochen, und Somar und ich haben beide unbezahlten Urlaub genommen. Deshalb wird uns schon auf dem Weg zu der kleinen Pizzeria an der Ecke klar, dass uns diese Reise allein wegen der Restaurantrechnungen teuer zu stehen kommen wird. Das macht uns Sorgen, doch als wir das Ganze aus der Flüchtlingsperspektive betrachten, erscheint es uns auf einmal lächerlich. Der Mediensturm zerrt an allen Segeln, doch heute Abend kann mir keiner etwas anhaben. Ich lade Somar auf eine Sangria ein, und wir stoßen darauf an, dass wir noch am Leben sind.

9. Dezember 2010

Beim Frühstück im Hotel sitzt ein Mann, der Weißbrot mit Knoblauch und Tomate isst, während er die Tageszeitung liest. Als ich auf der Titelseite Julian erblicke, wird mir augenblicklich eiskalt. Ich setze mich in eine Ecke, wende das Gesicht ab und versuche, möglichst keine Blicke auf mich zu ziehen. Andauernd strömen auf allen Social-Media-Kanälen Nachrichten auf mich ein, und ich glaube nicht, dass es irgendeine Zeitung weltweit gibt, die nicht über den Fall berichtet. Ich schicke eine SMS an Johannes:

> Johannes, was soll ich nur tun? Das Ganze ist völlig aus dem Ruder gelaufen! Du weißt ja, dass es hier nicht um ein Komplott geht, und du kennst seine Einstellung zu Frauen und sein Verhalten ihnen gegenüber. Kannst du das nicht in irgendeiner Form vermitteln? Er reißt Wikileaks förmlich mit sich in die Tiefe, und das ist so grundfalsch! / Anna

Johannes antwortet nicht, doch kurz darauf wendet sich ein anonymer Mitarbeiter von Wikileaks in Schweden an die Presse und stellt klar, dass es sich nicht um eine Inszenierung handelt, sondern um eine Sache zwischen Julian und den beiden Frauen.

Einer der wichtigsten »Beweise«, den der Internet-Mob gegen mich anführt, ist ein Blogeintrag, den ich im Januar 2010 veröffentlicht habe.

Dieser Eintrag enthält einen Link zu einer Website mit einem »Modell für legale Rache in sieben Schritten«.

Tausende von Menschen empören sich jetzt über diese »Anleitung« und sehen in ihr den Beweis dafür, dass die Anschuldigungen gegen Julian nur ein Fake sind – angefangen von Privatpersonen bis hin zu Mitarbeitern großer Medienkonzerne.

Der Eintrag enthält einen lächerlichen Link, den ich eines Tages hochgeladen habe, als ich sauer und wütend auf Andreas war. Aber zugleich bot er mir die Möglichkeit, eine Einsicht zu teilen, nämlich dass es fast immer besser ist, jemandem zu verzeihen, als sich an ihm zu rächen. Jetzt wird dieser Eintrag allerdings völlig anders gedeutet. Als gehe es um blutige Rache und als sei dies mein persönliches Manifest, mein Lebenswerk, meine ideologische Wertvorstellung und letztlich der Ausgangspunkt für all mein Handeln und Tun.

Ich frage mich, ob all jene, die diese Hetze betreiben, überhaupt gelesen haben, was dieses Modell eigentlich beinhaltet. Ich habe versucht, seinen Urheber ausfindig zu machen, um die Genehmigung für eine Veröffentlichung einzuholen, konnte aber keinerlei Hinweis finden. Zudem ist die ursprüngliche Website leider im Zusammenhang mit der enormen Medienhetze entfernt worden. Doch ich habe sie gespeichert, und so lautet die Formulierung:

SCHRITT 1 Überlege ganz genau, ob du dich wirklich rächen willst. *Es ist fast immer besser, zu verzeihen, als sich zu rächen.*

SCHRITT 2 Denke sorgfältig darüber nach, warum du dich rächen willst. Du solltest dir also nicht nur im Klaren darüber sein, an wem du dich rächen willst, sondern auch, warum. *Rache darf sich nie ausschließlich gegen eine Person richten, sie sollte sich immer auch auf eine Handlung beziehen.*

SCHRITT 3 Beachte den Grundsatz der Verhältnismäßigkeit. *Denke daran, dass deine Rache nicht nur vom Ausmaß her dem entspricht, was man dir angetan hat, sondern auch von der Art her.*

Eine gelungene Rache steht immer im Zusammenhang mit der Art der Tat. Wenn du dich also beispielsweise an jemandem rächen willst, der dir untreu war oder den Laufpass gegeben hat, sollte die Strafe etwas mit Dating, Sex oder Treue zu tun haben.

SCHRITT 4 Mache ein Brainstorming hinsichtlich geeigneter Maßnahmen für die Art von Rache, auf die du sinnst. Um das Beispiel von Schritt 3 aufzugreifen, könntest du die jetzige Beziehung deines Opfers ruinieren, indem du dafür sorgst, dass der neue Partner ebenfalls untreu ist. Oder du hetzt ihm einen Verrückten auf den Hals. Benutze deine Fantasie!

SCHRITT 5 Wäge ab, wie du dich systematisch rächen kannst. Vielleicht funktioniert eine Serie von Briefen oder Fotos, die dem neuen Partner den Eindruck vermitteln, ihr würdet euch noch sehen, besser als nur eine einzige große Lüge.

SCHRITT 6 Ordne deine systematischen Rachepläne auf einer Skala von 1 bis 10 ein. Tu dies anhand folgender drei Kategorien: geschätzter Erfolg bei der Durchführung, erforderlicher Einsatz und Grad der letztendlichen Genugtuung. Die ideale Rache liegt im Ranking dieser Kategorien natürlich so weit oben wie möglich, auch wenn ein erhöhter Einsatz von Aufwand und Kapital oftmals erfolgversprechender ist als die beiden anderen, eigentlich wichtigeren Parameter.

SCHRITT 7 Schreite zur Tat. Behalte währenddessen immer dein Ziel im Auge. *Sorge dafür, dass dein Opfer genauso leidet, wie es dich hat leiden lassen.*

Ausgehend von diesem Modell behauptet der Mob, dass ich die Vorwürfe gegen Julian frei erfunden hätte, um mich für irgendwelche verletzten Gefühle zu rächen. Das Ganze ist ziemlich lächerlich. Julian hat gegen meinen Willen Geschlechtsverkehr mit mir gehabt und seitdem aktiv daran mitgewirkt, der Öffentlichkeit einzutrichtern, dass nicht er schuld sei, sondern es andere Motive für die Erstattung der Strafanzeige gebe. Ich möchte ihn dazu bringen, dass er zumindest versucht, zu verstehen, was er getan hat. Ich möchte, dass er die Verantwortung dafür übernimmt, sich entschuldigt und sich nie wieder an irgendwem vergreift. Aber nichts von dem, was er mir angetan hat, ist meiner Auffassung nach unverzeihlich. Wenn er sich verantwortlich zeigen und entschuldigen würde, könnte ich ihm verzeihen. Ich weiß, dass viele Menschen sexuelle Übergriffe für etwas Unverzeihliches halten, doch dieser Meinung bin ich nicht. Deswegen wäre eine Rache meinerseits auch nicht zielführend. Meine Zeugenaussage bei der Polizei war eine logische Konsequenz von Julians Handeln. Aber eine Rache, die der ursprünglichen Tat entspricht, ist nicht nur völlig unangemessen, sondern letztlich genauso gesetzwidrig wie die Tat selbst.

Nur wenige halten es für wahrscheinlich, dass jemand wegen eines sexuellen Übergriffs verurteilt wird. Julian Assange wegen eines Übergriffs anzuzeigen, der in einer Grauzone zwischen Schwarz und Weiß liegt, hätte demnach wenig Aussicht auf Erfolg. Es würde einen hohen Einsatz meinerseits erfordern, während die letztendliche Genugtuung minimal wäre. Wenn also meine Strafanzeige eine Racheaktion gewesen wäre, hätte ich sie am unteren Ende der Skala einsortiert. Da ich mich lange Zeit beruflich mit Fragen dieser Art beschäftigt habe, ist mir der Begriff *Victim Blaming* nicht unbekannt. Eine Person, die wegen eines sexuellen Übergriffs Strafanzeige erstattet, wird oftmals verunglimpft. Doch das oben aufgeführte Modell rät ja geradezu davon ab, unüberlegt zu handeln und beispielsweise einen Übergriff zu fingieren.

Bevor ich zur Polizei ging und meine Zeugenaussage machte, musste ich mir gefallen lassen, dass Julian meinen Körper in einer vermutlich gesetzwidrigen Weise erniedrigt und gedemütigt hatte. Doch ich besaß nie auch nur die geringste Absicht, ihn daraufhin in irgendeiner Form körperlich zu erniedrigen oder zu demütigen oder ihm einen andersgearteten Schaden zuzufügen. Ein zivilisiertes und konsequentes Verhalten nach einem Übergriff besteht vielmehr darin, den Fall der Justiz zu überlassen.

10. Dezember 2010

Der Talkshow-Master Glenn Beck präsentiert in einer Sendung auf Fox News eine Zeitachse im Assange-Fall. Selbstverständlich greift er auch das Sieben-Schritte-Modell als Beweis und Motiv auf, geht dabei aber nur auf Schritt 7 ein. Auch meinen Lebenslauf nimmt er ins Visier. Meine darin aufgeführte Arbeit als Gleichstellungsbeauftragte an der Universität Uppsala wird als kompromittierend angesehen, und auch der Name der Organisation *Broderskapsrörelsen*, für die ich arbeite, wird nicht mit *fraternity*, wie in dem Motto »Freiheit, Gleichheit, Brüderlichkeit«, übersetzt, aus dem er sich ableitet, sondern mit *brotherhood*, Bruderschaft, einem Ausdruck, der eher mit Terrorismus in Verbindung gebracht wird. Beck beteuert, Assange nicht in der Frage der Meinungsfreiheit oder seiner journalistischen Arbeit zu unterstützen, sondern ausschließlich im Fall der sexuellen Übergriffe. Eine andere Art von Bruderschaft.

Glenn Beck klärt mich und alle anderen Zuschauer mit folgendem Ausspruch auf: »If you buy the tickets, you ride the ride.« Wenn du die Fahrkarten gelöst hast, musst du auch fahren. Genauso fühlte es sich für mich in der besagten Nacht an. Aus exakt diesem Grund habe ich nicht das getan, was in Diskussionsrunden im Nachhinein häufig gefordert wurde, nämlich laut schreiend wegzurennen. Ich habe diese absurde Metapher schon oft zu hören bekommen. Als würde ich mit der Fahrkarte in der Schlange einer Achterbahn stehen und meine Meinung um nichts in der Welt mehr ändern können. Als hätte kein Kind jemals so unerträgliche Angst bekommen, je weiter es in der Schlange vorrückte, dass es schließlich einen Rückzieher machte. Als hätte es sich nie auch nur irgendeines von ihnen in letzter Sekunde anders überlegt, als es bereits Zeit wurde, einzusteigen und sich anzuschnallen.

Ich sehe Glenn Beck regelrecht vor mir, wie er mit den Tickets für die größte Achterbahn, die er je gesehen hat, in der Hand dasteht und unvermittelt feststellt, dass sie einige gravierende – möglicherweise sogar lebensgefährliche – Sicherheitsmängel aufweist, wie lose Schienen oder abgerissene Sicherheitsgurte, während das Aufsichtspersonal noch dazu betrunken ist. Und ich höre förmlich seine eigene Stimme aus dem Lautsprecher erschallen: »IF YOU BUY THE TICKETS, YOU RIDE THE RIDE.« Und dann sehe ich mich selbst, wie ich eigenhändig das System abschalte und ihm und allen anderen Leuten in der Schlange mit sachlicher Stimme erkläre, dass sie natürlich auf keinen Fall fahren müssen. Und stattdessen schleunigst zur Kasse laufen und ihr Geld zurückfordern sollten.

Genau dasselbe sollte auch in sexuellen Situationen gelten. Unabhängig davon, aus welchem Grund man die Sache abbrechen will, hat man jederzeit ein Recht darauf. Und alle Einwilligungen, ob nun ausgesprochen oder nicht, verlieren damit automatisch ihre Geltung. Dein Körper gehört dir, keiner hat das Recht, dir Sex aufzuzwingen, wenn du es nicht willst. Du musst nicht fahren, auch wenn du die Tickets schon gelöst hast. Achterbahnfahren soll Spaß machen, ansonsten kann man auch gleich darauf verzichten.

Der Beitrag auf Fox News zielt darauf ab, Julian von jeglichem Verdacht freizusprechen und stattdessen Maria und mich zu belasten. Mithilfe einer Flanelltafel und verschiedenen lustig aufgemachten Pappfiguren gleitet er durchs Studio und tut so, als könne er eine abenteuerliche Konspirationstheorie nach der anderen »enttarnen«. Wie ein routinierter Zauberer in einem Zirkus zieht er die verschiedensten frappierenden Joker aus dem Ärmel. Er legt bewusst Kunstpausen ein, wechselt die Tonlage und gibt zwischen seinen Zaubertricks alle möglichen Spitzfindigkeiten zum Besten. Dabei zieht er unter anderem das Logo der Vereinten Nationen und die Karikatur eines Fotos von mir hervor, um sie an seine Flanelltafel zu pinnen.

Am Ende versteigt er sich zu der Behauptung, dass Muslime, Sozialisten, Feministen und nicht zuletzt die Vereinten Nationen hinter den Vorwürfen gegen Julian stünden. Ich kann mich kaum halten vor Lachen. Diese Show ist die reinste Satire. Als Comedy-Sendung betrachtet, ist sie geradezu aufbauend. Denn sie zeigt die ganze Bandbreite des Irrwitzes meiner Hasser und ihre vollständige Missachtung der Fakten.

Julian sympathisiert vermutlich keineswegs mit Glenn Beck, aber er zieht einen Nutzen aus den Konspirationstheorien, die Beck anführt.

Julians Strafverteidigerin, die Menschenrechtsjuristin und Feministin Jennifer Robinson verkündet: »Wir sehen immer mehr Recherchebeiträge zum Hintergrund der beiden Frauen im Internet, die in der Tat Fragen zur Glaubwürdigkeit der Frauen und ihrer Behauptungen aufwerfen.«[17] Sie verweist also auf die Hetzkampagne als Begründung dafür, dass wir nicht glaubwürdig seien.

Nach Glenn Becks Dafürhalten werden die Männer durch die Rechte von Frauen bedroht, doch auch unter FeministInnen regt sich zunehmend die Sorge, dass die Rechte von Frauen durch den Backlash verletzt würden, den ich ihrer Meinung nach verursacht habe, als ich einen Helden anzeigte. Julian erhält zunehmend Unterstützung von FeministInnen. Die profilierte feministische US-Schriftstellerin Naomi Wolf, eine der Vorreiterrinnen im Kampf für das Recht der Frauen auf Wiedergutmachung, hat sich lange darüber empört, dass die Polizei viel zu häufig den Geschädigten misstraut und ihnen von einer Strafanzeige abrät. Sie hat oft kritisiert, dass Übergriffe nicht ernstgenommen und die Täter nicht belangt werden, und ihre langjährigen weltweiten Studien zum Thema Vergewaltigung auch in diversen Büchern veröffentlicht. Darin bestätigt sie auch, dass Strafanzeigen häufig fallengelassen wurden und jene wenigen Fälle, die vor Gericht landeten, nur selten zu einer Verurteilung führten. Eines der Hauptargumente seitens der Richter dafür laute, dass man nicht das Leben eines Mannes zerstören wolle, nur weil er einen Fehler begangen habe. Wolf berichtet darüber hinaus von Fällen, in denen die Geschädigten stigmatisiert und verstoßen wurden, da den Gerichten die Beschäftigung mit Vergewaltigungen im Grunde genommen zu beschwerlich war. Dabei zeigt sie auf, dass den Geschädigten aus genau diesem Grund öffentlich die Schuld zugewiesen wurde oder die Straftaten bagatellisiert wurden.

Ihre Beschreibungen der kulturellen Mechanismen in Bezug auf Vergewaltigungen sind wichtig. Doch jetzt tut Naomi Wolf plötzlich genau das, was sie selbst als Problem beschreibt: Sie bagatellisiert die Übergriffe auf Maria und mich. Womöglich will sie nicht, dass Julian Assanges Leben dadurch zerstört wird, nur weil er »einen Fehler begangen hat«. Sie verfasst einen Text, in dem sie uns beide vollständig lächerlich macht. Ihre Argumentation baut auf folgendem Satz auf: »Zwei Frauen hatten freiwillig Sex mit einem Mann, und dabei ist ein Kondom gerissen.« Unsere Empörung beruhe demnach also nur darauf, dass Julian eine andere Frau datete, während er noch immer ein Verhältnis mit der ersten hatte. Und zu guter Letzt weist sie den Übergriff auf mich als einen »Disput um ein Kondom« von der Hand. Sie schreibt in der »Huffington Post«:

> Da in einem solchen Fall normalerweise keiner auf die Idee kommt, Anzeige zu erstatten, handelt es sich bei der Anklage von Assange gewissermaßen um eine Verunglimpfung aller Menschen, die eine Vergewaltigung überlebt haben.[18] [...] Für all die Zehntausenden Frauen, die entführt und vergewaltigt wurden, unter Androhung von Waffengewalt vergewaltigt wurden, einer Gruppenvergewaltigung ausgesetzt waren, mit spitzen Gegenständen vergewaltigt wurden, geschlagen und vergewaltigt wurden, als Kind vergewaltigt wurden, von Bekannten vergewaltigt wurden, und die noch immer darauf hoffen, auch nur einen Hauch von Gerechtigkeit zu erfahren, ist die höchst ungewöhnliche Reaktion aus Schweden und Großbritannien auf diesen Fall geradezu ein Schlag ins Gesicht.[19]

Ich werde bezichtigt – noch dazu von einer Expertin in dieser Sache – »echten« Vergewaltigungsopfern einen Schlag ins Gesicht zu verpassen. Aus Respekt vor den Überlebenden einer Vergewaltigung sollte Julian Assange einer Anklage entgehen. Und aus Respekt vor den Opfern einer Sexualstraftat sollte Schweden davon absehen, einen angeklagten Sexualstraftäter vor Gericht zu stellen. Geschädigte zu verleumden und deren Zeugenaussagen zu verharmlosen, ist Bestandteil genau der Vergewaltigungskultur, der Wolf eigentlich entgegenwirken möchte. Ihre Position in der Debatte gewinnt nun an Bedeutung für alle, die meine Zeugenaussage für nichtig erklären sowie Marias und meine Glaubwürdigkeit herabsetzen wollen. Denn in Fällen von sexuellen Übergriffen ist die Frage der Glaubwürdigkeit vor Gericht nicht zu unterschätzen. Sie nimmt Einfluss darauf, ob die Strafanzeige weiterverfolgt wird und zu einer Anklage führt, und sie nimmt ebenfalls Einfluss auf die Frage, ob es zu einer Verurteilung kommt.

Wenn in einem Fall Aussage gegen Aussage steht, wird hier im Gegensatz zu andersgearteten Delikten gewissermaßen der Status der Involvierten relevant. In den Medien sowie in der Öffentlichkeit zeigt sich deutlich, dass sowohl Status als auch gesellschaftliche Position der Beteiligten entscheidenden Einfluss auf die Beurteilung von Sexualstraftaten nehmen. Eine obdachlose Prostituierte, die womöglich noch dazu drogenabhängig ist, bekommt vor Gericht nur selten Recht gegen einen gesellschaftlich angesehenen Mann. Ebenso werden dunkelhäutige Täter eher verurteilt als hellhäutige. In dieser Hinsicht sprechen definitiv einige Faktoren für mich, beispielsweise die Tatsache, dass ich eine gutausgebildete schwedische Staatsbürgerin bin. Außerdem verstößt der Täter in meinem Fall gegen gewisse Normen, und auch sein Verhalten weicht in vieler Hinsicht von der Norm ab, was ihn in den Augen vieler zu einem Sonderling macht. Diesbezüglich kann man von Ungerechtigkeiten im System sprechen. Eine Zeugenaussage sollte aber immer und in jedem Fall ernstgenommen werden. Niemand hat das Recht darauf, sich der Justiz zu entziehen, egal, wie gut oder schlecht er gesellschaftlich gestellt ist. Das Problem besteht letztlich darin, dass sich manche Sexualstraftäter aufgrund ihrer Position nicht vor Gericht verantworten müssen, während andere verurteilt werden.

Obwohl Sexualstraftaten als die schlimmsten und verwerflichsten aller Verbrechen gelten, lassen sie sich zugleich mit den belanglosesten und lächerlichsten Argumenten entschuldigen, rechtfertigen oder herunterspielen, solange der Täter ein angesehenes Mitglied der Gesellschaft ist.

Darüber hinaus scheint Naomi Wolf der Auffassung zu sein, dass Maria und ich keine echten Feministinnen seien. Sie schreibt, dass wir uns nur auf die Gesetzgebung beriefen und einer »feministisch inspirierten Rhetorik« bedienten, um »verletzte persönliche Gefühle zu befriedigen«.

Die grundlegende Zielsetzung des Feminismus besteht darin, geschlechtlich bedingte Ungleichheiten und eine tendenzielle Herabsetzung von Frauen innerhalb der Geschlechterhierarchie zu erkennen und ihr entgegenzuwirken. FeministIn zu sein, bedeutet schlicht und einfach, sich dafür einzusetzen, dass alle Menschen unabhängig von ihrem Geschlecht dieselben Rechte haben. Für mich ist das eine Selbstverständlichkeit. Meine Forderung, Julian vor Gericht zu stellen, ist weder extremfeministisch noch pseudofeministisch, auch wenn seine Verteidiger das behaupten. Um eine echte Feministin, ein echter Feminist zu sein, muss man sich nicht gewählt ausdrücken können oder alle akademischen Theorien verstehen. Häufig kommt man schon mit einer gewissen schwesterlichen Verbundenheit recht weit.

Doch so viele Leute sind bereit, Maria und mich sowie auch die Rechte der Frauen generell zu opfern, um Julian und Wikileaks zu schützen. Wolf illustriert das sehr anschaulich. Theoretischer Feminismus in allen Ehren, doch genau genommen verändern die praktisch handelnden FeministInnen – also all jene, die für Menschen eintreten, die patriarchalen Machtstrukturen unterworfen sind – letztlich die Welt.

11. Dezember 2010

Es ist Samstagabend in Barcelona, und ich habe Lust, tanzen zu gehen. Somar begleitet mich. Wir genehmigen uns mehrere Drinks, und ich lechze geradezu nach Bestätigung. Ich knutsche mit einem katalanischen Separatisten herum, und wir tauschen Telefonnummern aus. Kurz darauf treffe ich einen anderen Mann, mit dem ich ebenfalls herummache. Wir verlassen gemeinsam das Lokal – Somar bleibt allein zurück –, und ich schütte ihm mein Herz aus. Ich vertraue ihm diverse Wahrheiten darüber an, wer ich bin und was ich in Spanien mache, doch vermutlich rede ich so wirres Zeug, dass ihm meine Worte völlig absurd vorkommen. Das Ganze ist ihm merklich unangenehm, und außerdem können wir nirgends hingehen. Er meldet sich nie wieder bei mir.

Ich sitze allein auf einer Mauer neben einer Autowerkstatt in den Außenbezirken von Barcelona mit den Resten eines verschütteten Drinks auf meinem neuen Mantel. Um die Augen herum Ringe von verlaufenem Mascara, die genauso dunkelgescheckt sind wie mein bereits ausgewaschenes Haar. Es ist halb vier Uhr morgens. Ich bin eine erbärmliche Freundin und ein schlechter Mensch. Als ich ein wenig in den Flashback-Threads über mich lese, finde ich meinen Selbsthass bestätigt:

> Wie nennt sich noch mal die psychische Störung, die sie hat? Ich meine nicht diese eklige Feministenscheiße, sondern die echte Diagnose ...
>
> Abgekaute Fingernägel. Problem mit den Nerven? Bei dieser Tussi spüre ich richtig üble Psycho-Vibes.
>
> Wenn diese rabiaten Feministinnen nicht mal mit 'nem Satz Sperma klarkommen, müssen sie sich wohl an ihre Dildo-Freunde halten. Was soll daran so schwer sein? Nach all jenen Damen, mit denen ich Sex hatte, komme ich zu folgendem Schluss: Je ›feministischer‹, desto versauter. Man muss sie einfach nur knallhart rannehmen und mal richtig ›ausnutzen‹. Das ist zumindest meine Erfahrung. Nehme an, dass man im Bett oft auf das krasse Gegenteil zum eigenen Alltag abfährt.

Sie schreiben, dass meine Zeit gekommen sei, dass sie mich brutal zusammenschlagen würden und letztlich ein Recht darauf hätten, mich zu vergewaltigen. In diesem Volksgericht bin ich bereits verurteilt worden. Ich bekomme kaum noch Luft.

Doch nichts von all dem, was ich in den Threads lese, ist neu. Es kommen keine anderen Blickwinkel hinzu. Und auch alle Antworten, die ich gedanklich formuliere, sind Wiederholungen. Was ich letztlich darauf entgegne oder wie ich reagiere, ist sowieso nicht von Belang. Diese Ergüsse in den sozialen Medien zu lesen, hat nichts mehr damit zu tun, die Angriffe der Hater im Blick zu behalten, sondern ist reine

Autoaggression. Ich beschließe, von jetzt an jegliche Kommentare zu ignorieren. Alles, was ich will, ist, Winterschlaf zu halten und im Jahr 2015 wieder geweckt zu werden, wenn alles vorbei ist.

12. Dezember 2010

Somar hat neulich einen neuen Typen kennengelernt und telefoniert seitdem jeden Tag mit ihm. Heute ist sie stundenlang mit dem Handy am Ohr im Flur auf und ab gelaufen, doch ansonsten ist sie genauso für mich da wie vorher auch. Sie wirkt glücklich, und das stimmt mich froh. Während sie telefoniert, gehe ich die täglich auf mich einströmenden Hassmails durch. Doch wider Erwarten handelt es sich nicht nur um Hass. In der Mail von einer Gruppe namens *Hexen von Berlin* steht, dass der Aufstand um Julian Assange die Hexen zu einer Demonstration für die Rechte von Mädchen und Frauen gegen sexuelle Übergriffe veranlasst habe. Außerdem hätten sie 38 Euro eingesammelt, um mich zu unterstützen. Die Absenderin fragt, wohin sie das Geld überweisen solle.

Diese Aktion gehört zu den schönsten Dingen, die jemals irgendwer für mich getan hat. Eine Schar wildfremder Mädels glaubt an mich und tut, was in ihrer Macht steht. Mir wird ganz warm ums Herz, und für einen Augenblick fühlt sich auch alles andere erträglicher an. Ich antworte, dass sie das Geld an ein Frauenhaus überweisen könnten, weil ich die Arbeit dort für ungemein wichtig halte. Manchmal kann der Glaube an die Worte einer Frau Leben retten.

13. Dezember 2010

Heute bekomme ich unter anderem eine Mail von einem Mann. Er findet es absolut inakzeptabel und geradezu »widerlich«, dass jemand wie ich, die beruflich Sexualstraftaten analysiert und sich damit beschäftigt, wie man diese verhindern kann, so dreist ist, selbst zur Polizei zu gehen und Strafanzeige wegen eines lächerlichen Vergehens zu erstatten, als dessen Opfer ich mich darstelle. Er geht wie schon so viele andere vor ihm davon aus, dass ich alles nur erfunden hätte, um politisches Kapital daraus zu schlagen. Viele der Kommentare zu meinem Fall, die ich bislang in den sozialen Medien gelesen habe, drehen sich genau um dieses Thema. Ihre Verfasser halten es für sonderbar, erst öffentlich über sexuelle Übergriffe zu sprechen, wie ich es getan habe, und dann zu behaupten, selbst betroffen zu sein. Doch ich finde es ganz und gar nicht sonderbar, sondern im Gegenteil logisch. Die Wahrscheinlichkeit ist doch viel höher, dass wir, die wir uns in dieser Frage engagieren, es dann auch publik machen, wenn wir selbst betroffen sind.

Zu Hause in Schweden feiern sie heute das Lucia-Fest. Hier in Spanien versuchen wir, uns sportlich zu betätigen. Wir machen Wassergymnastik bei einem jungen Kursleiter, der alle anwesenden Damen mit ihren farbenfrohen Badekappen beim Vornamen kennt, und das sind mindestens zehn. »Super, Flora, das machst du klasse!«, ruft er einer Frau um die 90 zu, die entzückt kichert. Alle sind gut drauf, und keiner erkennt mich.

14. Dezember 2010

Im Zuge der Anschuldigungen gegen Julian schiebt die finnlandschwedische Journalistin Johanna Koljonen auf Twitter eine Diskussion über sexuelle Grauzonen an. Gegen Abend kommt sie zu dem Schluss, dass man Fälle wie diesen nur öffentlich diskutieren könne, wenn man ein weitaus differenzierteres Bild davon habe, was in solchen Situationen wirklich geschehe. Sie hält persönliche Erfahrungsberichte zu dieser Fragestellung für hilfreich und schlägt vor, dass jede große Tageszeitung einen solchen Text veröffentlicht. Kulturchefinnen und ambitionierte Schriftstellerinnen könnten sich gerne bei ihr melden. »Just a thought«, wie sie einräumt. Daraufhin melden sich tatsächlich Frauen, die ihre negativen sexuellen Erlebnisse niederschreiben oder publizieren möchten. Johanna hält diesbezüglich ein Hashtag für nötig, um die Texte auffindbar zu machen. »Ich persönlich finde #tackanna (»danke-anna«)ganz schön, doch es klingt ein wenig wie eine Stellungnahme zur Schuldfrage. #Jagärannaardin (»IchbinAnnaArdin«) gefällt mir auch, aber vielleicht birgt es dasselbe Problem?«

Ich verfolge die Unterhaltung, möchte aber vermeiden, dass sich alles nur um mich dreht oder das Ganze durch eine Verbindung zu meiner Person begrenzt wird. Außerdem will ich auf keinen Fall noch mehr mediale Aufmerksamkeit erregen. Dies signalisiere ich Johanna über eine Freundin. Sie entschuldigt sich umgehend dafür, nicht bedacht zu haben, dass sie unerlaubt meinen Namen veröffentlicht habe. Doch das ist für mich eher nebensächlich. Viel wichtiger erscheint es mir, dass sich immer mehr Leute weigern, an Spekulationen hinsichtlich der Schuldfrage mitzuwirken. Und ich schöpfe Hoffnung, dass die Debatte über Marias und meinen Fall von nun an zu einer grundsätzlichen werden kann.

15. Dezember 2010

Ich bekomme einen Hinweis, dass Julian ein Profil bei OK Cupid hat, einer Dating-Website, die ich auch schon einmal genutzt habe. Sein Pseudonym lautet Harry Harrison, und es lässt sich leicht finden. Wenn er in der Untersuchungshaft Zugang zum Internet gehabt hätte, hätte er sein Profil bestimmt gelöscht, sobald es entdeckt und mit ihm in Verbindung gebracht wurde, bevor es viral ging. Doch jetzt kann ich mir alles, was er geschrieben hat, in Ruhe ansehen. Er hat 45 verschiedene Tests in unterschiedlichem Seriositätsgrad absolviert, unter anderem in der Kategorie Mathematik (Ergebnis: *Math Wiz*). Die Frage, welcher Charakter aus Shakespeare er sei, beantwortete er mit Hamlet, bei der Einschätzung von Personen, die noch Jungfrau sind, erzielte er eine Trefferquote von 61 Prozent. Darüber hinaus absolvierte er den

Asperger's Syndrome Test und den Simon Baron-Cohen Autism Spectrum Quotient (Ergebnis: 39 von 50). Des Weiteren hat er verschiedene politische Einstellungen angegeben und einige Jahre von seinem wahren Alter abgezogen. Das System kommt zu dem Schluss, dass wir zu 88 Prozent zueinander passen. Doch er sucht keine Freundin, sondern eine Affäre und möchte »Kinder zeugen«. Auf die Frage, was er beruflich mache, antwortet Harry so: »Leite ein Menschenrechtsprojekt, anspruchsvoll, weil riskant und wie zu erwarten männerdominiert. Professionelles Interesse an internationalem Journalismus/Büchern, Dokumentationen, Kryptographie, Geheimdiensten, Bürgerrechten, politischem Aktivismus, Wirtschaftskriminalität und Aktivitäten im Internet.«[20]

Wo Frauen in Julians Augen ein Problem darstellen, scheinen zumindest Männer die Lösung zu sein. Und zu seinen Wirtschaftsdelikten ist jetzt womöglich noch das eine oder andere Sexualvergehen hinzugekommen. Männerdominierte Straftaten – wie zu erwarten.

16. Dezember 2010

Das Hashtag #tackanna wurde bereits in der Konzeptionsphase wieder verworfen. Stattdessen heißt es jetzt #prataomdet – »darüberreden«. Viele Leser ziehen eine Parallele zur Debatte über meinen Fall, aber für wichtiger halte ich es, dass immer mehr Frauen über ihre eigenen Erfahrungen sowie ihre eigenen Grenzen und die anderer nachzudenken scheinen. Mir kommt es vor, als seien die Themen Übergriffe und Grauzonen jetzt in aller Munde, und zwar nicht in Form von verzerrten Fakten oder vom Versuch, meine Schilderungen oder die von anderen zu widerlegen. Sondern unvermittelt tut sich eine Möglichkeit auf, den gesellschaftlichen Blick auf Opfer und Täter zu weiten. Diese Frage ist letztlich weitaus umfassender und wichtiger als ein individueller Fall, bei dem es um zwei Übergriffe auf Frauen durch einen prominenten Mann geht. Es ist, als würde man eine Kerze für mich anzünden. Ein Signal der Hoffnung.

Zur gleichen Zeit findet Julians Haftprüfungstermin im City of Westminster Magistrates' Court in London statt. Der britische Richter Duncan Ouseley stellt während der Verhandlung unter anderem folgende Frage: »Wenn ihm nun so sehr daran gelegen ist, seinen Namen reinzuwaschen, was hindert ihn dann daran, freiwillig nach Schweden zurückzukehren?«[21] Julians Anwalt entgegnet in knappen Worten, dass sein Mandant das Recht darauf habe, Beschwerde einzulegen, und dies eine Sache des Prinzips sei. Welches Prinzip er meint, bleibt dahingestellt, vielleicht jenes, das er Julians Recht einen Vorrang vor dem Recht anderer einräumt.

Später am Abend äußert Julian der »New York Times« gegenüber folgenden Satz: »Ich habe eine Wut in mir, die für 100 Jahre reicht.«[21] Er meint damit offenbar, Wut auf die Justiz zu empfinden, während diese festzustellen versucht, inwieweit er sich eines Sexualvergehens schuldig gemacht hat. Der schwedischen Zeitung »Aftonbladet« gegenüber hatte ich vor einiger Zeit behauptet, keine Angst vor Julian zu haben, doch jetzt erscheint es mir gefährlich, ihn zum Feind zu haben. Ich erinnere mich daran, wie er mir erzählt hat, dass er sich eine Weile für Hausbesetzungen engagierte, wobei seine Rolle darin bestanden habe, sich vom Dach des Hauses in die Wohnungen abzuseilen, um sie zu besetzen. Das verursacht mir Albträume. Was wäre, wenn er auch in meine Wohnung einsteigen würde? Im wachen Zustand habe ich allerdings mehr Angst vor seiner Fähigkeit, sich in meinen Computer einzuwählen. Bereits als 21-Jähriger wurde Julian, alias Mendex, wegen Cyberkriminalität verurteilt, als es ihm unter anderem gelang, Computer der NASA zu hacken.

Das Gericht beschließt, ihn gegen eine Kaution von 370.000 britischen Pfund auf freien Fuß zu setzen. Englische Promis wie John Pilger, Jemima Khan, Ken Loach, Bianca Jagger und einige weitere bürgen für ihn. Er wird mit einer Fußfessel ausgestattet sowie mit einer Meldepflicht bei der örtlichen Polizeidienststelle belegt. Nach seiner Entlassung grüßt er mit dem Victory-Zeichen, als hätte man ihn bereits freigesprochen. Der Journalist Vaughan Smith gewährt ihm auf seinem Gut im britischen Norfolk Unterkunft, wo Julian mit Silberbesteck isst, in Funktionskleidung herumspaziert und wieder Zugang zum Internet bekommt.

In Spanien nimmt das Leben immer alltäglichere Formen an. Unsere touristischen Ambitionen sind abgeflaut, denn wir haben schon viel zu viel Geld ausgegeben. Heute Morgen sitzen wir schweigend nebeneinander in unseren Betten mit dem Laptop auf dem Schoß, als wir plötzlich feststellen, dass es bereits 9 Uhr 55 ist. Wir müssen uns beeilen, um noch etwas vom Frühstücksbuffet zu ergattern, das in fünf Minuten schließt. Das Frühstück ist im Übernachtungspreis inbegriffen, für den die Polizei aufkommt, deshalb essen wir spät und reichlich, um bis zum Abendessen durchhalten zu können. Wir schaffen es gerade noch rechtzeitig und dürfen sitzen bleiben, während die Speisen abgeräumt werden. Somar erzählt mir von einem jungen Gemüsehändler, über den sie gerade einen Bericht gelesen hat und der sich aus Protest gegen das Regime in Tunesien selbst angezündet hat. Und wir überlegen gemeinsam, wie wir die Demokratiebewegung im Nahen Osten unterstützen könnten.

18. Dezember 2010

Johanna Koljonen hat einen Beitrag in der Zeitung »Dagens Nyheter« verfasst. Sie trifft wirklich den Nagel auf den Kopf. Auch wenn sich dieser Fall in vieler Hinsicht stark von meinem unterscheidet und der Täter völlig anders agiert, als Julian es tat, gibt es doch recht viele Parallelen:

> *Als ich noch um einiges jünger war und weniger Selbstvertrauen hatte, wurde ich einmal von einem schätzungsweise fünfzehn Jahre älteren Mann aus meiner eigenen Branche zu einem Abendessen eingeladen. Er gab mir schon recht früh im Verlauf des Abends zu verstehen, dass er beabsichtige, mich zu verführen, und ich hielt das für eine ausgezeichnete Idee. Wir kippten hemmungslos Wein, der teurer war, als ich es mir je hätte leisten können, fuhren*

danach zu mir und hatten jede Menge wunderbaren Sex miteinander. Ich war betrunken, aber keineswegs leichtsinnig. Wir benutzten auf meinen Wunsch hin selbstverständlich Kondome.

Hat er wegen der Kondome versucht zu verhandeln? Hat er versucht, mich zu überreden, es ohne zu treiben? Ich wünschte, ich könnte mich daran erinnern. Doch dem ist nicht so. Ich habe diesbezüglich schon so viele Diskussionen mit Männern geführt, dass all meine Erinnerungen ineinanderfließen.

Am nächsten Morgen wurde ich in seinen Armen liegend von zärtlichen Berührungen geweckt. Obwohl ich einen Kater hatte, war ich ziemlich glücklich. Oder, um genau zu sein, war es so: Ich wurde davon geweckt, dass er in mir war. Jedenfalls setzt meine Erinnerung an diesem Morgen dort ein, mit der Penetration. Und mit dem Wunsch nach mehr Sex. Doch wegen all der Angst einflößenden Fragen, die in meinen Hinterkopf pochten, konnte ich mich nicht richtig darauf konzentrieren. Benutzt er ein Kondom? Er benutzt doch bestimmt ein Kondom, oder? Ich traute mich nicht zu fragen. Unsere Übereinkunft in der vergangenen Nacht war schließlich sonnenklar: Kondom in jeder Körperöffnung, ansonsten wird daraus nichts. Er würde doch wohl nicht …?

Doch, er würde.

Was ging mir daraufhin durch den Kopf? Lauter Banalitäten. Ich wollte ihm keine Szene machen. Der Schaden war ja bereits angerichtet. Außerdem hatte ich ihm schon signalisiert, wie sehr ich es genieße. Da wäre es doch wohl kindisch, das Ganze unvermittelt abzubrechen, oder? Und nicht zuletzt war ich dankbar dafür, dass er mir kurz vor dem erneuten Eindringen in meinen Körper – und auch später, als er sich in mir bewegte – Komplimente machte und Dinge sagte wie, ich sei wunderbar. Schließlich bildete sich auch irgendwo im Nebel der sexuellen Entscheidungen aus der vorangegangenen Nacht – an denen ich aktiv beteiligt gewesen war und die ich durchaus genossen hatte, zu denen ich jetzt aber nicht mehr so recht stehen konnte – die Überzeugung heraus, dass ich mein Recht darauf, Grenzen zu ziehen, gewissermaßen verwirkt hatte. Ich war einfach zu willig gewesen. Es wäre zu schön gewesen, zu jenen Frauen gehören zu dürfen, die Sex ungehindert genießen.

Ich machte bis zum Ende mit. Dann kochte ich Kaffee und begleitete ihn durch die Straßen meines Vororts bis zur U-Bahn-Station. Ich wusste, dass wir nie wieder Sex miteinander haben würden. Doch ich kam mir nicht wie das Opfer eines Übergriffs vor. Ich war auch nicht sauer auf ihn, nur ein wenig auf mich selbst, während ich ihm einen Abschiedskuss gab und mir auf meiner mentalen To-do-Liste notierte, dass ich mich auf Geschlechtskrankheiten testen lassen müsse. Mein Unbehagen gegenüber diesem Mann war in seinen Konturen so vage gewesen, dass es ganze zehn Jahre dauerte, bis ich es näher benennen konnte: Arschloch. Dieser wunderbare Mann hatte sich benommen wie ein Arschloch. […]

In der Situation eines sexuellen Übergriffs ist die Geschädigte oftmals hilflos. Ich war es jedoch nicht. Ich hätte die Situation vermutlich mit einem einzigen Wort beenden können. Doch ich wollte keine Szene machen. […] Ich fühle mich auch nicht wie ein Opfer, obwohl ich das Recht dazu gehabt hätte. Und auch der Mann, mit dem ich geschlafen habe, kam sich garantiert nicht wie ein Täter vor. Aber letztlich sind es genau diese Gefühle, über die wir sprechen müssen, damit wir in Zukunft, wenn es wirklich einmal zählen sollte – wenn jemand dabei zu Schaden gekommen ist oder das eigene Leben und die Karriere auf dem Spiel stehen –, die richtigen Worte parat haben.[22]

Am selben Tag veröffentlichen mehrere große Medien und auch die Lokalpresse eine lange Reihe von Artikeln, die auf Johanna und ihre Initiative #prataomdet verweisen. Darin schildern verschiedene Autorinnen und Autoren persönliche Erfahrungen mit Übergriffen und andere unangenehme Erinnerungen innerhalb sexueller Grauzonen. Diese Erfahrungsberichte führen zur Gründung der Website prataomdet.se.

Damit kommt es zu einem entscheidenden Wendepunkt in meinem Leben. Das, was mir widerfahren ist, wird endlich in einen größeren Zusammenhang gestellt, und die Berichte erscheinen mir wie eine einzige langanhaltende Mobilisierung von Unterstützung und Verständnis. Obwohl das Ziel der Kampagne darin besteht, den Blick weit über Einzelschicksale hinaus zu lenken, erlebe ich es, als würde mir die schwedische Öffentlichkeit jetzt ernsthaft – und zum allerersten Mal – mehr Glauben schenken als Julian.

Ab diesem Tag wird unser Fall nicht mehr als Bagatelle bezeichnet, die zwei Individuen betrifft und eine Bedrohung von Meinungsfreiheit und Transparenz darstellt. Jetzt geht es vielmehr um das unantastbare Recht aller Menschen auf ihren Körper – selbst wenn eine bekannte, berühmte oder gar einflussreiche Person ihm Schaden zugefügt hat. Genau jene Grauzonen, von denen Johanna Koljonen spricht, sind in meinem Fall schließlich das zentrale Thema. Ist es strafbar, jemanden zu täuschen, indem man trotz vorheriger Absprache kein (funktionsfähiges) Kondom benutzt?

Die Kampagne #prataomdet hat dem schreienden Hass, der mich während des gesamten Herbstes verfolgt hat, die Spitze genommen. Heute bekomme ich so wenige Hasskommentare wie schon lange nicht mehr. Die Polizei schätzt die Lage jetzt so ein, dass ich nach Hause fliegen und gemeinsam mit meiner Familie Weihnachten feiern kann!

19. Dezember 2010

Julian und sein Anwalt Mark Stephens bezeichnen die Vorwürfe gegen ihn in den Medien als »dunkle Kräfte, die Teil eines größeren Plans«[23] seien. Stephens spricht ebenfalls von einer »Honigfalle«. Das spornt Julians Verteidiger im Netz zu Kommentaren an, in denen sie die Übergriffe als eine Erfindung der CIA abtun.

Zugleich erfahre ich mehr Unterstützung in meiner Sache, und auch internationale Journalisten durchschauen Julian zunehmend. Catherine Bennett schreibt im »Guardian«, dass sich die Weigerung des Wikileaks-Gründers, seine Klägerinnen zu treffen, nur schlecht mit seiner vermeintlichen Rolle als Held der Freiheit vereinbaren lasse. Und dass dieser »Spezialist für wagemutige Enthüllungen und vollständige Transparenz« als ziemlich unglaubwürdig und inkonsequent angesehen werden könne, wenn er weiterhin »den Augenblick der Wahrheit hinauszögere«:

> *[Julians Fans] zufolge scheinen die Gründung von Wikileaks und die sexuellen Ungereimtheiten zwei unvereinbare Begriffe zu sein: Für sie ist es ein Ding der Unmöglichkeit, dass derjenige, der Ersteres geleistet hat, sich für Letzteres verantworten soll.*[24]
>
> *[…] jegliches Interesse an der Wahrheitsfindung im Zuge des schwedischen Gerichtsverfahrens wird anstatt in Form von Darstellungen und Gegendarstellungen in den Medien augenblicklich in Illoyalität gegen Assange umgedeutet, den Weltmeister in Sachen Wahrheit.*[25]
>
> *Ganz klar, wenn Julian Assange seine Auslieferung akzeptiert und in diese liberale Hölle reist, um relevante Fragen zu beantworten, werden sich so etwas wie Fakten feststellen lassen. Warum tut er es dann nicht einfach?*[26]

20. Dezember 2010

Die Produzentin der Sendung »Debatt« im schwedischen Fernsehen meldet sich bei mir und fragt, ob ich nicht an einer Diskussionsrunde zum Thema »Ist Julian Assange schuldig?« mitwirken wolle. Die Grundidee dieser Sendung kommt nach meiner Auffassung der Definition des Begriffs Volkstribunal so nahe, wie man nur kommen kann. Doch ich möchte weder verurteilt noch beurteilt werden von selbsternannten

Experten und sogenannten »Zeugen«, die das Rechtswesen für ungültig erklärt haben. Ich will die Begegnung mit all den Internethassern vermeiden, die sich vier Monate lang heiser geschrien und mir Lügen angehängt haben und noch dazu eine überdimensionale Collage aus Indizien, persönlichen Beleidigungen und sonstigen grotesken Behauptungen erschufen. Deshalb antworte ich dem Fernsehen, dass man den Mobbern keinen Raum für weitere Spekulationen geben solle und ich es unangemessen fände, die Schuldfrage in dieser Form abzuhandeln. Die Produzentin verspricht, den Titel zu ändern.

21. Dezember 2010

In einem Interview mit der BBC räumt Julian schließlich ein, dass sowohl die CIA- als auch die Pentagon-Spur unglaubwürdig seien. Ganze vier Monate hat es gedauert, bis er diese Schuldzuweisung an mich endlich zurückzieht. Inzwischen ist es gefühlte drei Monate her, dass die meisten anderen diese Spuren verwarfen. Julians Verteidiger im Netz lassen sie jedoch nicht fallen. Ein mir unbekannter Mann schickt eine Mail sowohl an meine Auftraggeber als auch an die Vorsitzenden verschiedener Organisationen, in denen ich Mitglied bin, und an meinen Chef:

> Anna Ardin ist eine routinierte eiskalte Psychopathin, die sich in Krisenherden in Kuba, Buenos Aires und Washington mit Geheimdiensten ein Stelldichein liefert. In meinen Augen ist sie eine Verräterin und stellt ein Sicherheitsrisiko dar. Nach allem, was ich über sie erfahren habe, bin ich zu diesem Urteil gekommen. Ich setze mich für eine Verbreitung dieser Erkenntnis ein, weil sich die schwedischen Medien bislang geweigert haben, ihre Tätigkeit als Agentin und ihre mutmaßliche Zusammenarbeit mit der CIA publik zu machen.

Das Ansehen von Wikileaks scheint abzunehmen, und aus einer bedeutsamen Fürsprecherin für die Meinungsfreiheit wird eine dogmatische Organisation, die sich der Verteidigung eines einzelnen Mannes und seiner Rechte widmet.

Am Abend wird die Sendung »Debatt« im schwedischen Fernsehen ohne mein Mitwirken ausgestrahlt. Der Titel ist tatsächlich geändert worden, aber die Diskussion wird dennoch überwiegend von der Schuldfrage geprägt. Männer, die Auszüge aus den Ermittlungsunterlagen vorlesen, und Frauen, die »richtig vergewaltigt wurden«, bezeugen, dass es sich bei meinem Fall nicht um eine Vergewaltigung handle. Fürsprecher von #prataomdet versuchen, das Gespräch in andere Bahnen zu lenken und stattdessen von Übergriffen zu sprechen, doch sie werden kurzerhand zum Schweigen gebracht.

Die vielen Nachrichten, die ich nach der Sendung bekomme, zeigen ganz klar, dass ich verurteilt und Julian freigesprochen wurde. Nach ein paar Tagen Ruhe nimmt der Hass jetzt wieder Fahrt auf.

22. Dezember 2010

Trotz des neuaufgeflammten Hasses packen Somar und ich unsere Koffer, checken aus dem Hotel in Barcelona aus und fliegen nach Hause, genauer gesagt zu unseren jeweiligen Eltern nach Gotland.

Julian berichtet in einem Interview mit der »Times«, dass ihm ein schwarzer Gefängniswärter eine Karte mit folgender Aufschrift überreicht habe: »Ich habe nur zwei Helden, und das sind Sie und Dr. Martin Luther King.« »Diese Worte sind repräsentativ für 50 Prozent der Bevölkerung«, glaubt Julian.[27]

Das klingt ziemlich anmaßend, aber zugleich ist seine Aussage nicht ganz abwegig. Viele Menschen haben aus irgendeinem Grund ein leicht verklärtes Bild von Julian. Was mir in gewisser Weise zugutekommt. Denn meine Scham darüber, dass ich mich lange von ihm habe blenden lassen und mir seine schlechten Seiten erst so spät aufgefallen sind, lässt sich besser aushalten, wenn ich diese Fehleinschätzung mit anderen teilen kann. Catherine Bennett hat Julians verblendende Wirkung auf seine Bewunderer, Männer wie Frauen, vor wenigen Tagen im »Guardian« beschrieben:

> *[Julian Assanges] wichtigster britischer Wohltäter, der ehemalige Offizier Vaughan Smith, hat gezeigt, dass der Assange-Effekt weit über eine Standardmanipulation des Groupie-Reflexes hinausgeht. Smiths herzerwärmende Ansprache in der Nacht, bevor sich sein Held der Polizei stellte, hätte sich auch im Tower von London vor einer königlichen Hinrichtung abspielen können. »Ich hatte Bedenken, ihn zu behelligen«, schreibt Smith, »doch Julian lächelte mir zu. Er macht Folgendes: Er bezieht dich mit ein und gibt dir das Gefühl, dass du wichtig für ihn bist, während sich die meisten anderen von uns in einer solchen Situation viel zu beschäftigt geben würden, um ein solches Verhalten an den Tag legen zu können.«*[28]

23. Dezember 2010

»Du trittst alle Frauen, die wirklich vergewaltigt wurden, mit Füßen. Schäm dich.«

Mit diesen Worten fasst ein junger Student der internationalen Beziehungen an der Hochschule in Halmstad ganz treffend das Fazit der gestrigen Debatte im schwedischen Fernsehen und auch eine große Anzahl von Blogkommentaren und Zeitungsartikeln der letzten Wochen zusammen. Wegen eines Übergriffs, der offenbar in einer Grauzone stattgefunden hat, Strafanzeige zu erstatten, hält er für eine Herabsetzung der Taten, denen »Vergewaltigungsopfer« ausgesetzt waren. Grauzonen werden offenbar äußerst kontrovers diskutiert, und man sollte den Begriff »Vergewaltigung« besser aus dem Gespräch heraushalten, da er in der Debatte um meinen Fall zu einem Standpunkt geworden ist.

Die Skala der Grautöne zwischen Monster und Held, zwischen Hure und Madonna, auf der sich jeder von uns Menschen irgendwo wiederfindet, wird im Gespräch auf ein Grellweiß oder ein Pechschwarz reduziert. Alle Nuancen verschwinden und damit letztlich auch die Wahrheit, die es von Anfang an gab.

An der gestrigen Debatte im schwedischen Fernsehen nahm auch eine Frau namens Camilla Lindberg teil. Sie ist eine liberale ehemalige Abgeordnete im schwedischen Parlament und hat sich einen Namen gemacht, als sie sich dem Votum ihrer eigenen Partei widersetzte und gegen eine Ausweitung der Gesetze zur Personenüberwachung stimmte, die vor einigen Jahren eingeführt wurde. Sie formuliert ihre Gedanken zu meinem Fall in ihrem Blog.

> *Ich bin einmal vergewaltigt worden, und ich kann Ihnen garantieren, dass Sie wüssten, was eine Vergewaltigung ist, wenn es Ihnen ebenfalls widerfahren wäre. Setzen Sie nicht den Begriff Vergewaltigung herab, Vergewaltigung ist etwas Entsetzliches und darf nicht in einen Topf geworfen werden mit Sex, der »so lala« war. (...) Wenn man ein gerissenes Kondom als Vergewaltigung bezeichnet, ist das ein Schlag ins Gesicht für uns alle, die tatsächlich vergewaltigt wurden. Verwässern Sie nicht den Begriff Vergewaltigung!!!! Für Frauen, die schon einmal vergewaltigt wurden, ist es geradezu ein Hohn, wenn manche Frauen behaupten, nicht zu wissen, ob sie nun vergewaltigt wurden. Wenn Claes Borgström äußert, dass man nicht immer unbedingt wisse, was genau unter den Begriff Vergewaltigung falle, dann ist das ein Affront gegen uns alle, die tatsächlich vergewaltigt wurden. Claes Borgström will sich letztlich nur profilieren, aber Sie tun dies auf Kosten aller echten Vergewaltigungsopfer – Sie halten uns alle zum Narren!*[29]

Camilla Lindberg hat sowohl ein verzerrtes Bild von dem, was in meiner Wohnung geschah, als auch von meiner Aussage bei der Polizei und davon, wie diese meine Aussage einstufte. Ausgehend von diesem Bild verurteilt sie mich, wie viele andere auch. Natürlich tut es mir schrecklich leid, wenn ich ihrer Auffassung nach allen Frauen weltweit einen Bärendienst erweise und den globalen Rechten der Frauen Schaden zufüge. Dennoch erscheint mir ihre Einschätzung interessant, da sie symptomatisch ist. Schließlich teilen so viele Leute ihre Meinung und reagieren ähnlich aufgebracht wie sie. Ich deute dies folgendermaßen: Weil es noch viel schlimmere Schandtaten gibt als jene, der ich ihrer Auffassung nach ausgesetzt war – weitaus gewalttätigere Verbrechen in der Kategorie sexueller Übergriffe –, war dieser Übergriff nicht gravierend genug, um Strafanzeige zu erstatten.

Würde man diese Haltung nicht äußerst seltsam finden, wenn es sich beispielsweise um verschiedene Formen von Diebstahl handelte? Würden Camilla Lindberg, Naomi Wolf oder der Student aus Halmstad mir vorwerfen, dem Opfer eines brutalen Raubüberfalls einen Schlag ins Gesicht zu verpassen, wenn ich meinerseits einen minderschweren Diebstahl zur Anzeige brächte? Würden sie fordern, dass wir aus Respekt vor den Opfern brutaler Raubüberfälle Nachsicht üben sollten mit Ladendieben und ihre kriminellen Handlungen eher als Kavaliersdelikte betrachten? Sind sie auch der Ansicht, dass jemand, dem die Handtasche aus den Fingern gerissen wurde, andere Menschen mit Füßen tritt, die bei einem Einbruch in ihrem Haus verletzt wurden? Würden sie fordern, dass Menschen, die um Millionenbeträge geprellt wurden und nie eine Wiedergutmachung erfahren haben, als Argument dafür herhalten müssen, dass man einen Betrug von ein paar hundert Euro stillschweigend hinnimmt? Ich glaube es nicht.

Ich glaube auch nicht, dass Gespräche über Grauzonen die Begriffe verwässern oder gar die Möglichkeiten verringern, in eindeutigen Fällen oder bei schwereren Straftaten eine Verurteilung zu bewirken. Im Gegenteil, ich glaube eher, dass Verbrechensopfer innerhalb der gesamten Bandbreite durch Gespräche gestärkt werden können. Mit einer Debatte, die frei von jeglichen Tabus geführt wird, könnte man sowohl denjenigen helfen, die genau wissen, dass sie vergewaltigt wurden, als auch mir, die nur wusste, dass irgendetwas grundfalsch lief, es aber nicht gleich benennen konnte. Darüber zu reden, kann uns, die ausgenutzt wurden, und all jenen, die zukünftig in eine solche Situation geraten, die nötigen Worte verleihen, mit denen wir unser Recht einfordern können. Darüber zu reden, ist keine Verwässerung, so wie es die Frau aus dem Reichstag behauptet. Die Frage zu stellen, ob es eine Vergewaltigung war – im juristischen oder moralischen Sinn –, ist ein Weg hin zum Verstehen und keine Verhöhnung einer Person, die einer schlimmeren Straftat ausgesetzt war.

Ich denke, dass es oftmals keine klare Abgrenzung zwischen einvernehmlichem Sex und gewalttätiger Dominanz gibt. Wenn wir Menschen Sex haben, schwingen fast immer irgendwelche Tendenzen mit, die man als Dominanz bezeichnen kann, auch wenn der Akt keinesfalls als Übergriff wahrgenommen wird. Ein Sexpartner liegt oben, einer gibt den Rhythmus vor, einer reagiert etwas spät oder gar nicht auf die Signale des anderen und das, was dieser sich wünscht oder auf keinen Fall möchte. Einer verhilft dem anderen zum Orgasmus, einer ist dem anderen einen Orgasmus »schuldig«, einer braucht Sex zur Bestätigung, der andere möchte Sex, weil er glaubt, dann bei seinem Partner etwas gut zu haben, was er dann unter Umständen auch bekommt oder eben nicht. Einer erinnert sich noch lange daran, der andere vergisst es vielleicht schon unmittelbar danach.

Die Gesetzgebung könnte besser darin werden, jene Menschen umfangreicher zu schützen, die sie eigentlich schützen soll. Doch Rechthaberei und Hass gegen Opfer und Täter, die in der Debatte mitschwingen, schaden häufig dem notwendigen Gespräch.

Situationen, in denen Vergewaltigungen und andere Übergriffe stattfinden, stehen oftmals in Verbindung mit »normalem Sex«. Ein Übergriff findet statt, wenn man unabhängig von den Umständen die Grenze eines anderen Menschen überschreitet. Einige dieser Grenzen sind gesetzlich festgelegt. Doch auch Verhaltensweisen, die eigentlich gesetzwidrig sind, können in Ordnung sein, wenn derjenige, der diesem Verhalten ausgesetzt wird, zustimmt. Beispielsweise, wenn man während des Schlafes penetriert wird. Genauso, wie es in völlig anderer Hinsicht ebenfalls in Ordnung sein kann, etwas zu entwenden, ohne vorher um Erlaubnis zu fragen, wenn Einvernehmen darüber herrscht. Dann handelt es sich keineswegs um einen Diebstahl. Zugleich kann auch eine gesetzeskonforme Handlung die Rechte eines anderen Menschen verletzen, während gesetzwidrige Handlungen in sexuellen Belangen mehr mit Dominanz als beispielsweise mit einer Romanze zu tun haben können oder auch mehr mit Machtausübung als mit gleichberechtigtem Sex.

Es ist wichtig, in solchen Situationen den Mut aufzubringen, zur Polizei zu gehen, ohne das ganze Gesetzbuch gelesen zu haben. Und dies ist kein Schlag ins Gesicht anderer Betroffenen. Ich akzeptiere diesen Vorwurf schlicht und einfach nicht.

Um sexuellen Übergriffen Einhalt gebieten zu können, müssen die jeweiligen Fälle gerichtlich geprüft werden, nicht zuletzt diejenigen in der Grauzone. Aber wir sollten Übergriffen auch vorbeugen, indem wir mehr Gespräche darüber führen und eine Gleichberechtigung anstreben. Das, was wir als Grauzone bezeichnen, ist manchmal tatsächlich grau, doch genauso wichtig ist es, zu erkennen, wenn es manchmal ganz und gar nicht grau, sondern eindeutig schwarz-weiß ist. Mitunter sind die Grenzen nämlich deutlich sichtbar, die Gesetze eindeutig und die Beweislagen glasklar.

Ich möchte, dass die Debatte über Sex, Übergriffe und Vergewaltigungen auf ein angemessenes Niveau gehoben wird, ohne jegliche fehlgerichtete Rechthaberei. Zugleich müssen wir aber auch jedem Menschen das Recht auf seinen eigenen Körper zugestehen und nicht zuletzt auch das Recht, selbst Grenzen zu setzen. Unabhängig davon, welcher Art von Sexualstraftat wir ausgesetzt sind, sollte diese in Verbindung mit einem Strafrahmen im Gesetzbuch aufgeführt sein. Ich möchte, dass sexueller Machtmissbrauch endlich aufhört.

24. Dezember 2010

Ich verbringe Weihnachten zu Hause bei meinen Eltern. Außer Somar weiß fast niemand, dass ich hier bin. Mein Leben ist eine Katastrophe. Ich bin noch immer von der Arbeit freigestellt, meine Wohnung ist untervermietet, und ich sehne mich nach Andreas. Ich bin arbeitslos, obdachlos und einsam. Es ist Heiligabend, und ich bekomme einen Anruf von einer unterdrückten Nummer.

»Hallo?«, sagt eine mir unbekannte Männerstimme und klingt ziemlich überrascht, dass ich mich melde. »Hallo? Ist da Anna Ardin?«

»Ja«, antworte ich.

»Du bist so verdammt widerlich«, sagt er. »Wie fühlt man sich eigentlich als meistgehasste Frau der Welt?«

Ich lege auf und schalte das Telefon aus. Frohe Weihnachten, sage ich zu mir selbst.

26. Dezember 2010

Julian gibt ein Interview. Offenbar hat er von dem Foto gehört, das ihn vollständig angezogen auf meinem Sofa liegend zeigt und das ich auf Facebook gepostet habe. Er glaubt, es sei ein »Trophäen-Foto«, also ein Nacktfoto von ihm in meinem Bett. Seine Fans sind wütend, weil ich ihm das angetan habe. Er behauptet auch, dass Schweden zu einem »Saudi-Arabien des Feminismus«[30] verkommen sei. Er meint damit, dass Schweden den Männern in derselben Weise alle demokratischen und bürgerlichen Rechte entzogen habe, wie Saudi-Arabien es bei den Frauen praktiziert. Ein ums andere Mal versucht er die Vorwürfe gegen seine Person zu entkräften, wobei er Behauptungen aufstellt, mit denen er von sich selbst und seinem eigenen Verhalten ablenkt. Er meint beispielsweise, von Männerhass umgeben und in ein Wespennest aus revolutionärem Feminismus gefallen zu sein. »I fell into a hornets nest of revolutionary feminism«, sagt er wörtlich.

Diese neue Verteidigungsstrategie von Julian und seinem Team soll womöglich die vorherige Pentagon-Erklärung ersetzen, an die nur noch wenige glauben. Sie scheint darauf hinauszulaufen, meine Strafanzeige als Bestandteil eines geheimen Plans darzustellen, mit dem ich die Rechte der Männer einschränken und Männer der Macht der Frauen unterstellen will. Männer davon abzuhalten, Frauen gegen ihren Willen zu inseminieren, wird jetzt also als etwas Revolutionäres bezeichnet. Ich selbst erachte dies als Minimalforderung in Sachen Gleichstellung, während es noch immer nur einen Hauch von Feminismus braucht, um das Patriarchat davon zu überzeugen, dass dieser zu weit gehe.

In der Praxis scheint die Aussage »der Feminismus ist zu weit gegangen« zu bedeuten, dass »jeglicher Feminismus schon immer zu weit ging«.

In einer Welt, in der die Unterdrückung von Frauen nur allzu häufig als normal angesehen wird, in der sexuelle Übergriffe durch Männer oft verharmlost und die Geschädigten der Lächerlichkeit preisgegeben und in der Übergriffe noch immer geduldet werden, erscheint es vielleicht zu viel verlangt, mein Recht auf einen anderen sexuellen Umgang miteinander einzufordern, als ihn Julian praktiziert hat. Doch hier handelt es sich keineswegs um ein Komplott. Es geht vielmehr um das Recht von Verbrechensopfern auf eine statthafte Zulassung ihres Falls vor Gericht.

Wenn ich im Zuge meines Engagements in der feministischen Bewegung etwas begriffen habe, dann dies: Der Feminismus ist nicht zu weit gegangen. In Schweden herrscht keine Gleichstellung und auch keine feministische Unterdrückung von Männern. Die Tatsache, dass Schweden in der Frage der Gleichstellung im internationalen Vergleich an der Spitze liegt, hat schlicht und einfach damit zu tun, dass wir hier etwas mehr Gleichstellung praktizieren als in anderen Ländern.

Amnesty International ist zum Beispiel der Auffassung, dass geschlechterbasierte Gewalt – also eine Form von Gewalt, die alle Geschlechter betrifft, von der jedoch Frauen öfter und stärker betroffen sind als Männer – in Schweden noch immer unzureichend geahndet werde. Die meisten Straftaten innerhalb dieser Kategorie werden nie zur Anzeige gebracht, und nur ein geringer Teil der Klagen wird vor Gericht zugelassen. Die absolute Mehrheit der polizeilichen Ermittlungen im Fall einer Vergewaltigung von Personen über 15 Jahren werden eingestellt. Häufig aus Mangel an Beweisen. Laut Amnesty sollte der schwedische Staat mehr tun, um dies zu ändern:

> *Gemäß dem Völkerrecht und internationalen Gesetzen zu den Menschenrechten sollten die Staaten [Dänemark, Schweden, Finnland und Norwegen] alles tun, was in ihrer Macht steht, um allen Formen geschlechterbasierter Gewalt entgegenzuwirken. Die Staaten sollten dafür sorgen, dass die bestehenden Gesetze ausreichend Schutz bieten. Sie sollten geschlechterbasierter Gewalt – inklusive Vergewaltigungen und anderen sexuellen Übergriffen – gegen Frauen vorbeugen, in den betreffenden Fällen ermitteln und die Täter belangen. Sie sollten ebenfalls dafür sorgen, dass Verbrechensopfer Unterstützung, Hilfe und Rehabilitierung erfahren. Darüber hinaus sollten die Staaten auch jene sozialen Einstellungen ändern, die den Weg für die Diskriminierung von Frauen ebnen.*[31]

Frauen beziehen in Schweden ein angemesseneres Gehalt für eine gleichwertige Arbeit als in vielen anderen Ländern der Welt. Auch in der Politik arbeiten prozentual gesehen mehr Frauen als an vielen anderen Orten. Frauen werden hier nicht so oft misshandelt, und Männer haben einen etwas geringeren Spielraum, um Frauen schlecht zu behandeln und dabei einer Verurteilung zu entgehen. Aber mehr als das ist es nicht. Auch in Schweden sind Frauen in den meisten messbaren Kategorien den Männern unterlegen. Der Feminismus ist nicht zu weit gegangen. Im Gegenteil, er hat das Ziel einer Gleichstellung zwischen den Geschlechtern keineswegs erreicht. Der Feminismus muss noch weiter gehen.

27. Dezember 2010

Die AntifeministInnen jubeln. Frauenhasser, Faschisten und Rechtspopulisten scheinen Weihnachtsferien und damit viel Zeit zu haben. Überall im Internet wiederholen sie Julians »astreine Formulierung«, Schweden sei das Saudi-Arabien des Feminismus, und Julian nimmt es dankend auf dem Twitteraccount von Wikileaks entgegen, von dem ich überzeugt bin, dass er ihn noch immer persönlich nutzt. Solange die Unterstützung Julians unkritisch ausfällt, protestiert keiner der Mitarbeiter von Wikileaks, unabhängig davon, wie heftig die Kränkungen von Frauen ausfallen.

Julian hat auch unter Menschen, die nicht zu den Unterstützern von Frieden und Gleichberechtigung – den Zielsetzungen von Wikileaks – gehören, neue Fans gewonnen. Rechtspopulistische Parteien, fremdenfeindliche Parteien und jene, die den Klimawandel negieren, wachsen in Europa, und ihre Führungspositionen sind in der überwiegenden Zahl von Männern besetzt. Diese Männer und deren Internetarmeen in den anonymen Foren, Blogs und Internetzeitschriften verbreiten zunehmend die These, dass Männer stärker unterdrückt würden als Frauen. Und weil sie zugleich Julian unterstützen, nimmt seine eigene Glaubwürdigkeit ab. Ich verfüge nicht über die finanziellen Mittel, um mich gegen seinen Stab an Mitarbeitern verteidigen zu können. Doch trotz aller von Wikileaks finanzierter PR-Berater und Rechtsanwälte habe ich den Eindruck, dass das Vertrauen in Julian sinkt. Die Strategie, meinen Ruf zu zerstören, um Julians zu stärken, scheint nicht länger reibungslos aufzugehen.

31. Dezember 2010

Ein Anrufer mit einer schwedischen Handynummer hofft, dass ich von einem Bus überfahren werde und sterbe, blutbesudelt im Rinnstein. Dies ist die letzte SMS des Jahres. Gott sei Dank, dass 2010 vorbei ist.

2011

1. Januar 2011

Nach einer schönen Silvesterfeier gestern bekomme ich den Kaffee ans Bett gebracht. Ich fühle mich angenehm umsorgt und denke, dass sich am Ende vielleicht doch alles wieder einrenken wird.

2. Januar 2011

Meine Cousine und mein Cousin holen mich zu einem Acht-Gänge-Menü bei meiner Tante ab, einer exzentrischen Künstlerin, die auf dem Land lebt. Ich würde am liebsten gar nicht mehr über den Fall reden. Was allerdings nicht gerade leicht ist, weil letztlich auch alle anderen viel darüber nachgedacht haben. Ich komme mir vor wie ein Papagei, der sich ein ums andere Mal wiederholt. Allmählich vergesse ich, wem ich was erzählt habe, doch zugleich stelle ich fest, dass ich einen Prozess durchmache. Je mehr ich darüber spreche, desto leichter fällt es mir, die Dinge gedanklich abzuhaken. Als würde ich sie in eine Schale legen und aus der Entfernung besehen, oder sie verschenken, damit ich sie nicht mehr anschauen muss. Nach und nach nehme ich Abstand davon, vom Übergriff und von den Anfeindungen. Allmählich erahne ich wieder die Konturen meiner eigenen Identität, die eigentlich eine ganz andere ist als die widerliche Person, die der Internetmob aus mir gemacht hat.

4. Januar 2011

Es ist an der Zeit, meinen *Safe Space* auf der Insel zu verlassen und nach Stockholm zurückzukehren, zurück zu meiner Arbeit und zu den Jagdgründen der Journalisten. Ich kann in der großen Wohnung von Petra und ihrem Partner Pontus in Kungsholmen wohnen.

Meine Mutter ist Friseurin und färbt mir die Haare erneut dunkelbraun, allerdings mit echter Farbe anstatt einer billigen Tönung. Bei der Gelegenheit macht sie mir auch gleich eine Dauerwelle. Danach bin ich eine lockige Brünette. Schon eigenartig, wenn man sich im Spiegel selbst kaum wiedererkennt. Aber es sieht ziemlich gut aus.

5. Januar 2011

Ich habe einen Termin bei Pia, der Juristin in der Anwaltskanzlei Borgström, die meinen Fall gemeinsam mit Claes betreut, und wir gehen noch einmal die letzte polizeiliche Vernehmung durch. Um zehn Uhr muss ich zu einer weiteren Vernehmung aufs Revier. Die Beamten berufen sich auf neuerliche Angaben, die Julians Verteidigung in den Prozess eingebracht hat, und stellen weitere Fragen:

»Was hat es Ihnen gebracht, Strafanzeige zu erstatten?«

Ich muss an all das denken, was ich verloren habe. Meine Arbeit, meine Wohnung, meine Sicherheit. Und an alle Drohungen. All den Hass. Und nicht zuletzt daran, dass ich sozial an Ansehen verloren habe und es für andere seinen Preis hat, mich zu verteidigen. Nach kurzem Überlegen antworte ich:

»Gar nichts.«[32]

7. Januar 2011

Wir feiern den ersten Geburtstag von Ester, der Tochter meiner Freundin Ida. Währenddessen reden wir über den Fall, was ich bereits bereue, sobald ich den Mund öffne. Ich wünschte, meine sonstigen Gesprächsthemen wären interessanter als dieser Fall. Und ich wünschte, nie zur Polizei gegangen zu sein. Am liebsten würde ich aus meiner Haut schlüpfen und verschwinden.

8. Januar 2011

Meine Untermieterin Eva-Maria gibt eine Party und lädt mich ein. Welch ein wunderbares Gefühl, nach Hause zu kommen. Ich habe mich unendlich danach gesehnt. Die Wohnung ist eines der wirklich wichtigen Puzzleteile, die mein Leben ausmachen und in dem zurzeit etwas zu viele Teile fehlen.

»Möchtest du hier wohnen?«, fragt sie.

»Ach, das ist wirklich lieb von dir. Danke. Aber ich trau mich ehrlich gesagt noch nicht.«

Am Ende verlasse ich die Party und mein Zuhause mit einer großen Tasche voller Sachen.

9. Januar 2011

Ich bin unendlich traurig und komme mir vor wie eine Obdachlose. Obwohl ich wieder zur Arbeit gehe, werde ich schon bald arbeitslos sein. Wer wird mich nur je einstellen wollen?

Ich sehne mich nach Andreas und hasse mich zugleich dafür. Hatte mir einen Reiseführer über Spanien von ihm ausgeliehen und muss ihn zurückbringen. Schleiche mit wild pochendem Herzen zu seinem

Hauseingang und schaffe es, das Buch unbemerkt in den Briefkasten zu stecken.

Mir tut der Nacken weh.

13. Januar 2011

Im Dezember versprach Wikileaks, für die Verteidigung Mannings anstatt der anfänglich in Aussicht gestellten 50.000 Dollar wenigstens 20.000 Dollar bereitzustellen. Doch das Geld wurde nie überwiesen. Dafür war die Plattform heftig kritisiert worden. Mannings Enthüllungen stellen neben gemeinsamen Projekten mit anderen Organisationen und Spenden die einzige und größte Einkommensquelle von Wikileaks dar. Deshalb halte ich es für äußerst unmoralisch von Wikileaks, das Versprechen der finanziellen Unterstützung nicht einzulösen. Heute berichtet der »Guardian«, dass Wikileaks die Summe noch weiter verringert habe, schließlich aber 9500 Pfund, also ungefähr 15.000 Dollar ausbezahlt habe.[33]

17. Januar 2011

Ich habe eine Reihe von erbosten Blogeinträgen verfasst, allerdings ohne sie zu veröffentlichen. Ich habe vor, sie eines Tages zusammenzufassen und ein Buch daraus zu machen. Deswegen bin ich heute mit einem großen Verlag verabredet, der meine Geschichte so rasch wie möglich publizieren will. Ich halte es jedoch für angebracht, erst den Gerichtsprozess abzuwarten. Offenbar wird der Verlag auch Julians Buch publizieren. Sie würden gerne einen Vertrag mit mir unterschreiben, doch ich habe Todesangst davor, dass dieses Buch gegen mich verwendet werden könnte. Außerdem will ich keine Story zu Papier bringen, die sich gut verkauft und mit der ich Geld verdienen kann, sondern das schreiben, was ich für wichtig halte. Der Verlag und ich kommen zu keiner Einigung.

25. Januar 2011

Ich werde zu einer weiteren Vernehmung einbestellt. Die Polizei möchte mich zu den aktuellen Äußerungen Julians und seiner Verteidigung in den Medien befragen. Sie stellen unter anderem Fragen zu deren Theorie, dass ich die Strafanzeige nicht wegen Julians gesetzwidrigen Verhaltens mir gegenüber, sondern aus anderen Motiven heraus erstattet hätte:

»Welche Folgen hat es eigentlich für Sie und für Ihren Verband, Strafanzeige gegen Julian Assange erstattet zu haben?«

»Na ja, wir sind nicht Wikileaks, und wir können das Verhalten der Organisation und ihren Umgang mit Quellen und dergleichen nicht beeinflussen. Doch deren Grundidee, die auch ich verfolge, nämlich dass wir Wahrheit und Transparenz benötigen, um Frieden in der Welt zu stiften, dass Menschen erfahren müssen, was mit Waffenexporten geschieht, und viele andere Fragen, die entscheidend sind, um angemessen protestieren zu können, sind wichtig für uns. Für meinen Verband hat dies zur Folge, dass unsere Arbeit völlig verzerrt dargestellt wird. Die Medien wollen mit uns nicht mehr über Wahrheit, Transparenz und Offenheit sprechen, sondern stellen eher Fragen wie ›Was für ein Mensch ist Anna Ardin?‹ und ›Erfindet sie des Öfteren irgendwelche Dinge über Männer?‹ oder ›Hasst sie Männer?‹.«

»Mhm.«

»Ich denke aber, dass man nicht so einfach davonkommen sollte, wenn man eine Straftat begangen hat, nur weil man prominent ist … Innerhalb des Verbands ist allerdings keiner der Ansicht, dass man Wikileaks oder Julian persönlich diskreditieren sollte. Schließlich sind wir ein Teil der Bewegung, dessen Frontmann er wurde.«

(…)

»Nein, ich wurde überhaupt nicht gedrängt, ihm irgendwelchen Schaden zuzufügen, ganz im Gegenteil. Es gibt eher Bedenken, weil ich überhaupt etwas gesagt habe. Nach dem Motto ›Klar, die Sache ist passiert, aber war es denn wirklich notwendig, Anzeige zu erstatten?‹. Schließlich hatte das für unseren Verband enorme Konsequenzen.«

Der Beamte fragt auch, warum ich nicht sofort Anzeige erstattet hätte. Die Zwangsinsemination und das Risiko einer Ansteckung – in meinen Augen der eigentliche Übergriff – scheinen keine eindeutigen Straftaten zu sein. Sie gelten eher als eine Form der Belästigung, doch auch das ist nicht gesichert. In der Vernehmung antworte ich:

»[Ich] habe es zwar als Übergriff empfunden, aber nicht als gesetzwidrig. Nicht als etwas, womit ich hätte argumentieren und was ich hätte zur Anzeige bringen können.« (…)

Der Beamte fragt weiter:

»Zusammengefasst heißt das also, dass das, was [Maria] widerfahren ist, ein Übergriff war. Und die Behandlung Ihrer Person war eher ein Verhalten, von dem Sie dachten, es so hinnehmen zu können?«

»Ja.«

»Okay. Aha.«

»Ich habe noch immer nicht gedacht, dass sein Verhalten mir gegenüber gesetzwidrig gewesen sei. Aber es war eben dieselbe merkwürdige Verhaltensweise.«

»Sie haben zu diesem Zeitpunkt noch immer nicht gedacht, einer gesetzwidrigen Behandlung ausgesetzt gewesen zu sein?«

»Doch, also das mit dem Ansteckungsrisiko hielt ich schon für gesetzwidrig. Dass er mich bewusst diesem Risiko aussetzte. (…) Deswegen habe ich bei der ersten polizeilichen Vernehmung nur angegeben, dass er das Kondom zerrissen hat. Und nicht, dass er mich auch festgehalten hat und dergleichen.«[34]

In dem Land, das Julian das Saudi-Arabien des Feminismus nennt, ist es noch immer nicht zwingend gesetzwidrig, wenn ein Mann einer Frau sein Sperma aufzwingt. Auch die Frage, ob Julian möglicherweise Aids hatte oder nicht, scheint in den Augen der Polizei nicht von Bedeutung zu sein. Während seiner Vernehmung am 30. August wurde Julian dazu offenbar ebenfalls nicht befragt.

26. Januar 2011

Ich packe ein weiteres Mal, um nach Palästina zu fliegen. Würde so gerne in das kleine Dorf im Westjordanland fahren, das ich besuchen wollte und bereits als mein Zuhause bezeichnet hatte. Doch heute erfahre ich, dass die Chefin des Begleitprogramms vor Ort mir verbietet, zu kommen. Die Sicherheitslage hat sich zwar wieder normalisiert, doch sie glaubt, dass ich dem Programm mit meiner Anwesenheit Schaden zufügen könnte.

27. Januar 2011

Ich entscheide mich trotzdem für Palästina. Fliege von Stockholm nach Tel Aviv und fahre vom Flughafen aus direkt zu meiner Freundin Sara, die für eine Hilfsorganisation in Jerusalem arbeitet.

28. Januar 2011

Ich reise unabhängig vom Begleitprogramm auf eigene Faust ins Westjordanland. Auf einen Besuch in Yanoun werde ich zwar verzichten, aber Ramallah, Qualqiliya und Nablus sind Ziele auf meiner Reiseroute. Ich melde meinen Besuch bei den anderen schwedischen Begleitpersonen in Jayyous und Betlehem bewusst nicht an, sondern schließe mich ihnen einfach an. Gemeinsam mit ihnen überwache ich Checkpoints, esse Sandwiches mit jungen wehrpflichtigen Israelis, unterhalte mich mit Siedlern sowie palästinensischen Bauern, die durch den Stacheldraht und die Waffen der Siedler von ihrem Grund und Boden ferngehalten werden. Ich spiele mit Dreijährigen, die schon mindestens sieben verschiedene Begriffe für Militärfahrzeuge kennen, und kaufe in einem christlichen palästinensischen Souvenirshop ein, der kurz vor der Insolvenz steht, seit er durch eine sieben Meter hohe Mauer von der Touristenroute zum Rahelgrab abgeschnitten wurde.

1. Februar 2011

David Leigh und Luke Harding veröffentlichen ihr Buch »Wikileaks: Inside Julian Assange's War on Secrecy« (»WikiLeaks: Julian Assanges Krieg gegen Geheimhaltung«). Darin analysieren sie genau jene Verteidigungsstrategien Julians, die auch mir bekannt sind. Sie definieren drei charakteristische Strategien: Plan A, Plan B und Plan C. Die erste, die Pentagon-Erklärung oder auch Plan A, besagt, dass Maria und ich Julian bewusst und als Akteure in einem CIA-Komplott wegen Vergewaltigung und sexueller Übergriffe angezeigt hätten. Als immer weniger Leute an diese Story glaubten, ging Julian nach Auffassung von Leigh und Harding dazu über, alles auf eine feministische Konspiration zurückzuführen. Diese Strategie, also Plan B, folge der Behauptung, dass es eine geheime Absicht gebe, die Rechte von Männern zu beschneiden und diese der Macht von Frauen zu unterstellen, wobei mir eine Schlüsselrolle zukomme. Die dritte Strategie folge der Behauptung, dass die Vorwürfe Bestandteil einer Verschwörung einflussreicher Staaten seien, die Julian bestrafen wollten. Diesbezüglich würde ich nicht mehr als aktive treibende Kraft dargestellt, sondern eher als eine Person, die von der schwedischen Polizei und der Staatsanwaltschaft als Spielstein in einem Machtkampf benutzt wurde, den sich Schweden mit Großbritannien und den USA liefere. Diese Strategie bezeichnen Leigh und Harding als Plan C, welcher offenbar parallel zu Plan B existiert.

7. Februar 2011

»Go fuck yourself you worthless bitch, everyone in the world hates you, go kill yourself, there's nowhere to hide from the people.«

Die Nachricht kommt von einem Studenten der Königlichen Technischen Hochschule Stockholm, der mich fast jeden Tag auf Twitter schikaniert. Er hat wie so viele AntifeministInnen in den vergangenen Monaten Mitleid mit allen »echten Vergewaltigungsopfern«. Während andere mich nach ein paar Kommentaren in Ruhe lassen, macht er ganz offen unter seinem eigenen Namen weiter. Als hätte er das Recht, mich zu beschimpfen, und benötigte dafür nicht einmal den Schutz der Anonymität. Ich habe ihn angezeigt, doch die Strafanzeige wurde wie zuvor alle anderen Anzeigen wegen Hasses, Drohungen, Belästigungen und Schikane fallengelassen, und man leitete kein Ermittlungsverfahren ein.

In London findet die Gerichtsverhandlung zur Auslieferung Julians gemäß dem europäischen Haftbefehl statt.

Ich fühle mich von allen im Stich gelassen und bin deprimiert. Nur in einer begrenzten Anzahl von Internetkanälen bekomme ich Likes. In meiner eigenen Filterblase. Ich beginne mich zu fragen, ob es sich wirklich lohnt, weiterzuleben. Wenn die ganze Menschheit einem nur Böses will, wenn der Hass die Liebe übersteigt, worin besteht dann noch der Sinn? Wenn einem im Leben immer seltener Liebe, Anerkennung und Respekt entgegengebracht wird, nur weil man die eigene Sicht auf das Geschehene öffentlich gemacht hat, was für ein Ort ist die Welt dann eigentlich noch? Ist sie wirklich ein Ort, an dem man leben möchte? Lohnt es sich, um Menschlichkeit zu kämpfen, nur um dazugehören zu dürfen?

12. Februar 2011

Ich bekomme eine Mail mit einem Foto. Auf meiner Stirn prangt das Fadenkreuz eines Zielfernrohrs, und im Text steht, dass ich zur Hinrichtung verurteilt worden sei, da ich eine Verräterin sei. Der Absender ist ein Niederländer, offenbar hat er persönlichen Kontakt zu Julian. Mithilfe von Freunden gelingt es mir, Beweise zu seiner Identität und seinem Aufenthaltsort zu beschaffen, und ich habe eine halbe Ermittlungsakte zusammen, als ich zur Polizei gehe und Strafanzeige gegen ihn erstatte. Anfänglich will man meine Anzeige dort nicht einmal aufnehmen, weil es sich um einen ausländischen Bürger handle und die Drohungen online und somit »anonym« stattfänden. Doch als ich darauf bestehe, eröffnen die Beamten schließlich eine Akte.

17. Februar 2011

Ich bekomme einen Brief: Es werden keine polizeilichen Ermittlungen eingeleitet. Mir erscheint es völlig sinnlos, Anzeige zu erstatten, wenn offenkundige Todesdrohungen polizeibekannter Absender nicht einmal untersucht werden.

18. Februar 2011

Ich packe meine Sachen bei Petra und Pontus zusammen. Endlich kann ich in mein eigenes Zuhause zurückkehren! Die Personenschützer halten es für vertretbar, dass ich wieder in meine Wohnung ziehe. Doch zum Glück habe ich die Handynummern der beiden Polizisten Anna und Peter und kann sie jederzeit anrufen, sobald ich auch nur den Verdacht habe, dass sich die Sicherheitslage verschlechtert. Die Nachbarn haben schon seit einer ganzen Weile keine fremden Personen mehr im

Treppenhaus gemeldet, und meine Sehnsucht ist so groß, dass es einen Versuch wert ist.

24. Februar 2011

Der City of Westminster Magistrates' Court verkündet in Person des Richters Howard Riddle das Urteil. Er billigt den Haftbefehl und beschließt eine Auslieferung Julians nach Schweden wegen weiterer Ermittlungen.

Mårten Schultz, Professor für Zivilrecht an der Universität Uppsala, kommentiert das Urteil als »eine ausgewogene und – zweifellos – elegante und scharfsinnige Überlegung« Nach seiner Auffassung führt der Beschluss »die zum Teil geradezu lächerliche Kritik, die der englische Verteidiger Julians gegen das schwedische Rechtswesen gerichtet hat, ad absurdum«.

Julians Anwalt Björn Hurtig nahm ebenfalls am Prozess teil. Er behauptete vor Gericht, dass Julian für Vernehmungen zur Verfügung gestanden, jedoch keine Einbestellung von der Staatsanwaltschaft erhalten habe. Dies wurde von den Richtern gründlich widerlegt. Julian hatte über Hurtig den Wunsch geäußert, am 28. September erneut vernommen zu werden. Die Staatsanwältin Marianne Ny – die bereits am 1. September ihre Arbeit an dem Fall aufnahm und gleich am folgenden Tag versuchte, Julian zu kontaktieren – setzte alles daran, die Vernehmung vorzuziehen. Doch Julian weigerte sich, woraufhin Hurtig am 28. September festhielt. Ny akzeptierte dies und wartete bis zum vereinbarten Datum. Doch am 27. September, einen Tag vor der anberaumten Vernehmung, floh Julian vor dem Gerichtsprozess aus Schweden.

Vor dem britischen Gericht stand in dieser Frage Aussage gegen Aussage, doch dann legte Ny die SMS-Nachrichten vor, die sie an Julians Verteidiger geschickt hatte. Daraufhin forderte Riddle auch Hurtig auf, seine SMS-Nachrichten beizubringen. Wie sich herausstellte, waren Nys Nachrichten bei Hurtig angekommen und in dessen Handy gespeichert. Ny sprach also im Gegensatz zu Hurtig die Wahrheit. In Riddles

Urteilsbegründung wird die scharfe Kritik gegen dieses Verhalten offenkundig. Er schreibt, dass die Aussage Hurtigs, Assange stünde für Vernehmungen zur Verfügung, eine bewusste Irreführung des Gerichts gewesen sei. Denn Assange stand nachweislich eben nicht für eine Vernehmung in Schweden zur Verfügung. Hurtig erhält für diese Irreführung später eine Verwarnung von der schwedischen Anwaltskammer.

1. März 2011

Mir sind keine anderen Fälle bekannt, in denen jemand bewusst ein Kondom zerstört hätte. Doch heute kommentiert Mårten Schultz genau diesen Sachverhalt in einem langen, interessanten Artikel in der Zeitschrift »Neo«. Er erklärt darin die schwedische Gesetzgebung zu sexuellen Straftaten:

> *Da die Diskussion über Assange von einem besonderen Interesse für Kondome geprägt war, möchte ich hinzufügen, dass es nach meinem Verständnis keine Vergewaltigung ist, freiwilligen Sex ohne Kondom mit einem Partner zu haben, der die Benutzung eines Kondoms fordert. Es ist auch keine Vergewaltigung, ein Kondom während des Aktes abzustreifen oder es zu zerstören. (Dahingegen kann es sich dabei aber durchaus um eine minderschwere Straftat wie sexuelle Belästigung handeln.)*[35]

In diesem Zusammenhang werde ich auch zum ersten Mal mit dem Begriff *Stealthing* konfrontiert. Beim Stealthing wird trotz vorheriger Übereinkunft, ein Kondom zu benutzen, der Geschlechtsverkehr ohne Kondom vollzogen. Ich wusste nicht, dass diese Art von Missbrauch als Straftat angesehen wird, was offenbar der Fall ist, und ich vermute, dass dieser Begriff auch für die bewusste Zerstörung eines Kondoms angewendet werden kann.[36]

Nach schwedischer Gesetzgebung findet eine Vergewaltigung dann statt, wenn eine Person Geschlechtsverkehr oder einen ähnlichen sexuellen Umgang mit einer anderen Person infolge von Misshandlung oder Drohungen erzwingt. Oder wenn sie die Tatsache ausnutzt, dass sich diese andere Person »aufgrund von Bewusstlosigkeit, Schlaf, Trunkenheit oder anderen Drogeneinwirkungen, Krankheit, körperlichen Verletzungen, psychischen Störungen oder anderen Umständen in einem hilflosen Zustand befindet«. Darüber hinaus wird auch eine Reihe von weiteren Sexualstraftaten unter dem Begriff sexuelle Nötigung zusammengefasst. In der globalen Debatte wird die schwedische Gesetzgebung als extrem dargestellt, weil die Definition des Begriffs Vergewaltigung in Schweden sehr weit gefasst sei. Schultz zeigt in seinem Artikel jedoch auf, dass dies nicht zutrifft. Er schreibt:

> *Laut französischem Strafgesetzbuch umfasst eine Vergewaltigung jede Form von Penetration, die mittels Gewalt, Zwang, Drohung oder Überrumpelung verübt wird. Neuseeland sieht es als eine Vergewaltigung an, wenn Person A sexuellen Kontakt mit Person B hat und eine Penetration ohne die Zustimmung von B erfolgt oder A keine triftigen Gründe für die Annahme vorweisen kann, dass B dem Kontakt zugestimmt hat. Im russischen Strafgesetzbuch wird eine Vergewaltigung als heterosexueller vaginaler Geschlechtsverkehr mittels Ausübung von Gewalt oder durch Ausnutzung der Tatsache, dass sich das Opfer in einem hilflosen Zustand befindet, definiert. In den Vereinigten Staaten variiert die Gesetzgebung von Bundesstaat zu Bundesstaat leicht, doch in einigen Staaten ist das Strafgesetz um den Tatbestand »Vergewaltigung durch Betrug« erweitert worden, also das Verleiten einer Person zum Sex durch Falschaussagen.*[37]

Je nachdem, in welchem Land die Übergriffe auf Maria und mich gerichtlich verhandelt worden wären, hätten die Straftatbestände jeweils unterschiedlich gelautet. Doch insgesamt unterscheidet sich die Gesetzgebung zu Sexualstraftaten in Schweden nicht wesentlich von anderen Ländern. Unsere Gesetzgebung dient wie die vieler anderer Staaten auch als Schutz vor einem unfreiwilligen Kontakt mit dem Geschlechtsorgan einer anderen Person, nicht aber vor dem Risiko einer Befruchtung oder Ansteckung wie in meinem Fall. Was ich als Betroffene während eines Übergriffs empfinde oder was mich am meisten demütigt, ist hier nicht von Belang. Auch die Einschätzung durch die Medien oder die Internethasser spielt diesbezüglich keine Rolle. Entscheidend für die Rechtsprechung ist allein der Gesetzestext. Vielleicht wäre es an der Zeit, dieses Gesetz zu aktualisieren. Dementsprechend sollte der Schutz gegen unfreiwillige Befruchtung und Ansteckung erweitert werden. Manchmal sind Gesetzesänderungen nötig, damit die Gesetze mit der gesellschaftlichen Moral übereinstimmen. In meinem persönlichen Fall gab es allerdings auch gewisse Verhaltensweisen, die sich mithilfe des Gesetzes weder regeln lassen können noch sollten. Verhaltensweisen, die allenfalls auf andere Weise geahndet werden müssen.

Die Tatsache, dass Julian mir geradewegs ins Gesicht rülpste, war für mich beispielsweise schlimmer als sein Versuch, meine Beine auseinanderzudrücken, denn sein Atem stank widerlich, und ich fand es entwürdigend. Dass er nach seinen Toilettenbesuchen nicht spülte, war für mich ekliger als die Tatsache, dass er mir gegen meinen Willen an den Busen griff oder seinen nackten Unterleib gegen meinen angezogenen Körper presste. Dass er mich wie seine Haushälterin behandelte, fand ich unverschämter als die Tatsache, dass er mich festhielt. Dennoch ist es nicht strafbar, einem anderen Menschen ins Gesicht zu rülpsen, als Gast nicht die Toilettenspülung zu betätigen oder benutztes Geschirr auf dem Tisch stehen zu lassen, damit sich Frauen dessen annehmen – und sollte es auch nicht unbedingt sein. Selbst wenn man sich wie ein Ekel benimmt, ist es in den meisten Fällen nicht gesetzwidrig. Hingegen ist es definitiv gesetzwidrig, wenn ein Mann die Beine einer Frau mit dem Ziel auseinanderdrückt, sie zu penetrieren, oder ihr gegen ihren Willen an den Busen greift, seinen nackten Unterleib gegen ihren Körper presst – angezogen oder nackt – oder sie festhält. Da Julian genau dies getan hat, wird er einer Straftat verdächtigt, und nicht wegen irgendwelcher anderer Verhaltensweisen.

2. März 2011

In einem Interview mit dem britischen Magazin »Private Eye« wirft Julian dem »Guardian«, insbesondere seinem Chefredaktor für investigativen Journalismus David Leigh vor, ein Komplott gegen Wikileaks zu schmieden. Dabei erwähnt er auch die Namen anderer Journalisten der Zeitung und beschimpft sie als Juden. Als der Redaktor entgegnet, dass einer von ihnen kein Jude sei, erwidert Julian, er sei aber »sort of Jewish«, also eine Art Jude.[38]

7. März 2011

Claes begleitet mich zu einer weiteren Vernehmung bei der Polizei. Diesmal geht es um Julians DNA-Spur in meinem Bett, also den Fleck, der im Zusammenhang mit dem Übergriff auf dem Laken entstand. Julian hatte zu keinem anderen Zeitpunkt eine Gelegenheit zu einem weiteren Samenerguss in meinem Bett, deshalb bildet dieser Fleck einen wichtigen Beweis. Er zeigt nämlich, dass Julians Behauptung, ein unversehrtes Kondom benutzt zu haben, nicht stimmt. Der Fleck beweist, dass das Sperma nicht aufgefangen, sondern inseminiert wurde.

Das staatliche kriminaltechnische Labor (heute: Nationales Forensisches Zentrum, NFC) hat inzwischen auch eine Beschädigung des Kondoms bestätigen können. Die kleine Spitze, das Reservoir, wurde abgerissen. Die Rechtsmediziner haben die Oberfläche der Öffnung untersucht und schreiben in ihrem Sachverständigengutachten, dass der Beweisgrad bei +2 liege, was bedeutet, dass »die Möglichkeit, dieses Ergebnis mittels einer anderen Hypothese zu erlangen, als gering eingestuft wird«.

Um zu diesem Schluss zu gelangen, behandelten sie Kondome mit unterschiedlichen Werkzeugen und verglichen die beschädigten Oberflächen miteinander. Dabei stellten sie fest, dass der Schaden am eingereichten Kondom nicht mittels Werkzeugen wie einer Schere oder einem Messer entstanden war und auch keine Materialermüdung vorlag, die zum Reißen des Kondoms hätte führen können. Darüber hinaus konnten sie auf dem Kondom meine DNA und die eines unbekannten Mannes nachweisen.[39]

Mittels eines einfachen DNA-Tests würde man feststellen können, ob es sich bei diesem unbekannten Mann um Julian handelt und ob jegliche unbekannte DNA in dieser Probe von Julian stammt. Das würde beweisen, dass er in der Vernehmung gelogen hat. Und es würde auch beweisen, dass seine Behauptungen, das Kondom während des gesamten Verkehrs benutzt zu haben, ohne dass es kaputtging, nicht stimmten. Doch da er keinen Test absolviert hat, den die schwedische Justiz als Beweis hätte heranziehen können, kann der Fleck auf dem Laken theoretisch auch von einem anderen Mann stammen.

14. März 2011

Die Fachhochschule Kista bietet mir eine befristete Stelle für ein Projekt an. Sie wollen, dass ich schon übermorgen anfange. Ich bin so froh. Diesen Job will ich unbedingt haben!

19. März 2011

Ich lese eine Statistik über alle zur Anzeige gebrachten sexuellen Übergriffe im Jahr 2010. Im August sieht man im Vergleich zu vorherigen Jahren einen deutlichen Anstieg, der sich auch im weiteren Jahresverlauf zu manifestieren scheint. Mir wird ganz warm ums Herz. Die damalige Debatte über die Frage, ob man Übergriffe anzeigen oder eher davon absehen sollte, und die mediale Präsenz meines Falles haben anderen Betroffenen offenbar Mut eingeflößt. Auch bei Männern, die Übergriffen ausgesetzt waren, hat die Anzahl der Strafanzeigen zugenommen.

Ich werde 32. Andreas kommt zu Besuch. Er schenkt mir Blumen und sagt, dass er mich liebt.

24. April 2011

Der Kolumnist Jan Guillou schreibt heute einen Text im »Aftonbladet« mit dem Titel »Julian Assange – ein kleines Ekel ohne Prinzipien«:

> *Jetzt ist auf beschämende Weise klar geworden, dass Julian Assange, die Galionsfigur der Internetplattform Wikileaks, kein männliches Vorbild ist. Um es zurückhaltend auszudrücken. Zu der Frage, inwieweit er sich ferner irgendeiner Form der Vergewaltigung oder sexuellen Belästigung schuldig gemacht hat, kann ich keine Stellung beziehen. Doch das kann seine begeisterte Anhängerschaft, die angeblich weiß, dass er unschuldig ist, auch nicht.*
>
> *Die Tatsache, dass wir es nicht wissen, liegt an Julian Assange selbst, der sich weigert, zur Vernehmung in Schweden zu erscheinen. Was sich, wenn er so unschuldig wäre, wie er und seine Anhänger behaupten, rasch und simpel bewerkstelligen ließe, um den Verdacht auszuräumen. Übrigens werden die meisten mutmaßlichen Sexualstraftäter in Schweden auf freien Fuß gesetzt, was an den vergleichsweise hohen Beweisanforderungen liegt.*
>
> *Stattdessen hat Assange eine Kampagne gegen das schwedische Rechtssystem gestartet. Er vergleicht Schweden mit Saudi-Arabien und argwöhnt, dass hier am laufenden Band unschuldige Männer verurteilt würden, weil unser Land knallhart von Feministinnen beherrscht werde. Darüber hinaus spricht er von einer Konspiration, die das Ziel verfolge, ihn mittels falscher Vergewaltigungsvorwürfe über Schweden an die USA auszuliefern.*
>
> *Selbst Leuten wie mir, die über Jahrzehnte hinweg Kritik an den Mängeln des schwedischen Rechtssystems geübt haben, erscheint*

die rechtliche Argumentation von Assange und seinem Gefolge so absurd, dass man sie kaum ernst nehmen kann. Noch peinlicher ist es allerdings, dass anerkannte radikale Gesellschaftskritiker wie John Pilger, Michael Moore und Tariq Ali diese Kampagne offenbar unterstützen.[40]

Guillou beschreibt im selben Artikel ebenfalls »einen Rechtsskandal, der weit über die idiotische selbstgefällige Kampagne von Julian Assange hinausgeht«. Dieser bezieht sich allerdings nicht auf die Ermittlungen gegen Julian wegen des Verdachts auf eine Sexualstraftat, sondern darauf, dass Manning, seiner Quelle für die umfassenden Enthüllungen, nun eine lebenslange Gefängnisstrafe droht:

Doch das scheint weder Assange selbst noch seine Cheerleader zu bekümmern. Ihnen sind die Rechtsanwälte für Assange wichtiger als die für Manning. Völlig unabhängig von der Schuldfrage im Vergewaltigungsfall kann man also ruhigen Gewissens behaupten, dass Julian Assange ein kleines prinzipienloses Ekel ist. Um die Sache ein weiteres Mal zurückhaltend auszudrücken.[41]

Jan Guillou war zusammen mit Peter Bratt der letzte Journalist, der in Schweden wegen Spionage schuldig gesprochen wurde. Die Verurteilung erfolgte im Zusammenhang mit der Enthüllung der sogenannten IB-Affäre, bei der die beiden nachwiesen, dass der schwedische Staat mittels eines Geheimdienstes linksgerichtete schwedische Bürger registrierte. Aufgrund dieser Affäre wurde das schwedische Grundgesetz dahingehend geändert, dass man die Pressefreiheit ausweitete, um zukünftige Urteile dieser Art abwenden zu können.

Sein heutiger Artikel wird für mich zu einem Wendepunkt. Ab diesem Zeitpunkt findet in der öffentlichen schwedischen Debatte keine Vermischung von Julians Sexualstraftaten mit seiner Arbeit für Wikileaks mehr statt, wie es vorher gang und gäbe war. In Guillous Artikel wechselt Julian auch die Kategorie, was ich selbst ebenfalls immer häufiger beobachte. Er rutscht von der Kategorie Gut in die Kategorie Böse.

Da der Mythos vom unfehlbaren Helden in der Gesellschaft so stark präsent ist, muss Julian offenbar erst die Kategorie wechseln, damit andere Menschen ihn als Sexualstraftäter ansehen können.

Sich Menschen als Vorbilder zu nehmen und diese zum Helden zu stilisieren, indem man ihre schlechten Seiten einfach ausblendet, ist nach meiner Ansicht eine allzu simple Methode des Hoffnungschöpfens und Sinnstiftens im eigenen Leben. Doch genauso simpel ist es, einen Straftäter als Schurken abzustempeln, indem man seine guten Seiten ausblendet.

Es ist zwar tragisch, dass Julian Manning im Stich gelassen hat, doch zugleich hilft es unbestreitbar meiner eigenen Sache. Durch diesen Verrat gelingt es mir, Julian von seinem Podest herunterzuholen. Denn sobald er sich auf Augenhöhe mit uns Normalsterblichen befindet, fällt es weitaus leichter, ihn in die Kategorie Vergewaltiger einzustufen. Diese Kategorie lässt keinen Raum mehr für sein Heldentum. Doch auch hier gilt natürlich ebenso der Umkehrschluss: Ihn in der Kategorie Meinungsfreiheitsheld zu belassen, macht es deutlich schwerer, zu akzeptieren, dass er unbestreitbar einer Sexualstraftat verdächtigt wird. Bedauerlicherweise denken wir in solchen Kategorien. Aber letztlich ist Julian ein Mensch, weder ein Halbgott noch ein Monster, weder unfehlbar noch wertlos.

26. April 2011

Schon das gesamte Frühjahr über geht es mir schlecht. Ständige Hater-Angriffe im Internet wechseln sich ab mit nahezu verzweifeltem Daten und der Sehnsucht nach Andreas, wenn wir uns nicht sehen. Er trifft sich weiterhin mit mir und mindestens einer anderen Frau. Dabei tröstet und betrügt er mich abwechselnd, und ich bin kurz davor unterzugehen. Irgendwann habe ich es akzeptiert, in seiner Peripherie zu leben und das in Ordnung zu finden, solange dieser Platz das Beste ist, was ich bekommen kann.

»Was für ein Kleingeist er doch ist«, sagt Eva-Maria.

Wenn er ein Kleingeist ist und ich sein Satellit bin, dann existiere ich ja eigentlich kaum, denke ich.

Heute ist es mir endlich gelungen, Andreas auf Facebook und Messenger zu blockieren, wo wir uns ständig sahen und Kontakt hielten. Jetzt reicht es. Ich beschließe, dass er für mich von nun an nicht mehr existiert. Und ich beschließe, wieder ein eigenständiger Mensch zu werden. Es fällt mir schwer, doch ich empfinde es auch als unglaublich befreiend.

27. April 2011

Erneute Vernehmung.

Im Internet kursieren neuerliche Gerüchte, Vorwürfe und Falschinformationen. Unter anderem die verschiedensten von Julians Verteidigern – den juristischen in Zusammenarbeit mit den medialen – vorgebrachten Konspirationstheorien. Die Polizei nimmt sie ernst oder möchte zumindest das Risiko ausschließen, irgendetwas zu übersehen, auch wenn dies auf den ersten Blick recht unwahrscheinlich erscheint. Die Beamten dokumentieren meine Antworten auf die Fragen zu allen möglichen Behauptungen über die abstrusesten Zusammenhänge und meine Haltung dazu. Es geht sowohl um reale als auch um erfundene persönliche Verbindungen, bei denen zufällige Zusammentreffen – beispielsweise, dass sowohl Maria als auch ich schon einmal in Simbabwe waren – als Beweise für langjährig geplante Komplotte angeführt werden. Ich erkläre ihnen, dass nicht alle Kollegen auf dem Revier, zu denen wir anfänglich Kontakt hatten, zu wissen schienen, wer Julian war. Damals war er nicht annähernd so bekannt wie heute, eines der frühesten Pressefotos von ihm, das die Medien benutzten, stammt von unserem Seminar im August 2010 – im Hintergrund ist sogar ein Teil unseres Logos erkennbar.

Julians Verteidigung findet zum Beispiel nicht, dass ich auf dem

Foto vom Abendessen mit den Vorsitzenden der Piratenpartei »vergewaltigt aussehe«. Die Polizei fragt, wie ich dazu stünde. Woraufhin ich erkläre, wie ich es damals empfunden habe. Die Tatsache, dass er zu so etwas Krankem wie dem Zerreißen eines Kondoms fähig wäre, kam mir noch völlig unwirklich vor. Und außerdem wollte ich mir selbst kaum eingestehen, dass es tatsächlich passiert war.

Die Vernehmung schlaucht mich ungemein.

14. Mai 2011

Werde von einer Panikattacke befallen, wie ich sie noch nie zuvor erlebt habe. Ich hyperventiliere. Habe in der letzten Zeit sehr viel geweint, aber dies ist etwas völlig anderes. Etwas, das ich überhaupt nicht steuern kann. Es fühlt sich an, wie in völliger Dunkelheit sich selbst überlassen zu werden.

Gegen drei Uhr nachts rufe ich in der psychiatrischen Notaufnahme an. Nachdem man dort zu der Einschätzung kommt, dass kein Risiko für ein selbstverletzendes Verhalten bestehe, kann man nicht viel mehr für mich tun. Doch allein schon das Gespräch mit jemandem, der sich damit auskennt, bewirkt, dass ich mich wieder etwas beruhigen und schliesslich auch einschlafen kann.

18. Mai 2011

Wie sich herausstellt, gibt es nur eine schwedische Versicherungsgesellschaft, die nach sexuellen Übergriffen kein Gerichtsurteil als Voraussetzung für eine Erstattung von Behandlungskosten anfordert. Und genau diese Versicherung habe ich abgeschlossen. Es ist wie ein Sechser im Lotto. Auf Anhieb genehmigt sie mir zehn Stunden bei einer Psychotherapeutin. Im heutigen Erstgespräch spreche ich über Julian.

Darüber, warum ich ihn weiterhin bei mir übernachten ließ, warum ich mich nicht stärker gegen seine Zudringlichkeit wehrte und warum ich nicht gleich kapierte, dass er das Kondom zerrissen hatte. Ich sage auch, dass mir das Gefühl von damals, wie er meine Hände über dem Kopf fesselte, noch immer spürbar in den Knochen steckt. Und dass ich bei der Erinnerung an den Gestank seines Rülpsers noch immer einen Würgereiz bekomme.

23. Mai 2011

Zweite Therapiestunde. Zu Beginn der Sitzung berichte ich von weiteren Details zum Übergriff. Es erstaunt mich selbst ein wenig, dass mich das Ganze nicht besonders mitnimmt. Mir kommt es eher vor, als sei ich auf einer Party und würde irgendeiner neugierigen Bekannten, die mich aushorchen will, davon erzählen. Es ist eher wie eine lästige Aufgabe als ein Hilferuf, denn die Scham, die Julian mir aufgebürdet hat, empfinde ich nicht länger. All die Tausende von Menschen, die Nachforschungen anstellten, mich beschuldigten, die mich anschrien und meinten, dass ich mich schämen sollte, haben vergebliche Arbeit geleistet. Offenbar habe ich dieses Thema bereits verarbeitet und die Verantwortung für das, was geschehen ist, dorthin abgegeben, wo sie hingehört, an Julian. Das ist eine neue und wichtige Erkenntnis für mich. Zugleich denke ich, dass die Versicherung eigentlich genau dafür ihre Unterstützung zugesagt hat, für die Bearbeitung psychischer Beeinträchtigungen nach einem Übergriff. Doch die Therapeutin findet es absolut in Ordnung, auch über andere Themen zu sprechen. Sie ist der Auffassung, dass unter der Oberfläche immer irgendetwas anderes aktiviert wird, das sich zu bearbeiten lohnt, damit man sich weiterentwickeln und letzten Endes stärker aus der Sache hervorgehen kann.

In meinem Fall weckt der Hass heftigere Gefühle als der Übergriff. Insbesondere jener irreale, gegen mich gerichtete Hass. Und auch die Tatsachen, dass es möglich war, mich als völlig anderen Menschen darzustellen, als ich es in Wirklichkeit bin, mir ganz andere Anschauungen zu unterstellen als jene, die ich tatsächlich vertrete, und mich genau dafür zu hassen. Dass ich beispielsweise aufgrund von Behauptungen gehasst werde, die Meinungsfreiheit einschränken und die Menschenrechte verletzen zu wollen, wo mir doch gerade die Stärkung der Meinungsfreiheit und die Einhaltung der Menschenrechte so ungeheuer wichtig sind. All das verursacht mir geradezu körperliche Schmerzen. Ich höre wieder Musik von der feministischen gotländischen Band Ainbusk und Josefin Nilsson, die den Song »Älska mig för den jag är« (»Liebe mich, so wie ich bin«) singt. Ich denke, wenn den Leuten das schon nicht möglich ist, können sie mich doch wenigstens dafür hassen, wie ich bin.

Zugleich beginne ich zu ahnen, was mich wirklich krank gemacht hat. Es ist nur ein Gedanke im Hinterkopf, der kaum je an die Oberfläche gedrungen ist. Etwas, von dem ich weiß, dass es nicht wahr ist, und von dem ich auch nicht will, dass es wahr ist. Doch es überschattet alles andere und sprengt fast mein Herz. Ein Gedanke, der sich ein ums andere Mal bemerkbar macht und von dem ich mich nicht freimachen kann: »Die Welt ist schlecht, und ich habe keinen Platz darin.«

25. Mai 2011

Meine Muskelverspannungen bringen mich noch um, meine Schultern sind hart wie Beton, und ich habe Kopfschmerzen. Ich gehe zu einem Manual-Therapeuten, habe aber nicht den Eindruck, dass es hilft. Mein Vertrag bei der Fachhochschule läuft bald aus, und wie es scheint, stehen für eine Verlängerung keine Gelder zur Verfügung.

8. Juli 2011

In Visby findet gerade die jährliche Almedalen-Woche mit vielen Veranstaltungen zu Politik, Wirtschaft und Gesellschaft statt, und ich bin hergekommen, um daran teilzunehmen. Eine mir unbekannte Frau spricht mich an. Sie sagt, dass sie gehofft habe, mich hier zu treffen, da es wichtig sei. Ihren Worten zufolge kannte sie Julian schon vor mir und weiß, dass ich die Wahrheit sage. Sie hatte bereits Kontakt zu Julian, bevor er durch Mannings Enthüllungen bekannt wurde und auch bevor das Mord-Video aus dem Apache-Hubschrauber an die Öffentlichkeit drang. Ihren Schilderungen zufolge hatte er sie damals einem Übergriff ausgesetzt, der meinem glich. Wir wissen augenblicklich, dass wir beide die Wahrheit sagen. Nicht aus einer Intuition heraus, sondern aufgrund dessen, dass weder sie noch ich je eine andere Geschichte gehört haben, die Julians Verhalten auch nur annähernd widerspiegelte. Sie möchte von mir wissen, was sie tun könne, um als Zeugin im Prozess auszusagen. Ich gebe ihr die Nummer von Claes.

18. Juli 2011

Claes ruft mich an:

»Als Erstes möchte ich mich entschuldigen. Es geht nämlich um eine ziemlich miese und lächerliche Sache. Aber ich wollte dich trotzdem darüber in Kenntnis setzen, damit du selbst dazu Stellung nehmen kannst.«

»Ja, schieß los.«

»Also, Helena Kennedy, weißt du, wer sie ist?«

»Nee?«

»Eine international bekannte Anwältin und Menschenrechtsverteidigerin, die mit Julians Juristen zusammenarbeitet. Sie konnte einen schwedischen Politiker, der sich für Menschenrechte einsetzt und den ich kenne, dafür gewinnen, eine Art Vergleichsangebot von Julian an uns weiterzuleiten. Dieses Angebot sieht vor, dass du deine Anklage zurückziehst, wenn er gewisse Zugeständnisse macht.«

»Okay, und was für Zugeständnisse?«

»So wie ich es verstehe, würde er öffentlich erklären, dass du nicht von der CIA angeheuert wurdest, wie er es zuvor angedeutet hat.«

»Und?«

»Nein, nichts weiter.«

In der Leitung wird es eine Weile still.

»Ich soll also mit einer Lüge an die Öffentlichkeit gehen, damit er seine eigenen erfundenen Spinnereien zurücknimmt?«

»Ja, so kann man es wohl interpretieren«, antwortet Claes.

Ich lache auf. Es ist völlig absurd.

»Eigentlich glaubt doch sowieso niemand mehr an diese Geschichte mit der CIA. Hat er nicht selbst schon eingeräumt, dass sie nicht wahr ist?«

»Ich kann deinen Worten also entnehmen, dass ich dieses Angebot ablehnen soll?«, fragt Claes.

Nach unserem Telefonat erklärt Claes der Anwältin Helena Kennedy, dass das schwedische Rechtssystem so nicht funktioniere und in dem Fall bereits Anklage erhoben worden sei – völlig unabhängig davon, wie wir die Sache einschätzen. Und dass ich den Prozess der Strafverfolgung schlicht und einfach nicht stoppen könne, selbst wenn ich es wollte. Außerdem bestünde aus meiner Sicht kein Grund dazu.

Kennedy antwortet, dass ihr sehr wohl bewusst sei, wie das schwedische Rechtssystem funktioniere, versucht es aber erneut. Sie schreibt dem Politiker, dass sie davon überzeugt sei, dass er mich überreden könne, und fest daran glaube, dass er einen Weg finden könne. Der Politiker bleibt in seiner Funktion als Vermittler diplomatisch neutral.

Ich versuche ernsthaft, die Absicht hinter dem Angebot zu erkennen. Glaubt diese Anwältin wirklich, dass ich irgendetwas davon hätte, wenn ich mich weigern würde, am Gerichtsverfahren teilzunehmen, oder wahrheitsgemäße Angaben völlig unvermittelt wieder zurücknehmen würde? Inwiefern sollte es sich positiv auf die Menschenrechte auswirken, wenn ich meine Geschichte dahingehend änderte, dass sie

Julian entgegenkommt? Kennedy verweist auf meinen guten Ruf und darauf, dass Julian daran mitwirken würde, diesen wiederherzustellen. Doch wie sollte das meinen guten Ruf wiederherstellen können, ohne dass ich zukünftig immer als die Frau dastehen würde, die eine Vergewaltigung erfunden hat? Wenn die Glaubwürdigkeit wie so häufig das Einzige ist, worauf sich das Opfer einer Sexualstraftat berufen kann, bedeutet das in der Praxis, dass ich im Prinzip ohne Rechte dastehen würde, wenn ich irgendwann einmal in eine ähnliche Situation geraten sollte. Dieser Vorschlag ist in meinen Augen nur ein Versuch, meine Glaubwürdigkeit endgültig zu untergraben. Nichtsdestotrotz lässt mich der Gedanke nicht los, dass er schließlich von einer anständigen und großherzigen Frau kommt und ich womöglich doch irgendetwas übersehen habe. Irgendeinen Vorteil müsste die Sache doch für mich haben, wenn jemand wie sie es ins Kalkül zieht, mir einen Vorschlag wie diesen zu unterbreiten. Ich bin verwirrt.

Pia, meine stellvertretende Juristin, die das Telefonat mithörte, hat jedoch bereits Erfahrungen mit Vorschlägen dieser Art, und der Vorstoß erstaunt sie nicht im Geringsten. Oder besser gesagt, er macht sie geradezu wütend.

»Diese sogenannten Vertreter der Menschenrechte beweisen wieder einmal, dass sie die Rechte von Frauen eigentlich gar nicht als Bestandteil ihrer Arbeit ansehen. Frauen sollen vielmehr klein beigeben und nicht vor Gericht ziehen. Sie sollen sich mit einer Entschuldigung begnügen und der Allgemeinheit versichern, dass der Täter ein guter Mann ist. Das ist doch krank!«

Daraufhin zeigt sie mir einen Zeitungsartikel vom Februar, dessen Schlagzeile besagt, dass die schwedische Anwältin die Partei der Männer ergreife. Der Artikel ist mit einem Foto von Helena Kennedy illustriert, auf dem sie fröhlich lächelnd Wangenküsse mit Julian austauscht. »Hier stehen definitiv nicht die Menschenrechte im Vordergrund«, meint Pia, »sondern die Rechte von Männern. Insbesondere die von einem ganz bestimmten Mann.«

21. Juli 2011

In den vergangenen Wochen habe ich wie eine Verrückte gedatet: Jakob, Erik, Gabriel, Ali, Samuel, Sam, Janne, Jonas, Martin. Und zwischen jeder potenziellen Verliebtheit, zwischen der Hoffnung auf einen neuen Mann in meinem Leben und diversen SMS, die am Ende doch versiegen, verschwinde ich selbst immer mehr vom Radar. Ich muss an Andreas und mein misslungenes Leben denken. Heute kam eine Postkarte von ihm, auf der steht, dass er deprimiert sei, weil er mich vermisse. Ein Hauch von Bestätigung. Ich antworte nicht, aber insgeheim warte ich noch immer, während ich innerlich zerbreche.

27. Juli 2011

Vor ein paar Tagen rief Olof an, der Mann, bei dem ich übernachten konnte, als ich aus meiner Wohnung fliehen musste. Er möchte mit mir essen gehen. Obwohl er mich letztes Jahr im Stich gelassen hat, um seine eigene Haut zu retten, habe ich mich sehr über seinen Anruf gefreut. Ich bin froh, mich mit ihm treffen zu können, denn ich habe die Hoffnung, dass sich mein Leben vielleicht wieder normalisiert. Ausschließlich Kontakt zu den Leuten zu halten, die für mich da waren, als ich am meisten litt, würde mich zu sehr vereinsamen lassen. Ich war also bereit, die Sache von damals zu vergessen und ihm zu verzeihen. Wir haben uns für heute verabredet.

Draußen ist es sommerlich warm, und er liegt auf einer Parkbank in der Sonne im Blecktornspark, wo wir uns verabredet haben. Der sympathische Olof, der Panik gekriegt hatte. Doch wer hätte das nicht, angesichts einer Meute britischer Medienhyänen, die sich auf einen stürzen?

Die Stimmung ist entspannt, und wir schlendern zum nahegelegenen Restaurant Elefantpojken. Irgendwann während des Essens stellt sich heraus, dass unsere Verabredung einen besonderen Grund hat. Er möchte eine Garantie dafür, dass ich nie auch nur seinen Namen erwähne, weder im Zusammenhang mit dem Fall noch mit meiner Person. Und er will auch auf keinen Fall vor Gericht bezeugen, dass ich in der betreffenden Nacht in seiner Wohnung geschlafen habe.

»Das musst du doch verstehen«, sagt er.

Uns gehen die Gesprächsthemen aus. Ich bezahle meinen Rechnungsanteil, verabschiede mich von ihm mit einer Umarmung und gehe nach Hause, wo ich in Tränen ausbreche.

10. August 2011

Ich will einfach nicht mehr allein sein und jeden Tag in eine leere Wohnung zurückkommen. So möchte ich nicht leben.

11. August 2011

Ich habe die neue Lebenspartnerin von Andreas auf Facebook blockiert, um nicht immer wieder daran erinnert zu werden, dass es sie gibt. Doch heute habe ich den Kontakt wieder reaktiviert und schicke ihr eine kurze Nachricht, in der ich sie wissen lasse, dass sich Andreas noch immer bei mir meldet. Ich schreibe, dass er mir gerade erst versichert habe, mich mehr zu lieben als sie. Und dass unsere Liebe in seinen Augen weitaus größer gewesen sei als die jetzige mit ihr.

Wenige Stunden später ruft Andreas an. Ich überwinde mich und gehe dran. Er ist außer sich vor Wut.

»Kapierst du eigentlich, was du da angestellt hast?«

»Das war ja wohl nicht ich, sondern vielmehr du«, entgegne ich.

Endlich, endlich wird er mich in Ruhe lassen, dessen bin ich mir sicher.

15. August 2011

Ich habe einen neuen Job!

Mein zukünftiger Chef twittert nach unserer Vertragsunterzeichnung: »Wirklich krass, dass ich eine rabiate-muslimsympathisierende-Feministenhuren-Agentin eingestellt habe. Ich meine, wie viele davon gibt es denn schon? #epicwin«

Ich lache laut auf. In gewisser Weise konnte die gesamte negative Aufmerksamkeit, die mir im vergangenen Jahr entgegengebracht wurde, doch nicht bewirken, dass man mich völlig aus allen gesellschaftlichen Zusammenhängen ausschließt. Dem Ganzen mit Offenheit und Humor entgegenzutreten, erscheint mir eine gute Strategie.

Meine Arbeitsstelle ist Sektor3, ein Thinktank für die Zivilgesellschaft. Ich halte diese Einrichtung für eine der wichtigsten Denkfabriken Schwedens. Zukünftig werde ich mich in Vollzeit für Freiheit, Idealismus und Versammlungsfreiheit engagieren. Und darüber hinaus kann ich mich in meiner Freizeit weiterhin bei *Tro och solidaritet* für Glaube und Solidarität einsetzen. Jetzt kandidiere ich dort für den Bundesvorstand.

18. August 2011

Claes meldet sich.

»Ich weiß, dass du Interviews generell ablehnst, und die meisten Anfragen leite ich auch gar nicht erst weiter, aber jetzt kam eine, die ich doch für beachtenswert halte.«

»Okay, erzähl.«

»Also, du kennst doch die Journalisten von der Bjästa-Reportage, oder? Sie haben sich gemeldet und würden gerne mit dir ins Gespräch kommen.«

»Tja, mein Fall ist ja in mehrfacher Hinsicht so etwas wie ein globales Bjästa!«

»Genau das haben sie auch gesagt. Kann ich ihnen deine Nummer geben?«

»Klar.«

Ich erinnere mich noch gut an die Fernsehdokumentation »Uppdrag Granskning« mit der investigativen Reportage über die Vergewaltigung in Bjästa, die im März vergangenen Jahres gesendet wurde. Und ich möchte unbedingt mit diesen Reportern sprechen. Ihre Arbeit hat auch mir schon gute Dienste geleistet.

Im März 2009 ging die 14-jährige Linnea aus Bjästa – einem Ort in der Nähe der nordschwedischen Stadt Örnsköldsvik – zur Polizei, um Anzeige zu erstatten, weil sie von einem damals 15-jährigen Jungen aus ihrer Schule vergewaltigt worden war. In der Reportage von »Uppdrag Granskning« wurde er Oskar genannt. Die Vergewaltigung geschah mitten am helllichten Tag in einer Schultoilette. Wie so oft bei Vergewaltigungen und sexuellen Übergriffen gab es weder Augenzeugen noch irgendwelche DNA-Beweise. Nur Linnea und Oskar wussten, was wirklich vorgefallen war.

Unmittelbar nach dem Übergriff verbreiteten sich in Bjästa jede Menge Gerüchte über den Vorfall. Mehrere Jungs heben in der Reportage insbesondere eines hervor: Linnea habe behauptet, dass sie sein Sperma in die Augen bekommen habe, schwanger geworden sei und »ihre Möse gerissen« sei. Da sie aber in den Tagen darauf eine enge Jeans trug, wurde dieses Gerücht als Beweis dafür angesehen, dass sie die Vergewaltigung nur erfunden hatte. Von da an misstrauten immer mehr Leute dem Mädchen.

Eine der wenigen, die Linnea jedoch als glaubwürdig einstufte, war die zuständige Staatsanwältin. Ihrer Überzeugung nach wurde Linneas Aussage trotz fehlender Zeugen ausreichend durch andere Beweise gestützt. Unter anderem lag ein rechtsmedizinisches Gutachten vor, das Linneas Schilderung des Übergriffs bestätigte, und ein Lehrer bezeugte, dass Linnea unmittelbar nach dem Vorfall aufgewühlt und niedergeschlagen war.

Anfänglich wies Oskar jegliche Anschuldigungen zurück. Doch in der dritten Vernehmung gab er zu, Linneas Arme mit seinen Beinen auf den Boden gepresst zu haben, damit sie nicht weglaufen konnte, und ihr die Kiefer auseinander gedrückt zu haben, um sie zum Oralsex zu zwingen. Er räumte ebenfalls ein, dass es ihm guttue, die Tat zu gestehen, und gab zu, dass Linnea ihn fünf oder sechs Mal gebeten hatte, aufzuhören. Oskars Schilderungen enthielten zudem gewisse Details, von denen nur er selbst und Linnea Kenntnis hatten. Zum Beispiel seinen Wortwechsel mit Linnea unmittelbar nach der Tat. Als ihm bewusst geworden war, dass er sie gezwungen hatte, sie vergewaltigt hatte, entschuldigte er sich bei ihr. Zudem deckte sich Oskars aufgezeichnete Vernehmung mit Linneas Aussage. Zwei Wochen nach dem Geständnis änderte Oskar jedoch seine Meinung und behauptete stattdessen, dass Linnea freiwillig mitgemacht habe. Oskar wurde vom zuständigen Amtsgericht wegen Vergewaltigung eines Kindes verurteilt, da Linnea zum Zeitpunkt des Übergriffs erst 14 Jahre alt war. Nachdem Berufung gegen das Urteil eingelegt wurde, kam das Oberlandesgericht zu demselben Schluss. Linneas Aussage sei glaubwürdig, Oskars geänderte Version hingegen nicht. Oskar wurde zu 130 Arbeitsstunden verurteilt und an eine andere Schule versetzt. Er erhielt Besuchsverbot und durfte sich Linnea somit nicht mehr nähern.

Als die Reporter von »Uppdrag Granskning« im Jahr 2010 nach einem Hinweis aus Oskars Netzwerk die Schule in Bjästa aufsuchten und dort Fragen zur Vergewaltigung stellten, hatten die Schüler den Vorfall bereits über ein Jahr lang diskutiert. In der Reportage wurde überdeutlich, dass man nur dem allseits beliebten Oskar Glauben schenkte und er bis auf wenige Ausnahmen Unterstützung erfuhr.

»Er ist wirklich ein super Typ. Bei seinem Anblick würde ich nie auf die Idee kommen, dass er so etwas tun könnte. Er kümmert sich um andere und ist einfach wahnsinnig nett.«

Auch andere Schüler gaben zu, dass es ihnen schwerfalle, an seine Schuld zu glauben, obwohl er wegen der Vergewaltigung bereits verurteilt worden war. Oskar wurde als sozialer Schüler eingeschätzt, dem die Mädchen nur so zufliegen. Warum sollte er also eines davon vergewaltigen?

Nach Aussage einer in der Reportage befragten Frau stimmten Linneas Behauptungen über Oskar nur mäßig mit der Wirklichkeit überein.

Schließlich sei er ein gutaussehender netter Typ und sehe nicht so aus, »als hätte er so etwas nötig«. Eine andere, etwas ältere Frau hielt es gar für unwahrscheinlich, dass ein Junge ein Mädchen überhaupt zum Oralsex zwingen könne: »Das Mädel braucht doch einfach nur zuzubeißen«, sagte sie. Gerüchten zufolge war Linnea außerdem ziemlich frivol.

Im Internet verbreiteten sich die Gerüchte über den Vorfall weiter und formten sich letztlich zu einem äußerst unrealistischen Bild. Die Schlussfolgerung der Bewohner des Ortes lautete, dass alles nur erlogen sei.

Die meisten Leute, mit denen die Mitarbeiter der Redaktion sprachen, hatten alles, was sie über den Fall »wussten«, von »irgendwelchen Bekannten« oder von einem »Freund eines Freundes« gehört und nicht von Linnea oder Oskar selbst.

Von da an rückten viele von Linnea ab. Linnea selbst sah es neben dem Akt der Vergewaltigung als größten Verrat, dass sich Freundinnen, denen sie einst vertraut hatte, nun von ihr abwandten. Dass ihr diejenigen, mit denen sie gemeinsam gelacht und denen sie geholfen hatte, wenn es Probleme gab, jetzt den Rücken kehrten und sich jenen anschlossen, die sie eine Lügnerin nannten. Und dass ihre Freundinnen ausgerechnet dann, als sie sie am meisten gebraucht hätte, nicht für sie dagewesen seien.

Linnea wurde zunehmend isoliert und bekam schließlich eine Schutzperson zur Seite gestellt, die sie in der Schule überallhin begleitete. Oskars Mutter und Bruder starteten zur Unterstützung für Oskar eine Facebook-Gruppe. Diese hatte über 4000 Mitglieder, also mehr als die gesamte Einwohnerzahl des Ortes. Und in der Schule streikten die Schüler für Oskars Rückkehr.

Die Bezirksstaatsanwältin Stina Sjöqvist unterstrich in der Reportage, wie schwierig diese Situation für Linnea gewesen sein musste. Erst durchlitt diese den physischen Übergriff, und dann musste sie auch noch ihren Angehörigen, der Polizei und letztlich auch vor Gericht – also vor wildfremden Menschen – in allen Einzelheiten schildern, wie die Vergewaltigung abgelaufen war. Die Erwachsenen in der

Schule und im Jugendzentrum hingegen nahmen eher eine »neutrale« Haltung zum Vorfall ein – obwohl Oskar rechtskräftig verurteilt worden war. Außerdem kontrollierte keiner, welchen Anfeindungen Linnea im Internet ausgesetzt war.

Kurz vor den Sommerferien findet im Ort traditionell eine Schulabschlussfeier in der Kirche statt. Oskar, der diese Schule nicht länger besuchte, fragte den Pastor Lennart, ob er dennoch kommen und seinen ehemaligen Klassenkameraden Blumen überreichen könne. Der Pastor räumte hinterher ein, dass er keine Stellung beziehen wollte, aber Oskars Besuch als nette Geste und positives Signal ansah. Auf Nachfrage von »Uppdrag Granskning« antwortete er, zwar nicht gewusst zu haben, dass Oskar wegen Vergewaltigung verurteilt worden war und Besuchsverbot hatte, es sich aber hätte denken können. Linneas Mutter beschloss, gemeinsam mit ihrer Tochter wegzufahren, damit Linnea nicht an der Abschlussfeier teilnehmen musste. Nach der Feier stellte Oskars Mutter einen Film von der Zeremonie ins Internet, auf dem lächelnde Klassenkameraden zu sehen waren, die von Oskar umarmt wurden und eine weiße Rose erhielten. Der Film wurde als Beweis für seine Unschuld angesehen. Die Mädchen aus der Klasse hätten seine Umarmungen ja wohl kaum erwidert, wenn er wirklich ein Vergewaltiger gewesen wäre, oder? Außerdem hielten die Leute Oskars Geste für mutig. »Man kann nur hoffen, dass diese Lügnerin drangekriegt wird«, schrieb jemand in der Facebook-Gruppe. Das Hetztribunal von Bjästa sprach den verurteilten Vergewaltiger frei und verurteilte stattdessen sein Opfer.

Am Abend der Schulabschlussfeier beging Oskar eine weitere Vergewaltigung. Auch dieses Mal wurde er sowohl vom Amtsgericht als auch vom Oberlandesgericht wegen Vergewaltigung verurteilt. Doch nicht einmal zwei bewiesene Vergewaltigungen brachten die Bewohner von Bjästa dazu, die Seite zu wechseln. »Armer Junge«, sagte der Pastor anstelle von »armes Mädchen«, als er im Zuge der Reportage davon erfuhr. Oskars Netzwerk und Tausende von Usern standen schon bereit, um auch sein nächstes Opfer zu verurteilen:

> Ich begreife nicht, wie man dermaßen geldgeil sein kann, dass man so etwas tut. Da ist doch verflucht noch mal irgendwas schiefgelaufen. Oh mein Gott, wie sehr ich die Nase voll hab von Hoes like this.
>
> Solche Sachen bewirken, dass ich mich dafür schäme, ein Mädchen zu sein. Jemanden nur aus Rache anzuzeigen, deutet doch auf ungeheure psychische Probleme hin. Sie sollte sich in psychiatrische Behandlung begeben …
>
> Die Gerechtigkeit muss siegen, armer Oskar und verfluchte Schlampe, einfach so unverhohlen zu lügen. Soll es zukünftig in Schweden etwa so zugehen?
>
> Hoffe nur, dass diese miesen Schweine zur Verantwortung gezogen oder meinetwegen auch gleich vergewaltigt werden, damit sie ihre gerechte Strafe erhalten. Was für verfluchte Fotzen. Ich hoffe, dass Oskar freikommt!
>
> Das ist doch verdammt noch mal krank, ich war skeptisch, bevor ich das Urteil las. Aber jetzt, wo ich es gelesen habe, kann ich nur hoffen, dass dieses Mädchen mal so richtig vergewaltigt wird.

Eines der jungen Mädchen, die zu Oskars Verteidigung beleidigende Kommentare über Linnea im Internet verfasst hatten, wurde im Rahmen der Reportage gefragt, warum sie dies getan habe. Daraufhin antwortete sie, den Gedanken daran, dass es wahr sein könnte, für zu »heavy« zu halten. Wenn es tatsächlich der Fall sei, würde sie es lieber nicht erfahren wollen.[42]

Der sexuelle Übergriff, dem ich ausgesetzt war, unterschied sich völlig von dem, was Linnea erlebt hatte. Im Hinblick sowohl auf die Umstände der Tat und deren Einzelheiten als auch auf die Gerichtsprozesse. Doch die Anfeindungen meiner Person aus den Netzwerken des Täters ähneln jenen, mit denen Linnea konfrontiert wurde bis ins Detail. Sie hat ausgesagt, dass »der beliebteste Junge der ganzen Schule« sich an ihr vergangen habe. Und ich habe ausgesagt, dass einer der Hauptkandidaten für die Wahl zum *Man of the Year 2010* im »Times Magazin« sexuell übergriffig wurde. Linnea erhielt daraufhin Todesdrohungen und wurde bezichtigt, bewusst fingierte Anschuldigungen zu verbreiten, nur um damit Geld zu verdienen. Sie bekam Nachrichten von Männern, die behaupteten, sich eingehend mit dem Fall beschäftigt zu haben und für gewöhnlich anders zu urteilen. Doch in diesem speziellen Fall sei es für sie selbstverständlich, die Partei des Mannes zu ergreifen. Die Leute glaubten Linnea nicht. Stattdessen beleidigten sie sie mit völlig haltlosen und erfundenen Aussagen. All dies ist in ähnlicher Form auch mir widerfahren und widerfährt auch anderen Betroffenen. Der Täter sowohl in meinem als auch in Linneas Fall wurde von jeglicher Schuld freigesprochen, ohne je darum bitten zu müssen.

Die Reportage über die Vergewaltigungen in Bjästa erregte große Aufmerksamkeit, und im Nachhinein trugen viele Experten mit wichtigen Analysen zum kollektiven Verständnis der Fälle bei. Die Psychologin Julie Richter, die im Jugendheim Bärby unweit von Uppsala mit jungen Sexualstraftätern arbeitet, schrieb, dass es ohne die massive Unterstützung Oskars durch sein Umfeld höchstwahrscheinlich nicht zur zweiten Vergewaltigung gekommen wäre. Richter hielt es für ungemein wichtig, jugendlichen Sexualstraftätern im Zuge ihrer Behandlung zu vermitteln, was sie getan hatten, um sie zur Einsicht zu bringen. Denn viele von ihnen würden den Übergriff leugnen oder auf unterschiedliche Weise verharmlosen. Oskar gestand die Tat zwar in einem frühen Stadium, doch die Mehrheit in seinem Umfeld leugnete den Vorfall und gab stattdessen den beiden vergewaltigten Mädchen die Schuld.[43]

Cecilia Kjellgren, Soziologin an der Universität Lund, bestätigt diese Einschätzung. Ihr zufolge neigen jugendliche Straftäter eher als erwachsene dazu, ein Geständnis abzulegen. Aber wenn die Gesellschaft und nicht zuletzt das soziale Umfeld des Täters weiterhin dessen Unschuld beteuern, könne es unglaublich schwer sein, die eigene Schuld einzugestehen oder überhaupt zu begreifen, dass man schuldig ist.[44]

Die Reportage von »Uppdrag Granskning« bewirkte schließlich, dass sich die Loyalitäten im Bjästa-Fall umkehrten. Die Straftaten wurden endlich ernst, und Linnea wurde endlich in Schutz genommen. Die schwedische Allgemeinheit durchlief einen Lernprozess und machte einen großen und wichtigen Schritt nach vorn, um mit der Vergewaltigungskultur aufzuräumen, die auch in Schweden die Machtverhältnisse zwischen den Geschlechtern noch immer stark prägt. Es wäre schön gewesen, wenn die Geschichte hier geendet hätte. Doch so war es nicht. Stattdessen schlug die Stimmung vollständig um, wie ein Bumerang, der mit voller Wucht zurückkommt. Im Zuge dessen änderte sich auch die Einstellung zu Oskar. Während er zuvor als »super Typ« galt, wurde er nun unversehens zum Monster stilisiert und kaum mehr als Mensch angesehen. Die Hetze wütete weiter. Gegen Oskar und seine Familie – die heftigste Drohungen erhielten –, gegen den Pastor, der Oskar zur Schulabschlussfeier eingeladen hatte, und nicht zuletzt auch gegen einen anderen Schüler der Schule, der einfach nur das Pech hatte, tatsächlich Oskar zu heißen, im Gegensatz zum Vergewaltiger, der in Wirklichkeit einen anderen Namen hat.

In unserer Gesellschaft scheint eine starke Tendenz vorzuherrschen, Übergriffe so weit von der eigenen Person fernzuhalten wie nur möglich. Diese Tendenz geht so weit, dass viele den Täter oder das Opfer – mitunter sogar auch beide – aus einem kollektiven »Wir« verstoßen. In diesem Fall wäre es allerdings weitaus konstruktiver gewesen, wenn man versucht hätte, die Ereignisse und die psychologischen Mechanismen dahinter zu verstehen, die so viele dazu veranlasst hatten, Oskar zu verteidigen und Linnea zu diffamieren.

Stattdessen schien die schwedische Allgemeinheit nach dem Vorfall jedoch gleich ganz Bjästa verstoßen zu wollen. Was allerdings nicht wie behauptet an ausgeprägter Inzucht im Ort liegt. Die Verantwortung dafür, dass Linnea verstoßen wurde, tragen auch nicht der Junge, der zufällig Oskar heißt, oder der Pastor, die Familie des Vergewaltigers oder gar der Vergewaltiger selbst. Das Problem liegt weitaus tiefer. Es betrifft die Strukturen, die so viele von uns noch immer aufrechterhalten und verteidigen. Nach meinem Dafürhalten sind diese Strukturen für eine Frau, die während des Krieges im Kongo gefangengenommen und hundertfach vergewaltigt wurde, aber nach ihrer Flucht nicht nach Hause zurückkehren darf, genau dieselben wie für ein Mädchen, das in einer Schultoilette in Bjästa zum Oralsex gezwungen wird. Sie gründen sich auf ein Machtgefüge namens Patriarchat.[45]

Ich glaube, dass die Lösung dieses Problems weit entfernt von Sündenböcken und Hetzjagden liegt. Sie liegt vielmehr in der Fähigkeit zu verzeihen. Aufrichtiges Verzeihen, das auf Einsicht und dem Willen zur Veränderung basiert. Nur dadurch kann das Patriarchat Schritt für Schritt aufgehoben und durch Gleichberechtigung ersetzt werden. Letztlich geht es darum, die Verantwortung für das eigene Handeln zu übernehmen und Wiedergutmachung zu leisten, anstatt die Tat zu verharmlosen oder zu beschönigen.

Als die Reportage über Bjästa gesendet wurde, habe ich in meinem Blog einen Eintrag darüber verfasst, wie wichtig ich es finde, die menschlichen Seiten eines Täters wahrzunehmen. Und wie entscheidend es ist, Menschen nach einem Eingeständnis und einer Reuebekundung zu verzeihen. Den Täter an den Pranger zu stellen, ist nicht notwendigerweise die beste Option, um dem Opfer seine Unterstützung zu zeigen. Denn die Wahrheit lautet schließlich, dass sowohl der Täter als auch seine Verteidiger nur Menschen sind, genau wie wir anderen auch. Und Menschen tun manchmal Gutes, mitunter geraten sie aber auch auf schlimme Abwege. Weder die unmenschlichen Vergewaltiger-Monster noch die angeblich geldgierigen und nach Aufmerksamkeit heischenden Huren kommen besonders oft in der Wirklichkeit vor. Wenn überhaupt. Die Wirklichkeit ist schlicht und einfach nicht schwarz-weiß.

Diese Art von Verzeihen zu thematisieren, so wie ich es damals in meinem Blog getan habe, ist dem Internetmob zufolge äußerst umstritten. Es wird rasch in einen Beweis dafür umgemünzt, dass man selbst ein sonderbarer, irrationaler und vielleicht sogar »psychisch gestörter« Mensch sei. Mit Leuten, die sich dafür entschieden haben, in schwarzweißen Mustern zu denken, über die Grauzonen der Realität zu sprechen, gestaltet sich unglaublich schwierig – wie in den Kommentaren zu meinem Beitrag deutlich wurde.

Dennoch bin ich der Überzeugung, dass Oskar zweifelsfrei einen Übergriff begangen hat und letztlich auch der Pastor unbestritten falsch entschieden hat, als er einen verurteilten Vergewaltiger mit Besuchsverbot an einer Abschlussfeier teilnehmen ließ. Doch umgekehrt helfen eine Hetze aufgrund selbstgerechter und halsstarriger persönlicher Urteile niemandem weiter. Stattdessen müsste es für Straftäter lohnend und erstrebenswert werden, die eigenen Fehler einzugestehen und ihr Verhalten zu ändern. Eine Versöhnung setzt immer das Streben nach Wahrheit und eine Rehabilitierung der Geschädigten in Form einer Wiedergutmachung voraus. Für Linnea wäre die Anerkennung ihrer Aussage wichtig gewesen, und Oskar hätte seine Verantwortung für die Tat übernehmen müssen. Dann hätte der Fall womöglich ganz anders ausgehen können.

20. August 2011

Heute ist es genau ein Jahr her, seit wir zur Polizei gingen. Es war eines der schlimmsten Jahre meines Lebens. Jetzt ist es für mich an der Zeit, Bilanz zu ziehen, denn ich möchte etwas abschließen. Ich empfinde zwar schon lange keine Scham mehr wegen des Übergriffs, aber dennoch lassen mich die Gedanken daran nicht los. Es ist wie ein Rest an Selbstvorwürfen, der noch immer bestehende Wunsch, damals anders gehandelt zu haben. Ich weiß, dass Frauen nach sexuellen Übergriffen oftmals unter Schuldgefühlen leiden. Denn ich bin schon seit Langem Mitglied in Organisationen, Internetforen und geheimen Gruppen, in denen wir einander vor Männern warnen, die sich an Frauen vergreifen. Ich habe in Büchern, Vorlesungen sowie Diskussionsrunden versucht, die Strukturen hinter sexuellen Übergriffen zu verstehen und eine Sprache dafür zu finden. Darüber hinaus habe ich mich dafür eingesetzt, dass Betroffene ernstgenommen werden und man ihnen erklärt, wie sie ihren Schuldgefühlen entgegenwirken können. »Es ist nicht deine Schuld!«, habe ich ein ums andere Mal sagen wollen. Bis ich selbst betroffen war. Da zeigte sich auf einmal, dass es unglaublich schwierig ist, diese Schuld- und Schamgefühle abzuschütteln.

Johannes hat mir geglaubt, und er hat meine Entrüstung verstanden. Trotzdem fand er es unnötig, zur Polizei zu gehen. »Warum hast du ihm nicht einfach einen Schlag in die Magengrube verpasst?«, fragte er. Als glaubte er, ich sei nur aus Rache zur Polizei gegangen. Und er ist bei Weitem nicht der Einzige. Die Liste all dessen, was ich den verschiedensten Leuten zufolge hätte tun sollen, ist ziemlich lang, und nicht selten habe ich selbst genauso gedacht wie sie.

Es gibt tausend gegensätzliche Dinge, die ich hätte tun sollen, und tausend Dinge, die ich getan habe und die falsch waren – was merkwürdigerweise den Gedanken nahelegt, eigentlich selbst schuld zu sein. Ich bin im Nachhinein bis ins Detail durchgegangen, wo sich all meine Körperteile befanden, angefangen in dem Augenblick, als wir uns zum ersten Mal in meiner Wohnung begegneten, bis hin zum Einschlafen nach dem Übergriff und der Zeit danach. Ein ums andere Mal.

Ich hätte mich gar nicht erst von ihm küssen lassen und bereits Widerstand leisten sollen, als er mir das Nachthemd ausziehen wollte. Ich hatte so viele Möglichkeiten, Nein zu sagen und das Ganze zu stoppen, bevor es zu weit ging. Aber vor allem hätte ich mich gar nicht erst von ihm beeindrucken lassen dürfen. Ich hätte ihn nicht noch ermuntern sollen, sondern protestieren müssen, die Situation herunterkühlen, ihn unmittelbar danach zurückweisen, Anzeige erstatten, früher zur Polizei gehen müssen, gar nicht zur Polizei gehen und den Mund halten sollen. Ich hätte so laut schreien müssen, dass die Nachbarn aufgewacht wären, und ihn direkt danach rausschmeißen sollen. Und ich hätte ihn danach nie wieder treffen dürfen.

Ich habe mich sogar darüber geärgert, dass mir seine Schwierigkeiten mit sozialen Codes nicht früher aufgefallen waren und ich diese nicht genauer beachtet hatte. Dass ich sein Verhalten nicht stärker toleriert hatte – vielleicht konnte er ja gar nichts dafür? Ich hätte Verantwortung übernehmen müssen, nicht nur für mich selbst, sondern auch für seine Unzulänglichkeiten und für alles, was im Zuge des Vorfalls geschehen war. Und vor allem: Warum habe ich Maria nicht gewarnt?

Warum habe ich ihn sogar noch dabei unterstützt, eine Verkehrsverbindung zu ihrem Wohnort zu finden? Warum habe ich sie einem solchen Risiko ausgesetzt? Tausende von Leuten, die mir die Schuld in die Schuhe schoben – die jede Silbe in meinem Blog nach Fehlern durchsuchten –, haben ein Bild von mir als Person geschaffen, die meistens unrecht hat, Fehler macht und falsch ist. Ich habe oft gedacht, dass sie recht haben und dass auch Johannes recht hatte. Natürlich war es erniedrigend, Opfer eines Übergriffs zu werden, aber so schlimm war es doch nun auch wieder nicht, oder? Jedenfalls kein Grund dafür, so einen Aufstand zu machen.

Doch jetzt reicht es. Nichts von alldem, was vorgefallen ist, war mein Fehler. Nicht das, was Maria zugestoßen ist, nicht das Mobbing, dem ich ausgesetzt wurde, nicht die Schwierigkeiten, mit denen Wikileaks konfrontiert wurde, nicht die übertrieben schlechte Publicity, die Julian erfahren hat, nicht das negative Bild des schwedischen Rechtssystems, das weltweit verbreitet wurde, und auch nichts von all dem anderen, von dem ich wünschte, es wäre nicht passiert, war mein Fehler.

Schließlich habe nicht ich diese Serie von Ereignissen in Gang gesetzt, die auf den Vorfall folgte. Sondern er. Alles Schlechte, was danach geschah, ging letztlich von ihm aus. Er hatte mir etwas angetan, was für mich nicht in Ordnung war. Deshalb bin ich zur Polizei gegangen. Und das war richtig. Denn ich habe sowohl juristisch als auch moralisch betrachtet das Recht, selbst über meinen Körper zu bestimmen. Ich hätte weder mehr noch weniger tun können. Und es ist auch nicht mein Fehler, was er Maria oder anderen Frauen angetan hat. Die Tatsache, dass Hunderte oder Tausende von Menschen mein Schuldeingeständnis fordern, tut inzwischen nichts mehr zur Sache. Es tut auch nichts mehr zur Sache, dass sie mich für verrückt halten, weil ich diese Schuldgefühle nicht mehr habe. Der eigentliche Fehler liegt beim Patriarchat. Wenn sich ein Mann an einer Frau vergreift, ist er es, der die Schuld daran trägt, und nicht sie.

Julian ist ein Mensch mit sowohl positiven als auch negativen Seiten. Seine positiven Seiten sind mit Recht gewürdigt worden, während die negativen bis ins Absurde aufgebauscht wurden.

Julian ist ein Mann, der trotz seiner sozialen Schwierigkeiten ungewöhnlich viele Gelegenheiten zum Sex hatte, höchstwahrscheinlich aufgrund seines Bekanntheitsgrades und Einflusses. Zudem hat er Unterstützung aus seinem Umfeld erhalten, eine Unterstützung, die in vielen Fällen eigentlich eher Wikileaks galt und die, soweit ich es im Augenblick beurteilen kann, letztlich genau den entgegengesetzten Effekt hatte. Je mehr Übertritte wir einem Menschen zugestehen, desto schwerwiegender können seine Übertritte werden.

Als immer mehr Leute einsahen, dass selbst Julian Fehler hat – Fehler, die noch zunahmen, nachdem ihm so viele einen Freibrief für sein schlechtes Verhalten ausgestellt hatten –, und der Heiligenschein von ihm abfiel, wurde die gesamte Organisation Wikileaks in den Fall hineingerissen. Doch das ist nicht meine Schuld.

Wir können etwas Gutes nicht retten, indem wir über das Schlechte schweigen. Wenn wir die dunklen Seiten leugnen, verschwinden sie nicht, sondern werden nur noch mehr.

1. Oktober 2011

Heute Abend gebe ich eine Party! Ein Fest für Manning.

»I was that young man«[46] sagt Daniel Ellsberg in einem Zitat, das ich dem Abend zur Ehre eingerahmt und an die Wand gehängt habe. Ellsberg war der Mann, der 1971 die *Pentagon Papers* über den Vietnamkrieg enthüllt hatte – also vergleichbar mit Manning. Er wurde wegen Spionage angeklagt, und ihm drohten 115 Jahre Gefängnis. Zu dieser Zeit waren die Gesetze zur Informationsfreiheit weltweit und insbesondere in den USA natürlich noch ganz andere, aber Ellsberg wurde damals in allen Punkten freigesprochen. Das Gericht erkannte das Recht auf die Berichterstattung von Kriegsverbrechen und Gesetzesverstößen an.

Manning hat (im Unterschied zu Julian) nicht das Recht auf einen öffentlichen Strafverteidiger und muss deswegen sein Gerichtsverfahren selbst finanzieren. Doch hier geht es nicht nur um den Kampf eines einzelnen Soldaten, sondern es ist auch unser Kampf. Es geht um das Recht darauf, zu erfahren, was in unserem Namen geschieht – um unser Recht darauf, in einer Welt zu leben, in der die Menschenrechte respektiert werden.

Deshalb plane ich schon seit einer Woche ein Fest zugunsten der Verteidigung Mannings. Ein Fundraising im amerikanischen Stil mit einem großen Glasgefäß für das Eintrittsgeld in freiwilliger Höhe. Eigentlich habe ich nicht daran geglaubt, dass es funktionieren würde, aber wie sich herausstellt, tut es das! Es kommen jede Menge Leute, und im Gefäß liegen am Ende recht viele Hundertkronenscheine. Unmittelbar nach dem Ende der Party überweise ich das Geld. Die gesamte Summe.

Transparenz, Wahrheit und Offenheit bilden die Basis für jegliche Gesellschaftsform. Die Graswurzelbewegungen, deren Arbeit auf diesen Prinzipien fußt, mobilisieren einen kreativen globalen Widerstand, der meiner Auffassung nach unabdingbar ist, um jegliche weltzerstörenden Kriege und Korruption zu unterbinden. Aus diesem Grund habe ich mich für Wikileaks engagiert. Ich finde es widerwärtig, wenn die jeweiligen Landesregierungen Organisationen wie diese für ihre Arbeit im Dienst der Demokratie – wie das Veröffentlichen von Dokumenten, auf deren Lektüre wir alle ein Anrecht haben sollten – vor Gericht zerren. Wir sollten stattdessen Bewegungen unterstützen, die sich für die Verteidigung unserer Rechte formiert haben: für das Recht darauf, die Mächtigen zu entmachten, und das Recht darauf, zu erfahren, welche Beschlüsse unsere Regierungen, Politiker und multinationalen Konzerne hinter verschlossenen Türen aushandeln.

Wikileaks hat alles darangesetzt, der weltweiten Arbeit von Whistleblowern mehr Chancen einzuräumen. Die Organisation hatte das Potenzial, Netzwerke, Solidaritätsbewegungen und einzelne Aktivisten zu versammeln, um eine weltumspannende Kommunikation und Zusammenarbeit zu ermöglichen, die die übergeordneten Ziele Offenheit und Übernahme von Verantwortung durch die Mächtigen verfolgt. Tausende von Menschen, die an dieser Zusammenarbeit beteiligt waren, haben sowohl Verantwortung übernommen als auch Geduld bewiesen. Aber viele, darunter auch Manning, mussten einen allzu hohen Preis dafür zahlen.

2. Oktober 2011

Heute lese ich eigentlich eher versehentlich einen weiteren Text, der unseren Anklagen wegen Sexualstraftaten gegen Julian misstraut. Da dieser Text von einer linksgerichteten Bloggerin geschrieben ist, zu der ich aufschaue, gehe ich davon aus, dass er gut ist. Nach einer Weile merke ich jedoch, dass die Autorin die Anklagen gegen Julian für unglaubwürdig hält – und somit auch uns, die ihn angeklagt haben –, da er eine wichtige Person sei.

Ich bin so wahnsinnig enttäuscht. Enttäuscht darüber, dass die Liste meiner ehemaligen Vorbilder immer länger wird. Dass sich Menschen, die ich als ideologische Leitbilder angesehen habe, ausgerechnet mit den Männern verbünden, die lauthals meine Vergewaltigung fordern, anstatt den Versuch zu unternehmen, die Dinge aus unterschiedlichen Perspektiven zu betrachten. Vor einem Jahr konnte ich es noch verstehen, dass man sich allzu leicht dahingehend beeinflussen ließ, aber jetzt? Jetzt, da immer mehr Leute zeigen, dass sie zwei Gedanken gleichzeitig im Hinterkopf behalten können, und in der Debatte weitaus mehr graue Nuancen sichtbar werden, will die Autorin diese wieder auf ein Schwarz-Weiß-Bild reduzieren – unschuldige Freiheitshelden gegen Strafanzeigen erfindende Huren –, auch wenn sie natürlich nicht diese Worte wählt. Auf einmal kann ich die freiheitliche und liberale Kritik an den Linken, für die ich mich so lange engagiert habe, zutiefst nachvollziehen. Ich halte die Kritik an Schwarz-Weiß-Denken und Dogmatismus für wichtig. Weil der Absolutismus in den Vorstellungen von Gut und Böse und die Kategorisierung diesbezüglich so stark sind, dass sie mitunter völlig an der Sache vorbeigehen, ist diese Kritik vonnöten.

6. Oktober 2011

»Ist es strafbar, jemandem seine Körperflüssigkeiten aufzuzwingen?«, fragt sich die Journalistin Hanne Kjöller in einem aktuellen Beitrag in der Zeitung »Dagens Nyheter« und hält es für »sonderbar, dass es keine gesetzlichen Bestimmungen dafür gibt, wenn eine Frau vorsätzlich und gegen ihren Willen dem Risiko einer Schwangerschaft oder einer Ansteckung mit einer Geschlechtskrankheit ausgesetzt wird«.[47] Ihrer Einschätzung nach klinge dies mehr nach dem Saudi-Arabien des Patriarchats als dem des Feminismus.

Endlich kommt das Thema »Überführung von Körperflüssigkeiten gegen den eigenen Willen« auf die Tagesordnung. Wenn dieses Thema öffentlich diskutiert wird, steigen die Chancen, die Gesetze in diesem Punkt verbessern zu können.

11. Oktober 2011

Mittlerweile habe ich alle zehn von meiner Versicherung erstatteten Therapiestunden absolviert. Die Therapeutin gab mir unter anderem die Aufgabe, ermunternde Briefe an mich selbst als kleines Mädchen zu schreiben. Das Ziel bestand darin, Beziehungen zu den verschiedenen Eigenschaften aufzubauen, die mich als Menschen ausmachen, um mich selbst verstehen und lieben zu können. Heute gehe ich ein weiteres Mal zur Therapeutin – auf eigene Kosten – und gewinne den Eindruck, dass der Prozess nun abgeschlossen ist. Ich habe wertvolle Möglichkeiten an die Hand bekommen, um wieder ein normales Leben zu führen, und allmählich gehen uns die Themen aus. Ich mache keinen weiteren Termin ab.

12. Oktober 2011

Nicke und Hasse, die beiden Reporter, denen für die Bjästa-Reportage kürzlich der Große Journalistenpreis verliehen wurde, kommen zu mir nach Hause in die Tjurbergsgata. Nachdem mich so viele Journalisten über ein Jahr lang verfolgt haben, ist es ein merkwürdiges Gefühl, nun ganz offen mit zweien von ihnen zu sprechen. Es kommt mir vor, als hätte ich jetzt endlich Zeugen für den Übergriff, der noch immer stattfindet. Die beiden Journalisten planen eine Fortsetzung ihrer Reportage und sehen ziemlich deutliche Parallelen zwischen meinem Fall und dem in Bjästa. In unserem Gespräch treten noch weitere Parallelen zutage, und wir beschließen, dass sie Material für eine Dokumentation sammeln sollen, die nach dem Ende des Gerichtsverfahrens ausgestrahlt werden soll.

14. Oktober 2011

Habe mit einem Mann namens Tomas gechattet, der schon seit einer ganzen Weile Single ist und eine langfristige Beziehung sucht. Er macht einen supernetten Eindruck und schlug ein Treffen für heute vor. Ich habe zugesagt. Es ist Freitagabend, und nach einer ziemlich anstrengenden Arbeitswoche in der Denkfabrik tun mir die Schultern weh. Deswegen habe ich in der Nähe meiner Arbeitsstelle einen Massagetermin ausgemacht. Nach der Behandlung findet in der Praxis eine kleine Afterworkparty statt. Die Mitarbeiter unterhalten sich lachend bei einem Glas Wein und bitten mich dazu. Es ist, als seien wir alte Freunde, die sich über dieselben Witze amüsieren. Das Leben ist schön. Dann schicke ich einen Tweet an Tomas mit der Nachricht, dass wir uns ja gleich sehen werden. Dabei oute ich meinen Nachnamen. Innerhalb weniger Minuten antwortet er, dass ihm leider etwas dazwischengekommen sei. Und direkt danach blockiert er mich, sowohl auf der Dating-Website als auch auf Twitter. Ich bin überzeugt davon, dass er vorher nicht ahnte, dass ich es war, die Strafanzeige gegen Assange erstattet hatte, doch als er es begriff, war ein Treffen für ihn undenkbar. Undenkbar, in irgendeiner Form mit mir in Verbindung gebracht zu werden. Ich komme mir vor wie eine Vollidiotin, die geglaubt hat, dass die Hetze jetzt vorbei sei. Seit dem Übergriff sind ein Jahr und zwei Monate vergangen.

23. Oktober 2011

In der Sendung »Agenda« im schwedischen Fernsehen geht es in einem Beitrag um Wikileaks. Mehrere ehemalige enge Mitarbeiter Julians sprechen über ihre Unzufriedenheit mit dessen »diktatorischem« Führungsstil und seiner Unfähigkeit, zwischen der Organisation und seiner eigenen Person zu unterscheiden.

Der Mitgründer Daniel Domscheit-Berg sagt unter anderem, dass man als Fürsprecher von Offenheit auch selbst offen sein und somit den Ansprüchen gerecht werden sollte, die man an andere stellt. Domscheit-Berg hat darüber hinaus das Buch »Inside WikiLeaks: Meine Zeit bei der gefährlichsten Website der Welt« geschrieben, in dem er genauer darauf eingeht. Er schreibt:

> *Natürlich verdient Julian grundsätzlich Unterstützung. Es ist ein Skandal, dass amerikanische Politiker und Journalisten vor laufenden Kameras zu Julians Ermordung aufrufen. Vor allem muss verhindert werden, dass er an die USA ausgeliefert wird. Das wäre ein schlimmer Präzedenzfall und darf auf gar keinen Fall passieren. Aber wie man sich dagegen aussprechen konnte, dass er in Schweden seine Aussagen macht und gegebenenfalls vor ein ordentliches Gericht käme, das müsste mir doch einmal jemand erklären.*
>
> *Diesem Verfahren, das mit WikiLeaks rein gar nichts zu tun hat, sondern einzig Julians private Erfahrungen mit zwei Frauen betrifft, kann und darf er sich nicht entziehen. Das wäre ein ganz*

klarer Fall von Machtmissbrauch. Ein Missbrauch, wie Wikileaks ihn in jedem anderen Fall zu verhindern versucht hätte.[48]

Das Recht, geheime Dokumente von öffentlichem Interesse zu enthüllen, sollte für eine Organisation wie Wikileaks höchste Priorität haben. Dass Julian Assange sich jedoch wegen persönlicher Unzulänglichkeiten einem Gerichtsprozess entziehen kann, sollte nicht höchste Priorität haben. Und dass er sich einer Folgevernehmung zu der Frage entziehen kann, inwieweit es tatsächlich zutrifft, dass er Frauen in Unwissenheit sein Sperma aufzwingt, hätte überhaupt nie eine Frage an Wikileaks sein dürfen. Die Unterschiede zwischen seiner Person und der Organisation werden immer diffuser.

Domscheit-Berg vertritt ebenfalls die Ansicht, dass Julian größenwahnsinnig geworden sei und spricht von Drohungen. Er sagt in der Sendung unter anderem:

[...] wenn ich was verzockte und unsere Quellen in Gefahr brächte, würde er mich jagen und töten. Julian war zudem in seinem Auftreten mir und anderen gegenüber sehr paranoid. Es ging immer um irgendwelche angeblichen Verschwörungen und vermeintlichen Verrat.[49]

Auch die ehemalige Wikileaks-Mitarbeiterin und isländische Parlamentarierin Birgitta Jónsdóttir bezieht in einem Beitrag Stellung zu diesem Teil seiner Persönlichkeit:

»Es kamen jede Menge Drohungen. Ich habe es als kränkend empfunden, in einem Umfeld zu arbeiten, in dem Menschen zu Objekten degradiert und nur dann geschätzt wurden, wenn sie nützlich waren.«

»In welcher Form hat er Sie gekränkt?«

»Äh, er fing an, mir zu drohen. Auf Einzelheiten kann ich nicht näher eingehen.«

»Und warum nicht?«[50]

Sie antwortet nicht, sondern schüttelt nur resigniert den Kopf. Ich hoffe, dass sie eines Tages preisgibt, was sie über Julians Verhalten gegenüber Frauen weiß. Denn ich glaube, sie hat diesbezüglich einiges erlebt.

24. Oktober 2011

Zahlreiche Wikileaks-Fans beschweren sich darüber, dass die Medien Assange mit Wikileaks gleichsetzen. »Viele Mitarbeiter der Organisation befürchteten, dass dieser Fall mit Wikileaks in Verbindung gebracht würde. Und als dies geschah, feierten sie in der amerikanischen Botschaft bestimmt eine Party«, sagte Birgitta Jónsdóttir in der Sendung »Agenda« gestern.

Ja, es war tatsächlich so gewesen. Und ja, das ist in der Tat ein Problem. Doch einer der Hauptgründe für die Gleichsetzung von Julian und Wikileaks ist die Tatsache, dass er selbst alles getan hat und noch immer tut, um genau dies zu erreichen. Und all jene, die vorgeschlagen hatten, dass Julian während der laufenden Ermittlungen im Sexualstraftat-Fall eine Auszeit als Sprecher von Wikileaks nehmen sollte, mussten die Organisation verlassen.

Doch Julian Assange ist nicht Wikileaks. Und Wikileaks war auch nicht Julian Assange, als ich mich dafür entschied, die Arbeit der Organisation mit meinem Engagement zu unterstützen. Straftatverdächtigungen gegen seine Person sollten nicht auf die Bewegung übergehen dürfen, genauso wenig, wie die Erfolge der Bewegung einem einzelnen Mann zugeschrieben werden sollten. Ich wünschte, Wikileaks hätte auch weiterhin bedeutsamer sein können als der Mann, der sich als Gesicht der Organisation nach außen daran festgeklammert hat.

2. November 2011

Meine Mutter schreibt, dass der High Court in London Julians Auslieferung nach Schweden beschlossen habe. Sie glaubt, dass es nun bald zum Prozess kommen wird.

»Noch ist es nicht so weit«, antworte ich.

11. November 2011

Ein schwedischer Sozialdemokrat und Inhaber einer PR-Agentur hat Julian angeboten, »ihn reinzuwaschen« und ihn dahingehend zu unterstützen, dass er in der öffentlichen Debatte nicht mehr mit den Übergriffen in Verbindung gebracht wird. Ob es sich dabei um ein ideelles Engagement handelt oder dieses auch mit dem Geld von Wikileaks bezahlt wird, ist unklar.

Julian bleibt letztlich nur eine Möglichkeit, um freigesprochen zu werden. Er erhält Unterstützung bei seiner Teilnahme am Gerichtsprozess und bekommt ein für alle Mal die Gelegenheit, sich so weit wie möglich zu rehabilitieren. Und für einen Augenblick glaube ich, dass genau dies geschehen wird. Aber wie sich herausstellt, geht es bei der PR-Kampagne eher darum, mich zu diskreditieren und damit Julian die nötige Legitimität zu verschaffen, um sich selbst reinzuwaschen.

Ich bin in der Vergangenheit schon des Öfteren mit diesem PR-Berater aneinandergeraten, beispielsweise als er männliche Feministen als »Ritter mit gebrochenem Herzen« bezeichnete oder seine Befugnisse innerhalb der sozialdemokratischen Partei für gewerkschaftsfeindliche und kommerzielle Zwecke nutzte. Doch seit einiger Zeit stelle ich fest, dass er in diversen Kommentarfeldern und Threads in den sozialen Medien aktiv Hohn und Hass gegen mich verbreitet. Wie zum Beispiel beleidigende Kommentare oder Hohngelächter zu Posts gemeinsamer Bekannter in sozialen Medien und kleine Seitenhiebe wie »sie lügt bestimmt wieder, genauso, wie sie über Assange lügt«.

Und jetzt wird dieser PR-Mobber als offizieller Repräsentant Julians von Zeitungen interviewt: »Den Auftrag anzunehmen, war eine einfache Entscheidung, weil er hinsichtlich der Vergewaltigung völlig unschuldig ist«[51], sagt er.

Die Nachricht über den PR-Auftrag entsetzt und ängstigt mich zugleich. Trotzdem steige ich aufs Fahrrad, um die Fleminggata entlang nach Hause zu fahren. Während ich in die Pedale trete, wird mir zunehmend übel. Ich bekomme kaum noch Luft und werde immer kurzatmiger. Auf Höhe der Sankt Eriksgata ist mir so schlecht, dass sich alles um mich herum dreht und ich mich übergeben muss. Ich stürze vom Fahrrad. Eine Orange aus meinem Fahrradkorb rollt auf die Fahrbahn und wird von den Reifen eines vorbeifahrenden Autos zerquetscht. Ich setze mich auf die Bordsteinkante und warte, bis der Schock nachlässt. Dann reiße ich mich rasch zusammen – wie immer – und fahre das letzte Stück bis zu meiner Wohnung.

21. November 2011

Schon seit Wochen kann ich nachts nicht mehr schlafen. Bin bis drei oder vier Uhr morgens wach. Manchmal auch die ganze Nacht. Der Hass, der nie aufhört, auf MuslimInnen, auf Frauen, auf mich, ist mir gewissermaßen unter die Haut gekrochen. Stehe bei der Arbeit unter Dauerstress, während meine privaten Dates eines nach dem anderen scheitern. Mein Leben ist ein einziges Elend.

24. November 2011

Johanna Koljonen und Sofia Mirjamsdotter gewinnen den Großen Journalistenpreis in der Kategorie Innovation des Jahres für #prataomdet. Ich empfinde dies auch ein wenig als persönliche Anerkennung. Es kann etwas bewirken, wenn man sich traut, den Mund aufzumachen. Genauso wie die Reportage über Bjästa ist #prataomdet zu einem wichtigen Meilenstein in der schwedischen sexualpolitischen Debatte geworden.

26. November 2011

Ein Mann, der sich als »Sozialunternehmer« bezeichnet, schickt mir auf *OK Cupid* eine Nachricht. Es ist dieselbe Dating-Website, auf der ich auch Julians Profil gefunden habe. Der Unternehmer hat mich schon mehrfach zuvor kontaktiert, mein Interesse an ihm hielt sich jedoch in Grenzen. Jetzt meldet er sich wieder, um mir mitzuteilen, dass er inzwischen wisse, wer ich sei. Und dass er seine Kontaktaufnahme damals bereue. Ich widere ihn an und er fühle sich betrogen. Wie sich herausstellt, kenne ich seine Freundin. Doch seine Reue bezieht sich nicht auf ihn selbst. Nein, es geht um Julian Assange. Der Mann engagiert sich offenbar für Fragen zur Meinungsfreiheit und unterhält eine geschäftliche Beziehung zu Julian. Sie organisieren auch gemeinsam Seminare, und ihre Verbindung erinnert eher an eine Liebesbeziehung. Der Hass des Unternehmers ist gegen mich persönlich gerichtet, und er schreibt eine lange und gehässige Nachricht. Die Vorwürfe gegen Julian scheint er als persönliche Beleidigung zu empfinden, und er behauptet, dass ich etwas Schönes beschmutzt hätte, was unverzeihlich sei. Für die Beschreibung meiner Person benutzt er die Worte »disturbed« und »disturbing«.

Dieser Mann entwickelt sich von einem Bewunderer der wenigen Dinge, die er über mich wusste, zu einem abgrundtiefen Verächter meiner Person. Immer wieder werde ich als Person von der Persona non grata überschattet, die andere erfunden haben.

2012

7. Februar 2012

Der Herbst und der Winter waren anstrengend. Dennoch habe ich das Gefühl, langsam, aber sicher wieder zu Kräften zu kommen, seit die Debatte differenzierter geführt wird und immer mehr Leute meine Sicht auf Julian und die Ereignisse im Jahr 2010 zu teilen scheinen.

29. Februar 2012

Heute wird die Autobiografie Julians mit dem Titel »Julian Assange: The Unauthorised Autobiography« erstmals in den schwedischen Zeitungen rezensiert. Sie ist gegen seinen Willen erschienen. Vom britischen Verlag hat er einen immensen Vorschuss von 600.000 britischen Pfund bekommen, den er Angaben zufolge zur Deckung seiner Anwaltskosten verwendete. Der Verlag hat das Buch wie vertraglich vereinbart veröffentlicht, obwohl Julian es nicht mehr herausbringen wollte, und dieser wirft dem Verlag vor, damit nur Geld verdienen zu wollen.

Der Schriftsteller Mats Kolmisoppi – ein versierter Kenner jener Bewegung für ein freies Internet, von der Julian viel Unterstützung erhielt – rezensiert den Titel in »Helsingborgs Dagblad«. Seine Analyse macht in meinen Augen deutlich, dass sich in der öffentlichen Debatte allmählich eine differenziertere Sicht auf Wikileaks abzeichnet. Kolmisoppi würdigt die Beschreibungen der wichtigen, weltverbessernden Arbeit der Plattform und hebt diesbezüglich besonders die Enthüllungen von Kriegsverbrechen, die Kritik an der gegenwärtig mangelnden journalistischen Integrität und der damit verbundenen beängstigenden Situation hervor, die entsteht, wenn in öffentlichen Debatten gefordert wird, die Urheber als feindliche Soldaten hinzurichten. Doch während der Lektüre sei es ihm mitunter auch schwergefallen, »begründete Furcht von dem zu unterscheiden, was man ausschließlich als schieren Verfolgungswahn bezeichnen kann, insbesondere wenn sie in Verbindung mit dem größenwahnsinnigen Anspruch steht, eigenhändig die Welt verändert zu haben«.

Kolmisoppi verweist zum einen auf die Paranoia Julians, überall Verräter zu wittern, sowohl innerhalb der eigenen Organisation als auch in den Korridoren etablierter Medienkonzerne, während er zum anderen selbst Schmutzkampagnen betreibe und sich als Jesusgestalt inmitten von Judas-Jüngern darstelle:

> *Es ist armselig, nicht weil er etwa launisch und unsympathisch erscheint, sondern weil er sich damit einer wichtigeren Diskussion über die revolutionierende Bedeutung von Wikileaks und ähnlichen Organisationen für den investigativen Journalismus und das demokratische Gespräch in den Weg stellt, die es gab und auch in Zukunft geben könnte. (…) Jeder weitere Diffamierungsversuch schiebt die Tagesordnungsfrage zu den Enthüllungen immer weiter nach unten. (…) Inzwischen müssen sich andere Regime und Gegner von Wikileaks nicht mehr im Mindesten anstrengen, um die Organisation in Verruf zu bringen. Das schafft sie nur allzu gut allein.*[52]

30. März 2012

Vor zwölf Jahren habe ich gemeinsam mit vielen anderen jungen Menschen aus 41 verschiedenen Ländern im Rahmen der Weltausstellung in Deutschland im Pavillon einer Umweltorganisation gearbeitet. In dieser Woche findet ein Ehemaligentreffen statt, ausgerechnet in London.

Habe Angst davor, wiedererkannt zu werden oder dass meine Anwesenheit dort anderweitig an die Presse weitergetragen wird. Doch wie sich herausstellt, ist meine Angst völlig übertrieben. Letztlich bin ich nur eine gewöhnliche Touristin. Treffe dort jedoch eine Künstlerin und eine Aktivistin, die sich in der Debatte über den Assange-Fall für die Rechte von Frauen eingesetzt haben. Es tut so gut, zu hören, wie viel Unterstützung in den vergangenen Jahren durch mir völlig unbekannte FeministInnen mobilisiert wurde.

4. Mai 2012

Ich war zwei Wochen im Ausland, um einen Freund zu besuchen – einen brennenden Aktivisten mit einem wahnsinnig großen Herzen –, der für eine internationale Menschenrechtsorganisation arbeitet. Er setzt sich unter anderem für Leute ein, die von ihrem Grund und Boden vertrieben wurden. Wir sind durch ökologische Obstplantagen mit reifen Früchten gestreift und waren sogar dort, wo der Pfeffer wächst. Irgendwann hat er mir gestanden, in mich verliebt zu sein, und seine vorbehaltlose Liebe betäubt mich wie eine Droge. Nachdem er alles gelesen hat, was ich bislang über den Fall geschrieben habe, kocht er vor Wut. Er steht zu hundert Prozent auf meiner Seite und beteuert, verrückt nach mir zu sein. Doch schon beim ersten Kuss vor wenigen Tagen habe ich mich gefragt, wie ich es nur mit ihm aushalten soll. Ich bekam Panik und erwog sogar, vorzeitig abzureisen, nur um in der nächsten Sekunde sicher zu sein, einfach nicht ohne ihn leben zu können. Schon jetzt, da ich allein im Flugzeug sitze und er am Boden zurückgeblieben ist, sehne ich mich nach einem Wiedersehen.

30. Mai 2012

Der Oberste Gerichtshof in Großbritannien, der Supreme Court, gibt bekannt, dass man Assanges Beschwerde abgewiesen habe und Julian demzufolge nach Schweden ausgeliefert werde.

Die obligatorischen Nachrichten trudeln ein. »Kannst du nicht endlich aufhören, er hat doch schon genug gelitten. Eigentlich müsstest du statt seiner eingesperrt werden.« Als könnte ich Einfluss auf die Gerichte nehmen.

31. Mai 2012

Claes ruft an.

»Ich habe gerade eine Anfrage bekommen, die interessant für dich sein könnte. HBO plant eine Dokumentation über Wikileaks und würde gerne mit dir sprechen.«

Ich sage, dass es für mich in Ordnung sei, wenn sie mich kontaktieren würden, was sie bereits am selben Abend tun. Eine Mitarbeiterin wurde bereits nach Stockholm geschickt, um mich zu treffen. Vielleicht ist dies meine Gelegenheit, irgendwie zeigen zu können, dass ich tatsächlich ein Mensch bin.

3. Juni 2012

Alexis, die besagte Mitarbeiterin, lädt mich zum Abendessen ein. Wir essen in der Nähe meiner Wohnung Pasta, und ich schildere ihr den Fall aus meiner Perspektive. Ich berichte vom Übergriff sowie von den nachfolgenden Bedrohungen und erkläre, warum ich mich für Wikileaks engagiert habe.

Sie versteht auf Anhieb mein zentrales Anliegen bezüglich des Projekts: Ich will auf keinen Fall, dass die Menschenrechte und die Rechte von Frauen gegeneinander ausgespielt werden. Deshalb sage ich ihr, dass ich mir eine Mitwirkung in besagtem Film vorstellen könne. Allerdings würde ich mich vor der Klärung des Falls vor Gericht nicht zu den juristisch relevanten Fragen äußern mögen, weder zum Übergriff auf mich noch zu meiner Zeugenaussage in Marias Fall. Wir einigen uns darauf, dass ich stattdessen Stellung zu allen Gerüchten nehmen werde. Zu den Falschbehauptungen und den geheimen Motiven, die mich angeblich zur Erstattung der Strafanzeige bewogen hätten, und nicht zuletzt auch zu all dem Hass.

Später am Abend bekomme ich eine Mail von Alexis:

> War wirklich nett, dich zu treffen, A. Irgendwie scheinst du eine der gesündesten zu sein von all den Leuten, denen ich auf dieser Reise durch WL, Mannings Vernehmungen, Staatsgeheimnisse und den damit einhergehenden Medienzirkus begegnet bin. Du bist eine Stimme der Vernunft … und das macht mich froh.[53]

Ihre Mail stimmt mich ebenfalls froh.

14. Juni 2012

Der Supreme Court lehnt Julians Antrag auf Wiederaufnahme der Verhandlungen ab.

Pia ruft mich an.

»Jetzt kommt er nach Schweden«, verkündet sie. »Dann wird es wohl Zeit, dass wir uns auf den Prozess vorbereiten.«

»Ich sage lieber, was ich auch meiner Mutter gesagt habe: Noch ist es nicht so weit«, entgegne ich lachend. »Beim nächsten Mal kann er genauso gut zum Mond fliegen.«

Pia lacht ebenfalls und stimmt mir zu.

19. Juni 2012

Pia ruft erneut an:

»Es war nicht der Mond«, sagt sie.

»Nee, aber fast!«, erwidere ich.

Julian hat in der ecuadorianischen Botschaft in London um Asyl gebeten. Einer seiner Interviewpartner aus der russischen Talkshow, die er vor einiger Zeit moderierte, war der Präsident von Ecuador gewesen. Vielleicht hat ihm dieser Kontakt jetzt geholfen.

20. Juni 2012

Im vergangenen Jahr hatte ich mehrfach Kontakt zu einer Frau, die Julian und die Menschen in seinem Umfeld gut kennt. Heute bekomme ich eine Mail von ihr:

> Was für einen spektakulär miesen Zug JA gerade gemacht hat. Es tut mir so leid für dich, dass er sich nicht ehrenhafter verhalten hat. Ich wünschte, er hätte mehr Rückgrat bewiesen, um das Richtige zu tun. Aber wie es aussieht, kommt er damit nicht klar, dass seine Lüge auffliegt, deshalb muss er eine andere, größere Lüge erfinden und irgendwohin »fliehen«, anstatt die Leute erfahren zu lassen, dass er die ganze Zeit nur Bullshit geredet hat. Da er sich nicht bis 22 Uhr bei der Polizei gemeldet hat, verstößt er gegen die Auflagen. Alle Leute, die für ihn gebürgt haben, machen sich natürlich Sorgen. Sie hatten ja keine Ahnung davon. Ich hoffe, du bist okay. Atme einmal ganz tief durch. Letztlich untergräbt diese Entwicklung JAs Glaubwürdigkeit, auch wenn diese Verzögerung dir bestimmt zusetzt.[54]

17. Juli 2012

Ich wollte schon seit Längerem eine Wallfahrt nach Santiago de Compostela unternehmen. Als einsamer, gejagter Frau erscheint es mir nun aktueller denn je, endlich auf den Spuren der womöglich allerersten Touristen zu wandern. Für mich wäre es eine Würdigung menschlicher Begegnungen und eine Sinnsuche in all dem, was einem so oft sinnlos erscheint. Ich habe meinen Freund – oder Partner in spe – von der Menschenrechtsorganisation gefragt, ob er mich begleiten möchte. Und heute werden wir uns nach all den Videochats in Nordspanien wiedersehen.

3. August 2012

Die Wanderung ist zu Ende. Wir sind auseinandergegangen, ich bin gegangen. Er hat zwischen mehreren Städten den Bus genommen – ich habe seine Gesellschaft, seine Liebe einfach nicht mehr ausgehalten. Ich wurde sauer, als ihm der Fuß wehtat. Ich wollte lieber schweigen und nachdenken, ich wollte mit allen möglichen Leuten reden, nur nicht mit ihm. Wenn ich in einer Kneipe Wein trank, übertrieb ich es maßlos, um dann in einem anderen Teil des Lokals irgendwelchen wildfremden Typen meine Seele auszuschütten. Ich verschwand einfach zu einer Afterparty und tauchte erst am nächsten Morgen gegen acht Uhr wieder auf. Nie zuvor habe ich mich einem anderen Menschen gegenüber so schlecht benommen, nie war ich so gemein zu jemandem gewesen. Ich habe alle Songs gehört, die mich an Andreas zurückdenken ließen. Unter anderem Ojalá von Silvio Rodriguez, ein Lied von der Hoffnung darauf, dass irgendetwas Schlimmes passiert, damit die verlorene Geliebte nicht mehr in den Träumen des Verlassenen auftaucht. Ich bin kilometerweit gelaufen, mehrfach sogar zwei ganze Tagesetappen an einem Tag. Mein Freund hat geweint. Ich habe ihn um Verzeihung angefleht und gesagt, dass wir es noch einmal gemeinsam versuchen sollten, ohne überhaupt zu verstehen, warum. Oder zu begreifen, wozu ich ihm oder irgendwem anders überhaupt nützlich sein könnte.

Heute haben wir uns schließlich getrennt, mit gebrochenen Herzen. Ich mit einem lange zuvor gebrochenen, dessen Blut bereits geronnen ist, er mit einem noch blutenden.

Ich hatte angenommen, dass die Wanderung mir vielleicht helfen würde, Andreas loszulassen, damit ich innerlich zur Ruhe kommen und wieder Freude empfinden könnte. Doch stattdessen gelangte ich zu völlig anderen Einsichten. Ich stelle fest, dass ich kein guter Mensch bin, dass niemand das ist. Und dass Güte nicht in der Form an Menschen gebunden ist, wie ich es angenommen habe, sondern dass man sie in unseren jeweiligen Gemeinschaften erst erlernen muss. Selbst die Gütigsten der Gesellschaft müssen auf den unzulänglichen Menschen aufbauen, die wir alle sind.

Ich ahne, dass ich tatsächlich einen Platz in dieser Welt habe, woran ich so lange zweifelte. Allerdings muss ich erst noch verstehen, wo dieser Platz ist oder welcher es ist. Denn ganz offenbar ist dieser Platz nicht die sprichwörtliche Orangenhälfte von Andreas. Ich muss einen roten Faden finden, um zu verstehen und erklären zu können, was oder wer ich bin und wie alles, was ich tue, miteinander zusammenhängt. Das ist ein großer Schritt nach vorn. Den Faden zu suchen und ihn zu benennen, den Faden, der mein gebrochenes Herz zusammenhält, auch wenn es womöglich nie wieder ganz verheilen wird.

16. August 2012

Ecuador bewilligt Assange Asyl. Der Präsident kann damit politisch punkten und scheint von seiner Bevölkerung unterstützt zu werden. Die Debatte über die Rechte von Frauen hinsichtlich sexueller Gewalt wird in Ecuador offenbar unterdrückt.

In Schweden hat sich die Linke dafür ausgesprochen, dass Julian »trotz seines Frauenbildes« Unterstützung verdiene, weil »er ja schließlich kein Messdiener« sei, wie es mehrere seiner Verteidiger aus meinem eigenen Verband *Tro och solidaritet* ausdrücken. In Ecuador scheinen jedoch große Teile der Linken die Ansicht zu vertreten, dass Julian nicht trotz seines Frauenbildes, sondern gerade *aufgrund dessen* Unterstützung verdiene, wie es auch Glenn Beck auf Fox News tat.

21. August 2012

Michael Moore gibt zu, dankbar für die Enthüllungen von Verstößen gegen das Völkerrecht durch Wikileaks zu sein, genau wie ich. Doch dann geht er rasch dazu über, dies in einen Topf zu werfen mit Julians Anstrengungen, sich der Verantwortung für seine mutmaßlichen Sexualstraftaten zu entziehen. In gewisser Weise kann ich verstehen, dass es einem nicht ganz leichtfällt, zwischen beidem zu unterscheiden, wenn man jemanden als Freiheitshelden verehrt. Der Wunsch, Menschen in die Kategorien Gut und Böse einzuordnen, ist offenbar nach wie vor stark, und für so viele Menschen weltweit gehört Julian noch immer der Kategorie Gut an.

In der schwedischen Debatte hingegen ist Julian nach meinem Dafürhalten nicht mehr besonders beliebt. Doch ich bin mir nicht sicher, ob dies darauf beruht, dass ihn einige – darunter auch Jan Guillou – in eine Kategorie fern eines Helden verschoben haben, oder ob tatsächlich immer mehr Leute beides sehen können. Wie dem auch sei, es wirkt sich jedenfalls merklich auf mein Leben aus. Die Luft lässt sich leichter atmen.

20. Oktober 2012

Das Produktionsteam von HBO hat meine Bedingungen für ein Interview im Rahmen der Dokumentation über Wikileaks akzeptiert. Für meine Mitwirkung fordere ich selbstverständlich kein Honorar, doch ich bestehe darauf, vorab zu sehen, wie ich in dem Interview dargestellt werde und dies zu autorisieren. Das Team engagiert extra einen unabhängigen Anwalt für Vertragsrecht, der den gemeinsam ausgehandelten Vertrag begutachtet. All dies geschieht, damit die Aufnahme nicht gegen mich verwendet werden kann. Gemeinsam mit meiner Juristin Pia und dem Vertragsanwalt – einem ungefähr 75-jährigen Mann in Hut und langem Mantel – fahren wir in ein Studio im Freihafen, um uns das bereits vorhandene Material anzuschauen und somit einen ersten Einblick in die Ausrichtung des Films zu bekommen.

Zu Beginn der Dokumentation soll die Bedeutung der Arbeit von Wikileaks geschildert werden: die Enthüllung grausamer Kriegsverbrechen, der Verrat und die Gefangennahme Mannings sowie die Darstellung Julians als Gamechanger, Superheld und rätselhafte Rote-Nelke-Figur – wie er im Sommer 2010 beschrieben wurde. Im Anschluss soll gezeigt werden, wie sich das Blatt wendet, als ihm die Macht zu Kopf steigt. Wie er Mitarbeitern der eigenen Organisation Maulkörbe verpasst und alle, die ihm widersprechen, mit Füßen tritt, sprich ihnen droht. Und schließlich wird es auch um den Vorwurf der sexuellen Übergriffe an Frauen gehen. Auch wenn ich es kaum glauben kann, scheint das Team seine Ankündigung ernst zu meinen, beide Seiten Julians zu beleuchten – Wikileaks und die sexuellen Belästigungen. Da mich die anfängliche Flutwelle von Desinformationen und das Bestreben, alles gegen meine Person zu verwenden, dermaßen überwältigte, fällt es mir jetzt schwer, zu verstehen, dass ihnen wirklich an einer differenzierten Darstellung Julians gelegen ist. Doch ich erkenne mich wieder in der Geschichte, die sie erzählen wollen, und bin von ihrem Projekt überzeugt.

Meine Hand zittert, und ich verspüre einen Eisklumpen in der Magengegend, aber ich unterschreibe den Vertrag. Nachfolgend erhalte ich die Fragen für das Interview per Mail, und wir machen ein weiteres Treffen in gut einer Woche ab.

29. Oktober 2012

Heute wird mein Interview mit HBO aufgezeichnet. Ich bin unglaublich nervös, weil ich befürchte, irgendeine Äußerung zu machen, die fehlinterpretiert werden oder den Gerichtsprozess erschweren könnte, wenn er endlich stattfindet. Deshalb bin ich minutiös vorbereitet. Ich habe verschiedene Outfits anprobiert, die Fragen ein ums andere Mal durchgelesen, Antworten dazu aufgeschrieben und sie mündlich formuliert, meine Statements vor verschiedenen Personen geprobt und das Ganze vor dem Spiegel trainiert.

Dann fahre ich zum Grand Hôtel in der Innenstadt von Stockholm, wo ich das Team treffe. Ich trage ein teures graues Etuikleid, und auf den Vorschlag des Produzenten hin werde ich anonymisiert, das heißt schräg von hinten gefilmt und leicht verkleidet. Eine erfahrene Visagistin schminkt mich, und mithilfe einer Perücke bekomme ich eine neue Frisur. Als ich mich im Spiegel betrachte, muss ich lachen.

»Mein Gott, ich sehe ja aus wie Lisbeth Salander mit ihrer Verkleidung im Film ›Verblendung‹!«

Alexis lacht und wendet sich an die Visagistin.

»You did that, didn't you?«

Die Visagistin hatte auch die Schauspielerin Noomi Rapace geschminkt. Die Ähnlichkeit mit der Protagonistin Lisbeth Salander war Absicht.

9. Dezember 2012

Ein Mann namens Henrik kontaktiert mich auf einer Dating-Website. Er meint, dass ich ihn an die russisch-jüdische anarchistische Demokratieaktivistin Emma Goldman erinnern würde, und mir kommt es vor, als würde er mich bereits kennen. Ich bestätige ihm, Goldman fantastisch zu finden. Freiheit, Harmonie und echte soziale Gerechtigkeit, wonach sie strebte, seien die einzigen politischen Ziele, die wir brauchten. Aber war sie nicht doch etwas zu gewaltbereit? Deshalb zitiere ich stattdessen Rosa Luxemburg, die polnischstämmige deutsche Sozialdemokratin, die 1919 ermordet wurde: »Ohne allgemeine Wahlen, ungehemmte Presse- und Versammlungsfreiheit, freien Meinungskampf erstirbt das Leben in jeder öffentlichen Institution.«[55] Meine Spitzfindigkeit schreckt ihn nicht ab, sondern er lacht nur und sagt okay, du darfst Luxemburg sein, dann bin ich Karl Liebknecht, und zielt damit auf Luxemburgs engsten Verbündeten ab. Er ist echt cool, aber der Gedanke daran, dass er jederzeit herausfinden kann, wer ich bin, und dann womöglich einen Rückzieher macht, flößt mir Angst ein. Ich finde seinen Account bei Facebook und sehe, dass er Wikileaks gelikt hat. Überlege, ob er vielleicht schon längst weiß, wer ich bin und womöglich ein Journalist ist, der mich nur bloßstellen will.

12. Dezember 2012

Heute sind Henrik und ich zum Date verabredet, und wir haben ausgemacht, uns in einem Museum zu treffen. Seit dem Übergriff sind inzwischen mehr als zwei Jahre vergangen, doch für die Medien bin ich unfreiwilligerweise noch immer aktuell. Ich habe mich zwar nicht mit HIV angesteckt, aber mit etwas anderem. Etwas Chronischem. Mit einem Virus, der nichts mit mir oder meiner Persönlichkeit zu tun hat, aber das Zusammensein mit mir unangenehm und gefährlich macht.

Ich habe mir einen Fluchtweg zurechtgelegt. Wir sehen uns für ein paar Stunden, und danach werde ich mit einer Freundin auf eine Party gehen.

Treffe Henrik an der U-Bahn-Station Slussen. Ich bin extra spät dran. Er lächelt nachsichtig und umarmt mich zur Begrüßung.

»Wie schön, dich in echt zu sehen!«

Mir wird rasch klar, dass er nichts von meinem Virus ahnt. Er weiß nicht mehr über mich als das, was ich ihm selbst erzählt habe. Als es Zeit ist, zur Party zu fahren, möchte ich eigentlich noch nicht gehen.

Und er würde mich gerne begleiten. Wir fahren nach Skogås und warten dort auf meine Freundin, die uns den Weg zeigen will, doch sie verpasst den Zug und kann erst in einer Stunde kommen. Henrik und ich beschließen, irgendwo ein Bier zu trinken, doch die Kneipe, die man uns empfiehlt, ist kürzlich von einer kriminellen Bande in die Luft gesprengt worden. Stattdessen geraten wir durch Zufall in eine syrische Hochzeitsfeier, wo man uns herzlich willkommen heißt. Etwas später taucht meine Freundin schließlich auf und bringt uns zur Party. Im Keller des großen Reihenhauses wird Punk gespielt, während uns im Erdgeschoss ein veganes Weihnachtsbuffet erwartet. Henrik lässt sich mühelos auf die Situation ein, und auf der Tanzfläche bekomme ich einen Kuss auf den Mund. Als wir spätnachts nach Söder zurückkehren, wo wir, wie sich herausstellt, beide wohnen – zudem nur wenige Häuserblöcke voneinander entfernt –, schlendern wir zwischen unseren beiden Wohnungen hin und her, nicht bereit, den anderen gehen zu lassen. Hier kommen wir irgendwann auch an den Punkt, an dem ich es ihm erzähle. Es ist ein wenig wie ein Coming-out.

»Also, ich bin diese Frau. Und ich verstehe, wenn es dir unangenehm ist, wenn du es als Risiko ansiehst und mich nicht wiedersehen möchtest.«

Er scheint weder irgendein Risiko zu sehen noch Unbehagen zu verspüren, wirkt jedoch etwas verdutzt. Deshalb schweigt er einen Augenblick, bevor er sagt:

»Dafür ist es wohl zu spät, ich glaube, ich habe mich schon in dich verliebt.«

16. Dezember 2012

Henrik und ich haben uns seit dem ersten Date jeden Tag gesehen und auch das gesamte Wochenende miteinander verbracht. Es ist einfach wunderbar, alles fühlt sich so selbstverständlich an. Dass das Zusammensein mit einem anderen Menschen so leicht sein kann. Mit ihm zu reden, ist völlig unkompliziert, und ich habe den Eindruck, dass er viele meiner Gedanken nachvollziehen kann. Er vermittelt mir eine innere Ruhe und Sicherheit, wie ich sie schon lange nicht mehr empfunden habe. Er ist aufmerksam und noch dazu nett – die vielleicht am meisten unterschätzte Charaktereigenschaft bei Männern. Und außerdem sieht er gut aus. Ich frage ihn, ob er Feminist ist. Daraufhin schaut er mich an und fragt zurück: »Was glaubst du denn? Findest du etwa, dass ich aussehe wie jemand, der Frauen an den Herd kettet? Na klar bin ich Feminist.« In den Tagen zwischen den Jahren werde ich seine Eltern kennenlernen.

2013

10. Januar 2013

Henrik will seine Wohnung renovieren und beabsichtigt, währenddessen bei seiner Schwester in Sundbyberg zu wohnen.

»Aber warum denn?«, frage ich. »Das ist doch total weit weg!«

Wir kennen uns zwar erst einen Monat, sind uns aber einig, dass noch eine lange Beziehung vor uns liegt. Es gibt keinen Grund für ihn, sich bei seiner Schwester einzuquartieren, wenn er auch bei mir wohnen kann. Und so ziehen wir zusammen. Sein Name an meiner Tür.

21. Januar 2013

Der HBO-Film erhält den Titel »We Steal Secrets. Die WikiLeaks-Geschichte«[56], und heute läuft seine Premiere auf dem *Sundance Festival*. Den Rezensionen zufolge zeigt er Julian und die Entwicklung von Wikileaks unter seiner Leitung genauso, wie vom Produktionsteam angekündigt.

Jemima Khan ist die Co-Produzentin des Films. Sie war auch eine von Julians Bürgen. Als Julian in die ecuadorianische Botschaft flüchtete, anstatt sich für seine Auslieferung nach Schweden bereitzuhalten, musste sie eine große Geldsumme an die britische Justiz zahlen. Khan ist eine britische Kulturschaffende, die mir damals, nachdem ich den Link zum besagten »Modell für legale Rache in sieben Schritten« ins Netz gestellt hatte, auf Twitter jene Rachegelüste unterstellte, die auch jetzt noch einen der Hauptvorwürfe des Herztribunals gegen mich darstellen. Julian hat anscheinend bei ihr gewohnt, nachdem er untergetaucht war, und ganz offensichtlich hat sie sich auch von seinem Charme und Glanz beeindrucken lassen – was die Chronistin des »Guardian«, Catherine Bennett, als Julians »blendende Wirkung auf seine Bewunderer«[57] bezeichnet. Khans Beteiligung am Film ist mir allerdings neu. Doch wie es aussieht, sind ihr dieselben Eigenschaften an ihm aufgefallen wie mir, nachdem sie ein wenig an der glänzenden Oberfläche gekratzt hatte.

Ich habe bislang keine persönliche Entschuldigung für ihren Affront erhalten, doch das, was sie mit diesem Film für mich getan hat, ist sowohl Wiedergutmachung als auch schwesterliche Verbundenheit.

28. Februar 2013

Manning bekennt sich schuldig an der Weitergabe militärischer Informationen, beteuert jedoch seine Unschuld im Anklagepunkt *Aiding the enemy* – Kollaboration mit dem Feind – und in elf weiteren der schwerwiegendsten Anklagepunkte.

6. März 2013

Heute findet die Release-Party für Maria Svelands Buch *»Hatet: en bok om antifeminism«* (»Hass: ein Buch über Antifeminismus«) im Södra teatern statt. Das Motto lautet *»Kärleken: en fest för feministerna«* (»Liebe: ein Fest für die FeministInnen«), und ich bin als Rednerin eingeladen. Auch wenn ich nur mit meinem Vornamen angekündigt werde, ist es das erste Mal, dass ich in dem vielbeachteten Fall offiziell als Geschädigte auftrete. Das Team von »Uppdrag Granskning« ist anwesend und filmt. Ich bekam eine Freikarte, die ich Maria gab, und obwohl die Veranstaltung bereits ausverkauft war und sich an der Kasse schon eine Schlange gebildet hatte, rückten die Veranstalter noch eine weitere Eintrittskarte für ihre Freundin heraus.

Die Conférencière Mian Lodalen trägt ein T-Shirt mit der Nummer 17 darauf. Es ist jene Zahl, die sie auf einer von Internettrollen erstellten Liste der »100 gefährlichsten Frauen Schwedens« erhalten hat und auf der die Hauptperson des Abends, Maria Sveland, auf Platz 1 stand. Vor mir hält eine ganze Reihe von feministischen Vorbildern ihre Reden – Schriftstellerinnen, Wissenschaftlerinnen, Aktivistinnen und Künstlerinnen. Ich bin so dankbar, dass ich im Kreis dieser Menschen dabei sein darf, die mir nach meinem Empfinden das Leben gerettet haben. Dann bin ich an der Reihe. Mian stellt mich als »Nummer 13« vor, und nach dem Begrüßungsapplaus hören die Leute einfach nicht mehr auf zu klatschen. Sie stehen sogar auf und spenden mir tosenden Beifall. Ich bin so gerührt, dass ich völlig den Faden verliere. Nach zwei Jahren des Hasses mit einer derartigen Lawine aus Liebe überschüttet zu werden, haut mich einfach um.

Ich möchte meine Rede von diesem Abend an alle FeministInnen und VerfechterInnen der Frauenrechte weltweit übermitteln:

Seit ich 2005 meinen Blog startete, erhielt ich hin und wieder Drohungen. Ich bekam Briefe, in denen stand, dass ich anstatt in die Politik besser ins Bett passen würde. Wildfremde Männer haben mich mitten in der Nacht angerufen und gedroht, mir die Zähne herauszureißen und mich als zahnlose alte Hure zu vergewaltigen. Eine Dosis Hass war also Bestandteil meines Alltags.

Vor gut zwei Jahren dann wurde daraus mehr als nur eine Dosis. Die Androhungen sexueller Gewalt kamen aus aller Welt. Ich musste aus meiner Wohnung ausziehen, wurde bei der Arbeit dazu aufgefordert, keine Artikel mehr mit meinem eigenen Namen zu unterschreiben, verlor schließlich meinen Job, musste meinen Blog einstellen und erhielt Polizeischutz. Ich kam mir vor wie ein gejagtes Tier.

Viele nahmen Abstand von mir, höchstwahrscheinlich wegen des Risikos, selbst vom Hass verfolgt zu werden. Für kurze Zeit hatte ich das Gefühl, dass wir beiden Frauen, die Strafanzeige gegen denselben Mann erstattet hatten, mit unseren Angehörigen ganz allein gegen einen verheerenden Sturm ankämpften. Viele waren der Ansicht, dass Helden keine Verantwortung für ihr Verhalten gegenüber Frauen übernehmen müssen. Viele dachten, dass wir selbst schuld seien, weil wir keinen Rückzieher gemacht hatten.

Doch während der Internethass auf uns einstürmte, gab es auch Menschen, die Stellung bezogen. Eine Gruppe von Frauen, die innerhalb weniger Tage Unterstützung mobilisierte.

Die Feministinnen.

Die Feministinnen der Gruppe Hexen von Berlin. Sie sammelten 38 Euro und demonstrierten für das Recht der Frauen auf ihren Körper, obwohl sich die gesamte europäische Presse darin einig zu sein schien, dass man Übergriffe rechtfertigen müsse, um die Meinungsfreiheit zu wahren. Die FeministInnen in den Kommentarfeldern und auf Twitter. Die FeministInnen in der prataomdet-Kampagne. Die FeministInnen bei »Nyheter24« und der Zeitschrift »Neo«. Die FeministInnen.

Ich möchte eigentlich nur eines sagen. Danke.

Danke, dass ihr mich gerettet habt, als das Leben die reinste Hölle für mich war. Danke, dass es euch gibt. Danke dass ihr aufsteht. Ihr seid so unglaublich wichtig für mich. Danke.

Unmittelbar danach kullern mir Tränen der Trauer und der Freude über die Wangen. Die anschließende Party ist eine der witzigsten, die ich je erlebt habe. Ich leihe mir die High Heels der Schauspielerin Lo Kauppi mit Absätzen aus Dildos aus und tanze in den VIP-Room hinein und wieder heraus. Es hat nie eine feministische Verschwörung gegeben, um Julian Assange hereinzulegen, aber FeministInnen organisieren sich, um für Frauen, die dem Hass von AntifeministInnen ausgesetzt waren, eine Wiedergutmachung zu leisten.

13. April 2013

In Schweden findet gerade eine fanatische Hetzjagd auf einen meiner engsten politischen Freunde statt. Omar ist ein außerordentlich kompetenter, freundlicher und progressiver junger Muslim. Seine unlängst gewonnene Wahl in den Vorstand der Sozialdemokratischen Partei erweckt eine enorme Islamphobie zum Leben.

Ich beteilige mich an der Organisierung seiner Verteidigung und werde deswegen vor allem für mein widersprüchliches Verhalten kritisiert. Viele finden es inkonsequent, dass ich sowohl die Rechte von Frauen und Homosexuellen als auch die von Juden und Muslimen verteidige. Die Vorwürfe werden in derselben Art und Weise vorgebracht wie 2010 und 2011, als junge muslimische Assange-Anhänger Omars Verhalten widersprüchlich fanden, weil er sowohl für die Rechte von Frauen eintrat und mich damit in Schutz nahm, als auch darauf hinwies, wie wichtig eine Sichtbarmachung der Kriegsverbrechen durch die USA im Nahen Osten sei.

Ich werde in Blog-Beiträgen und Kommentaren auf Twitter sowie in Mails als dämlich und naiv bezeichnet, »so idiotisch, wie man überhaupt nur sein kann«. Als Muslimunterstützerin und keine wahre Sozialdemokratin, als unmenschlich, verabscheuenswürdig, widerlich und krank im Kopf. Viele User nehmen wieder Bezug auf Julian – wie jedes Mal. Erneut werde ich im Internet blockiert, und die Leute gehen auf Abstand. Ich fühle mich ein weiteres Mal in verschiedenster Hinsicht im Stich gelassen.

Genauso funktioniert Mobbing. Es hat seinen Preis, gegen Hetze aufzustehen. Es hat seinen Preis, denen Paroli zu bieten, die mächtig genug sind, um Menschen gegeneinander auszuspielen. Nachdem ich Strafanzeige erstattet hatte, organisierten sich die Mobber unglaublich schnell: Ehemalige politisch Gleichgesinnte, politische Widersacher, Schwedendemokraten, AntifeministInnen, Judenhasser, Freunde des Täters und auch dessen Mutter beschlossen, die Allgemeinheit mit allen Mitteln davon zu überzeugen, dass ich log. In den Hetztribunalen mit anonymen Richtern und mit Zeugen, die wie wild herumspekulierten, jagte eine kuriose Geschichte die nächste – und alle, die wollten, konnten sich völlig mühelos und schmerzfrei einklinken.

Genau dieselbe Art von Mobbing richtet sich jetzt gegen Omar. Mobbing kann einen Menschen vollständig fertigmachen. Doch in den meisten Fällen handelt es sich nicht um eine individuelle Diffamierung aufgrund der eigenen Persönlichkeit. Nein, Mobbing ist vielmehr strukturell bedingt. Die Lügen, die über Individuen verbreitet werden, sind nicht in einem Vakuum entstanden, sondern basieren mehrheitlich auf Vorurteilen und Falschinformationen ganzer Gruppen. Mobbing ist eine Waffe zur Stärkung illegitimer Machthierarchien, um klarzustellen, dass Männer über Frauen stehen, Frauen über Transpersonen, Weiße über Schwarzen, Bewohner der westlichen Welt über Arabern, Reiche über Armen. Eine Waffe, die gegen alle Individuen eingesetzt wird, die diese Machthierarchien bedrohen. Eine Art fünfte Gewalt, die das Potenzial hat, eine ganze Gesellschaft zu zerstören.

Doch ich erhielt auch Unterstützung. Erst nur vereinzelt, dann immer mehr. Und nach einer Weile wurde es auch offensichtlich, dass nicht alles stimmte, was man über mich verbreitete. Dann war es für die Leute wieder in Ordnung, mit mir zu reden, ohne die eigene Haut zu riskieren. Doch ich wüsste nicht, ob ohne die ersten Frauen, die sich für mich stark gemacht haben, das Ganze jemals aufgehört hätte. Ich möchte eine von ihnen sein, eine dieser Personen, die sich gegen Mobbing wehren. Auch wenn es schwer ist, möchte ich mich wehren, selbst wenn ein Sturm aufzieht.

10. Juni 2013

Henriks Wohnung ist fertig renoviert und soll verkauft werden. Wir beauftragen einen Makler mit dem Verkauf sowohl seiner als auch meiner Wohnung, da wir in eine größere umziehen müssen. Wir erwarten nämlich ein Kind!

30. Juli 2013

Manning wird vom Anklagepunkt *Aiding the enemy* freigesprochen, aber wegen zwanzig anderer Straftaten verurteilt. Das ist so falsch. So empörend.

21. August 2013

Mannings Gefängnisstrafe wird auf 35 Jahre festgesetzt. Dies hat eine unehrenhafte Entlassung (»dishonorable discharge«) aus dem Militär zur Folge, und er wird in ein Militärgefängnis bei Fort Leavenworth verlegt.

Ich bin so traurig. Ich hatte wirklich geglaubt, dass eine Chance auf einen Freispruch bestehe.

22. August 2013

Wir erfahren, dass Manning eine Frau ist. In einer Erklärung lässt sie über ihre Anwälte mitteilen, sich schon seit ihrer Kindheit als feminine Person gefühlt zu haben. Sie bittet darum, in Chelsea umbenannt und mit weiblichem Pronomen bezeichnet zu werden. Sie äußert auch den Wunsch, sich einer Hormonbehandlung zu unterziehen.

Ich muss weinen. Diese Person ist die mutigste, die ich kenne. Mein Vorbild. Eine Frau, die nicht nur gegen die Militärmacht der USA aufgestanden ist, sondern jetzt auch noch gegen die knallharten Geschlechternormen der ganzen Welt aufbegehrt. Chelseas Mut ist es wert, sich zu organisieren und die Botschaft weiterzutragen. Mut ist ansteckend. Ich wünschte, dass man diese Art von Ansteckung auch zukünftig mit Wikileaks hätte assoziieren können.

13. September 2013

Ich bekomme eine Mail von einer Frau aus Südeuropa. Sie schreibt, dass sie Julian vor einiger Zeit kontaktiert habe, um ihm Mut für seine – in ihren Augen – äußerst wichtige Arbeit zuzusprechen. Er antwortete positiv, und die beiden begannen sich gegenseitig zu schreiben. Schon bald bat er um Fotos von ihr, machte ihr sexuelle Avancen und wollte sie persönlich treffen.

Seine umgehende Bitte um Fotos und die Verlagerung des Kontakts auf eine sexuelle Ebene ähnelt dem, was auch ich mitbekommen habe, als er bei mir wohnte. Die Frau klingt glaubwürdig. Anfänglich zeigte sie offenbar Interesse an ihm, brach dann jedoch den Kontakt ab. Er kontaktierte sie aber weiterhin und gab sich zunehmend bedrohlich. In ihrer Mitteilung an mich betont sie, dass er ihr nicht in irgendwelchen Chat-Programmen schrieb, sondern direkt in Dokumenten auf ihrem Computer. Und sie sei davon überzeugt, dass er auch jetzt unsere Unterhaltung verfolgen könne – also live.

Ich weiß zwar nicht, ob ihre Ausführungen stimmen. Dennoch ist mir bewusst, dass Julian jederzeit meine Accounts hacken könnte.

15. September 2013

Gerade wurde beschlossen, dass die Denkfabrik, für die ich arbeite, zum Jahreswechsel aufgegeben wird. Als die Nachricht an all unsere Mitgliedsorganisationen herausgegeben wird, nehmen mehrere Personalchefs Kontakt zu mir auf und fragen, wo ich zukünftig arbeiten möchte. Ich bin also der Gefriertruhe auf dem Arbeitsmarkt definitiv entstiegen. Der Chef einer dieser Organisationen lädt mich zum Abendessen ein, und obwohl ich im Januar mein erstes Kind erwarte, verabreden wir, dass ich bereits im April bei ihm anfange.

23. September 2013

Ich bin im achten Monat schwanger und befinde mich im Sozialistischen Forum von *Arbetarnas Bildningsförbund* (»Arbeiterbildungsverein«) in Stockholm. Im dortigen Z-Saal – dem größten des ABF-Gebäudes – besuche ich gemeinsam mit mehreren hundert Teilnehmern ein Seminar zum Thema Humor. »Darf man über alles Witze machen?« lautet das Motto. Es ist spannend. Eine der Komikerinnen auf der Bühne berichtet von einem Sketch über Julian Assange, den sie im Rahmen der Release-Party von Maria Sveland vorgeführt hat. Sie räumt ein, dass ihr das Wissen um meine Anwesenheit dort peinlich gewesen sei, und obwohl mein vollständiger Name damals nicht genannt wurde – weder auf der Party noch hinterher in den Medien – nennt sie ihn jetzt, allerdings mit einer falschen englischen Aussprache. Ich erinnere mich noch gut an den Sketch und fand ihn ziemlich lustig. Endlich einmal über Hass und Übergriffe lachen zu dürfen, war wie eine Wiedergutmachung. Und eine regelrechte Befreiung, nachdem ich meine Zunge so lange im Zaum hatte halten müssen. Doch heute, während des Seminars, werde ich erneut auf eine Opferrolle reduziert. Eine gebrochene Überlebende, die keinen Spaß versteht, eine Person, *über* die man spricht, anstatt *mit* ihr zu sprechen. Wenn man nach einer Stigmatisierung in einer Opferrolle verharrt oder diese zu einem Bestandteil der eigenen Identität werden lässt, hat dies nichts Attraktives, im Gegenteil, es ist entsetzlich, als Opfer hingestellt zu werden. So, als würde man ein wenig von oben herab angeschaut werden, einen leicht mitleidigen Klaps auf den Kopf bekommen und mit einem Bonbon abgespeist werden, bevor einem dezent winkend der Rücken gekehrt wird. Ein Opfer kann nicht vor Lachen kreischen und mit Dildo-Stilettos an den Füßen in einem VIP-Room tanzen. Ein Opfer kann weder eine Führungsposition bekleiden, noch die gescheiteste Person im Raum sein. Wer will denn schon in der Familie oder am Arbeitsplatz von lauter Opfern umgeben sein, geschweige denn eine Party mit ihnen feiern? In einem Versuch, mich zu rehabilitieren, melde ich mich zu Wort. Ich beteuere, den Sketch tatsächlich witzig gefunden zu haben und dass sich die

Komikerin keineswegs zum Narren gemacht habe, denn Humor könne auch eine Stütze sein. Doch es ist gewissermaßen zu spät. In diesem Raum bin ich bereits von einer Schwester im Geiste auf ein schlechtes Gewissen reduziert worden, von einer feministischen Gleichgesinnten, mit der man gemeinsam lachen kann, zu einem armen Ding, von dem man lieber unbemerkt Abstand nimmt.

6. Dezember 2013

Bei der Arbeit richten wir die Gala der Zivilgesellschaft aus – ein großes Fest als letztes Event vor der Schließung. Wir verleihen verschiedene Preise, verschenken unseren gesamten Bücherbestand und danken allen, die sich engagiert haben. Meine Mutter nimmt ebenfalls teil und ist stolz auf mich. Es wird eine der gelungensten Veranstaltungen, die ich je organisiert habe.

9. Dezember 2013

Henrik und ich ziehen in eine Dreizimmerwohnung südlich von Stockholm. Ich habe bezahlten Urlaub, ein Zuhause, eine Arbeitsstelle, die mich erwartet, und bald auch eine kleine Familie. Zwar bekomme ich noch immer gehässige Kommentare, sobald ich mich in der Öffentlichkeit zeige oder Julian irgendwelche Vorstöße macht. Aber auf Twitter steht nur eine geringe Anzahl seiner Fans für nahezu den gesamten Hass. Und diese zu blockieren, hat für mich eher etwas Reinigendes. Es ist wie ein Zur-Ruhe-Kommen nach dem Aufräumen.

Wie ein Frühjahrsputz.

28. Dezember 2013

Neun Tage zu früh und vier Minuten nachdem ich die Entbindungsstation des Krankenhauses in Södermalm aufgesucht habe, wird mein Junge geboren. Er ist so goldig, und ich bin so glücklich! Und natürlich erleichtert darüber, dass ich es rechtzeitig geschafft habe und ihn nicht im Taxi zur Welt bringen musste.

Ich habe mich jeglicher Internettrolle entledigt und genieße mein Leben.

2014

6. März 2014

Andrew O'Hagan, der Ghostwriter von »Julian Assange: The Unauthorised Autobiography«, beschreibt in einem Essay mit dem Titel »Ghosting« in der »London Review of Books« seine Erfahrungen bezüglich der Zusammenarbeit mit Julian. Er berichtet unter anderem von dem schwierigen Unterfangen, Julian vor sich selbst retten zu wollen. Julian scheine gar nicht zu begreifen, wie unattraktiv er auf manche wirke. Außerdem habe O'Hagan vergebens versucht, dem Buch mehr Tiefe zu verleihen, anstatt nur Julians Verteidigungsstrategien aufzulisten, die er für »infiziert von Selbstgefälligkeit und Wahrheitsmanipulation«[58] hält.

Er bestätigt viele Verhaltensweisen Julians, die auch mir an ihm aufgefallen sind. So habe Julian noch immer das Bedürfnis, Büsche und parkende Autos zu kontrollieren, um klarzustellen, dass man ihn nicht ungestört bespitzeln kann. Doch inzwischen übernimmt Sarah, seine persönliche Assistentin/Freundin die Kontrolle. Wobei die Spitzel jetzt zu Auftragskillern avanciert sind.

Ich erfahre ebenfalls den von Julian vorgeschlagenen Titel des Buchs: »Ban This Book: From Swedish Whores to Pentagon Bores«. Wenn er über uns Frauen spricht, benutzt er dieselbe Sprache wie viele seiner Verteidiger im Internet.

O'Hagan zitiert in seinem Werk eine Unterhaltung zwischen Julian und Sarah, während die beiden gerade im Buch »Wikileaks: Inside Julian Assange's War on Secrecy« von Leigh und Harding lesen:

Sarah: »Hier steht, dass du immer Abtreibungspillen bei dir hattest, die aber in Wirklichkeit nur Zuckerpillen waren.«
Julian: »Was?«

Sarah: »Und dass du es darauf angelegt hast, Frauen zu schwängern. Hier steht, dass du einer von ihnen vorgeschlagen habest, euer Kind ›Afghanistan‹ zu nennen. Tja, klingt ganz nach dir. Ich hab dich jedenfalls schon sowas sagen hören, dass du deine Babys nach deinen Kampagnen benennen willst. Aber du würdest all diese Frauen doch nicht alleinlassen bei der Geburt ihrer Babys, oder?«

Julian: »Sarah.«

Sarah: »Ich frag ja nur. Bist du bei den Geburten all deiner Kinder dabei gewesen?«

Julian: »Bei allen, außer einer.«[59]

O'Hagan ist befremdet, denn Julian hat ihm versichert, nur einen Sohn zu haben. Ihm wird klar, dass Julian ihn angelogen hat.

16. Juli 2014

Julian hat einen Antrag auf Aufhebung des Haftbefehls vom Amtsgericht Stockholm gestellt, und heute ist beschlossen worden, dass der Haftbefehl weiterhin aufrechterhalten bleibt, weil noch immer ein hinreichender Tatverdacht gegen ihn wegen einer Reihe von Sexualstraftaten besteht. Das Gericht befindet demnach – wie schon zuvor –, dass Gründe für die Annahme seiner Schuld vorliegen.

30. Juli 2014

Vor wenigen Tagen kam es auf dem Bråvalla-Festival zu einer Vergewaltigung. In der Menschenmenge zog ein junger Mann einem 17-jährigen Mädchen die Hose herunter, würgte es und vergewaltigte es. Seitdem verfassen die User im Internet lange aggressive Beiträge über Menschen aus »anderen Kulturen« und deren Einstellung zu Frauen. Viele sind absolut davon überzeugt, dass der Täter ein Flüchtling ist, ein unbegleiteter Jugendlicher aus Afghanistan. Doch jetzt stellt sich heraus, dass es sich um einen 19-jährigen hellhäutigen Schweden aus einer mittelgroßen schwedischen Stadt handelt, der noch dazu keine psychische Diagnose aufweist. Die Autorin eines Artikels auf der antirassistischen und feministischen Website »Politism«[60], Hanna Gustafsson, kommt bei ihrer Analyse des Falls zu dem Schluss, dass die Dynamik in den aufgebrachten Diskussionen genauso schnell abgeflaut ist, wie sie anfänglich entbrannte. Sie meint damit, dass der Ton in Bezug auf den Täter nun weitaus versöhnlicher werde und man diesen entlaste, um stattdessen dem Opfer die Verantwortung zu übertragen. Ich finde, dass sie damit eindeutig recht hat. Eine Frau zu würgen und ihr die Finger in den Unterleib zu schieben – was bis vor Kurzem noch als inakzeptables Verhalten von Männern aus einer »anderen Kultur« galt –, wird auf einmal nur noch als Folge von »zweideutigen Signalen, die junge Mädchen auf Festivals aussenden« angesehen. Vielen Kommentaren zufolge, die ich in unterschiedlichen Diskussionsforen gelesen habe, dürfen sich selbst die Anständigsten unter den Männern genauso benehmen. Insbesondere, wenn der betreffende Mann aus Versehen etwas zu viel getrunken hat. Sobald sich herausstellt, dass man den Täter nicht als andersartig abstempeln kann, scheint das Hetztribunal für seinen Freispruch zu plädieren. Statt seiner gerät das Opfer in den Fokus, und die Verantwortung wird der Frau in die Schuhe geschoben.

Als der Mann noch als ausländisch eingeschätzt wurde – als »einer der anderen« – interessierte sich niemand für das Verhalten der jungen Frau und ihr Outfit sowie ihr vorheriges Verhalten, ihre Herkunft und welche »Signale« sie ausgesendet haben mochte. Doch jetzt, da der Mann zur eigenen Gruppe zugehörig erscheint, spielt all dies auf einmal eine entscheidende Rolle.

Auch die Betrachtungsweise des Übergriffs selbst verändert sich bei all jenen, die den Fall im Internet diskutieren. Nun wird die Tat nicht mehr als »echte Vergewaltigung« angesehen. Da die Penetration mittels Finger anstatt mit dem Geschlechtsorgan geschah und weil es keineswegs als gesichert angesehen werden kann, dass das Mädchen nicht von hinten gewürgt werden wollte, erscheint es ihnen übertrieben, von einer Vergewaltigung zu sprechen. Denn es sei wichtig, den Begriff nicht »zu verwässern«.

Diese Argumentation kenne ich nur allzu gut. Und ich würde gern verstehen, warum es so vielen Leuten derart wichtig ist, bestimmte Vergewaltiger freizusprechen und andere zu verurteilen.

Was veranlasst jene Männer mit Benutzernamen wie BleachDrinker, XXXNNN, Engelbrektsstrategi, CounterRebellion, Mojave, MoLeK, UglyAgent007, 8truthbomber, Munich-Calling, wolfhard, DRD47R, Raedwulf, Battuta, bananusAnus, KnudKragballe, almain und noch viele weitere, die mich jahrein, jahraus verhöhnt und bedroht haben, solche Entscheidungen zu treffen? Ich beschließe, in die Internetdiskussionen der Männer über meinen Fall und auch andere Fälle von Sexualstraftaten einzutauchen – tief einzutauchen –, um zu verstehen, wie sie ticken.

31. August 2014

Wie ich herausfinde, hatten sich fast alle Personen, die irgendwelche Beiträge über mich im Internet verfassten, vorher bereits an anderen Diskussionen über Sexualstraftaten beteiligt. Dieselben Männer, die wegen meiner Strafanzeige gegen Julian fordern, dass ich vergewaltigt werde, sind ebenfalls dafür, Vergewaltiger hinzurichten. Dieselben Männer, die mich als schlechten und gefährlichen Menschen bezeichnen, weil ich einen Übergriff angezeigt habe, legen in Diskussionen großen Wert darauf, Frauen insbesondere vor Übergriffen zu schützen. Ohne große Proteste von anderen Usern im selben Internetforum werden sie zu Fürsprechern von Kastration, einer sofortigen Ausweisung von Sexualstraftätern ohne vorheriges Gerichtsverfahren sowie von Folter mit Todesfolge oder Hinrichtung.

Viele dieser Männer hatten sich zuvor in Internetdiskussionen über den Bjästa-Fall und den österreichischen Fritzl-Fall stark engagiert, in dem ein Mann seine Tochter 14 Jahre lang in einer geheimen Kellerwohnung eingesperrt hielt, wo er sie wiederholt vergewaltigte. Oder auch über den Fall des Haga-Mannes – eines Serienvergewaltigers, der sich in dunklen Parks auf wildfremde Frauen stürzte – und nicht zuletzt über den Fall des Pädophilen Anders Eklund, der ein kleines Kind entführte, vergewaltigte und schließlich ermordete. Ihr Engagement gilt darüber hinaus anderen realen oder auch erfundenen Fällen, in denen Männer ausländischer Herkunft Gruppenvergewaltigungen begingen. Dabei achten sie penibel darauf, sexuelle Übergriffe aufs Heftigste zu verurteilen und den Vergewaltiger als unmenschliches Geschöpf darzustellen, das außerhalb jeglicher gesellschaftlichen Normen handele. In diesem Zusammenhang fällt oft der Begriff »Genickschuss«. Sich von Vergewaltigern zu distanzieren, ist für viele von ihnen offenbar immens wichtig, und dennoch sind es jedes Mal dieselben Männer, die Julians Übergriff verteidigen. Das erscheint auf den ersten Blick widersprüchlich, aber vielleicht herrscht hier eine ganz eigene Logik. Ich schaue mir näher an, wie diese Männer ein »echtes Opfer« und einen »echten Täter« beschreiben.

Ein »echtes Opfer« wird in ihrer Welt nur selten beim Namen genannt. Die Person wird nicht als Frau, sondern vielmehr als Symbol beschrieben, das es zu verteidigen gilt. Ein Symbol, das weder eigenständig zu denken noch irgendetwas zu empfinden scheint.

Hier wird deutlich, dass ich absolut nicht in ihr sexistisches Opferschema hineinpasse. Die Tatsache, dass ich sowohl hinsichtlich meiner Sexualität als auch in Bezug auf Politik und gesellschaftliche Interaktion als aktive Person auftrete, wird in unterschiedlicher Ausdrucksweise als Grund dafür genannt, dass ich als Opfer nicht tauge – als sei ich ihres Schutzes nicht würdig.

Ein »echter Täter« scheint für diese Männer niemals ein Mitglied der eigenen Gruppe zu sein. Ein Mann, der als echter Täter gilt, ist selten hellhäutig, und wenn doch, dann wird eine fremde Religion, eine psychische Diagnose oder irgendeine andere Eigenschaft als Erklärung angeführt. Oftmals handelt es sich um eine Person, deren Verhalten rätselhaft ist oder mit der man sich auf keinen Fall identifizieren kann. Täter werden entmenschlicht und in Monster verwandelt. Die Frage »Wie zum Teufel muss man drauf sein, um so etwas zu tun?« liegt ständig in der Luft. Ein unbegleiteter Flüchtlingsjunge aus Afghanistan, der auf einem Festival ein Mädchen unsittlich berührt, muss des Landes verwiesen werden, gern nach vorheriger Folter. Er ist ein Monster, das sich wie ein Schatten in der Dunkelheit bewegt. Diese Einstellung steht in starkem Kontrast zu anderen Beiträgen, in denen dieselben Männer über Fälle diskutieren, deren Täter in gewisser Weise ihnen selbst entsprechen oder womöglich ihre Freunde, Brüder oder Söhne sein könnten. Also super Typen. Diese Männer halten sich niemals für schuldig, wenn sie verdächtigt oder verurteilt werden, sondern fühlen sich immer zu Unrecht angeklagt.

Wie es scheint, gibt es innerhalb der strengen Hierarchie des Patriarchats eine Gruppe von Männern, die gar nicht vergewaltigen »können«. Sie sind zwar in der Lage, die Handlungen auszuführen, aber nichts von dem, was sie tun, wird als Vergewaltigung angesehen. Super Typen vergewaltigen nicht. Gutaussehende und beliebte Männer vergewaltigen nicht. »Normale Männer« vergewaltigen nicht. In ihrer Welt gehört auch Julian in die Kategorie von Männern, die niemanden vergewaltigen »können«. Und somit kann das, was mir widerfuhr – ihrer Logik zufolge – kein Übergriff gewesen sein. Also musste ich es selbst gewollt haben.

Frauen hingegen scheinen grundsätzlich als Objekt angesehen zu werden, als Attribut von Männern. Wenn es »deine« Frau ist – also eine Frau, die der eigenen und somit schützenswerten Gruppe angehört –, ist es deine Sache, was du mit ihr machst. Du hast ein Recht auf ihren Körper. Aber wenn du keiner dieser Männer bist – also vielmehr »einer der anderen« –, wirst du stattdessen zu einem Monster, sobald du dir das Recht auf ihren Körper herausnimmst. Sich als Außenstehender an einer Frau zu vergreifen, die innerhalb des Patriarchats als Schutzobjekt gilt, wird als äußerst schweres Verbrechen angesehen.

In den Augen von Truthbomber und seinesgleichen scheint nichts von dem, was ein »super Typ« tut, als Übergriff zu zählen. Und den

Übergriff eines super Typen bei der Polizei anzuzeigen, weckt dementsprechend starken Hass. Es scheint sogar als Verbrechen angesehen zu werden, denn diese Männer meinen, dass ich und auch andere Geschädigte es als Strafe für diesen Übertritt verdient hätten, vergewaltigt zu werden. Frauen, die den Anspruch haben, selbst über ihr Leben und ihre Sexualität zu bestimmen, die sich weigern, als Eigentum eines Mannes behandelt zu werden, gelten als Huren.

Jene Täter, die als »einer von uns« angesehen werden, reinzuwaschen, geht also einher mit dem Wunsch, Täter, die als »einer der anderen« gelten, hinzurichten. Was wiederum darin gipfelt, Opfer zu verstoßen, die Strafanzeige erstatten, und sie als Huren zu bezeichnen. Diesbezüglich herrscht also eine gewisse Logik. Die Logik des Patriarchats.

Nur sind es jedoch nicht ausschließlich die anonymen sexistischen Internettrolle, die diesen Mythos vom »echten Täter« und »echten Opfer« aufrechterhalten. Der Mythos wird mit jedem Fall, in dem ein Vergewaltiger als verwerfliche Ausnahme gilt, noch untermauert. Dasselbe geschieht, wenn ein Täter entmenschlicht wird und wir so tun, als sei er völlig anders veranlagt als wir. Als sei alles, was er getan hat, ausschließlich individuell und somit kein Produkt unserer eigenen Gesellschaft. Jedes Mal, wenn irgendwer behauptet, ganz normale Männer würden nicht vergewaltigen, wird der Mythos weiter gefestigt. Und mit jedem Mal, wenn Sexualstraftaten verharmlost oder auch aufgebauscht und in einer Debatte als Vorwand instrumentalisiert werden, sinken die Chancen auf Gerechtigkeit.

20. November 2014

Julian hat mittels seiner Anwälte Beschwerde gegen den Haftbefehl des Amtsgerichts eingelegt. Dem Urteil von Svea hovrätt zufolge – wie auch schon dem des Amtsgerichts zuvor – liegen genügend Beweise vor, um die Ermittlungen gegen ihn fortzusetzen. Das Gericht beschließt eine

Aufrechterhaltung des Haftbefehls. Ich erfahre dies nur, weil erneut jede Menge Hassbotschaften bei mir eintrudeln, doch es erstaunt mich nicht weiter und setzt mir auch nicht nennenswert zu.

8. Dezember 2014

Julian legt bei Högsta domstolen (Oberstes Gericht Schwedens in Zivil- und Strafsachen) Beschwerde ein. Inzwischen sind ziemlich viele Gerichte involviert. Doch Claes hält die Beweislage für ausreichend und rechnet außer mit einer Verlängerung des Prozesses nicht mit inhaltlichen Auswirkungen.

21. Dezember 2014

Wikileaks hat geheime Unterlagen des Unternehmens Sony enthüllt. Die Veröffentlichung führt hauptsächlich in der Boulevardpresse zu Schlagzeilen und klärt letztlich nur darüber auf, was einer der Angestellten von Sony wirklich vom Schauspieler Adam Sandler hält. Wenn Wikileaks irgendeine medienrelevante Aktion lanciert, verursacht dies für gewöhnlich eine neue Welle von Hass und Angriffen auf meine Person. Dann werde ich als Feindin von Wikileaks dargestellt, die den Einsatz der Plattform für Transparenz und Meinungsfreiheit verhindern will. Doch diese Neuigkeiten verursachen keine Hetze gegen mich, was ich als Erleichterung empfinde.

2015

8. Januar 2015

Julian twittert etwas über »die jüdische Zensur-Lobby«, und ich werde umgehend der Zusammenarbeit mit dieser beschuldigt. Die Internettrolle versuchen, meine jüdischen Verbindungen zu ermitteln.

13. März 2015

Ganz offensichtlich beabsichtigt Julian, die Ermittlungen auch weiterhin zu behindern. Er behauptet nach wie vor, dass es gefährlich für ihn sei, nach Schweden zu kommen, obwohl bereits öffentlich erklärt wurde, dass ihm dies einen doppelten Schutz bieten würde, weil dann sowohl das schwedische als auch das britische Rechtssystem einem Auslieferungsantrag erst zustimmen müssten.

Er verlangt weiterhin, in der Botschaft vernommen zu werden. Die Staatsanwaltschaft scheint dies inzwischen, wo sich mein Fall der Verjährung nähert, als letzten Ausweg zu sehen, und beantragt formell Julians Einverständnis mit einer Durchführung der Vernehmung.

16. April 2015

Assange knüpft sein Einverständnis mit einer Vernehmung an bestimmte Bedingungen. Ich weiß nicht, welche Forderungen er stellt, und auch die Staatsanwaltschaft scheint diese nicht genau zu kennen.

9. Mai 2015

Mein Sohn ist in den Kindergarten gekommen. Da wir in unserem Stadtteil Hammarbyhöjd nicht den gewünschten Kindergartenplatz bekommen haben, bringen wir ihn morgens nach Södermalm. Als ich von der Bushaltestelle aus durch den Park in der Nähe meiner früheren Wohnung gehe, in der es zum Übergriff kam und in der ich Andreas zum allerletzten Mal traf, bevor ich ihn blockierte, sehe ich ihn auf einmal. Er schiebt ebenfalls einen Buggy vor sich her. Er wirkt positiv überrascht und froh, mich zu sehen, und scheint näherkommen zu wollen, um mich zu begrüßen. Die Situation läuft wie ein Film vor meinen Augen ab. Ich betrachte die Szene von außen; wie ich ihm kurz ins Gesicht schaue und feststelle, dass es ihn noch gibt, um dann einfach weiterzugehen.

11. Mai 2015

Högsta domstolen beschließt eine Aufrechterhaltung des Haftbefehls gegen Assange.

29. Mai 2015

Julian und die Jäger – also jene Menschen, die im Internet Hetze gegen mich betreiben – haben gefordert, dass er in der ecuadorianischen Botschaft vernommen wird. Doch neben der Tatsache, dass eine Vernehmung dort höchstwahrscheinlich keine für die Ermittlungen relevanten Antworten erwirken kann, birgt dies auch entscheidende rechtliche Fallstricke. Zugleich ist es die letzte Möglichkeit, um überhaupt irgendwelche Antworten zu bekommen. Deshalb ersucht die Staatsanwaltschaft um Rechtsbeihilfe im Justizministerium, genauer gesagt bei der *Enhet för brottmålsärenden och internationellt rättsligt samarbete* BIRS (»Referat für Strafsachen und internationale justizielle Zusammenarbeit«).

16. bis 17. Juni 2015

Die Staatsanwaltschaft informiert darüber, dass die Chefanklägerin Ingrid Isgren in London eingetroffen ist, um Julian Assange in der ecuadorianischen Botschaft zu vernehmen. Eine schriftliche Genehmigung dafür erhält sie jedoch nicht, da zwischen Schweden und Ecuador diesbezüglich keine rechtliche Vereinbarung vorliegt. Außerdem lehnt Julian ein Treffen mit der Staatsanwältin ab, weil seine Bedingungen nicht erfüllt wurden, womit eine Vernehmung nicht durchgeführt werden kann.

Im Augenblick scheint Julians vorrangige Bedingung eine Asylgarantie in Schweden zu sein. Eine Forderung, von der er selbst weiß, dass man sie ihm unmöglich gewähren kann, und die eher als Vorwand gelten dürfte. Nach schwedischem Gesetz müssen Asylanträge nämlich in schwedischem Hoheitsgebiet gestellt werden, was allerdings eine Einschränkung des Asylrechts mit sich bringt. Da das Recht auf eine Prüfung eines Asylantrags ein Menschenrecht ist, sollte diesem eigentlich Rechnung getragen werden, ungeachtet dessen, wo sich der Antragsteller gerade aufhält. Doch eine Staatsanwältin kann ihre Entscheidungen nicht aufgrund von moralischen Belangen treffen, sondern muss sich nach der Gesetzgebung richten. Somit darf sie auch bei Julian Assange keine Ausnahme machen. In Schweden werden die Gesetze von der Politik erlassen, und die Gerichte urteilen dementsprechend auf ihrer Grundlage. Eine Abweichung ist nicht vorgesehen, egal, als wie wichtig ein Verdächtiger eingeschätzt wird. Es steht fest, dass Julian seiner Verantwortung hinsichtlich der Wahrheitsfindung in seinem Fall nicht wirklich gerecht geworden ist. Und dass somit er derjenige ist, der die Ermittlungen vereitelt, und nicht die Staatsanwaltschaft.

Nach meiner Einschätzung hat die schwedische Justiz durch ihr Handeln gezeigt, dass Sexualstraftaten ernstzunehmende Delikte sind und dementsprechend juristisch verfolgt werden müssen. Julians Weigerung, sich einer Vernehmung wegen dieser Straftaten zu unterziehen, scheint keineswegs mit seiner Angst vor einer Auslieferung an die USA zusammenzuhängen, sondern mit etwas völlig anderem.

13. August 2015

Mittlerweile sind fünf Jahre seit dem Übergriff vergangen. Fünf Jahre bedeuten eine Verjährung der Anklagepunkte in meinem Fall. Deshalb werden die Ermittlungen gegen Julian diesbezüglich heute eingestellt.

Henrik und ich feiern dies mit alkoholfreiem Sekt. Endlich hat das Warten auf den Prozess ein Ende. Endlich gehört mein Leben wieder mir.

Ich habe schon lange das Gefühl, dass das Ganze – alle abwegigen Offensiven Julians, die Gier der Journalisten nach einer Stellungnahme von mir und letztlich auch die Anklage im Fall der Übergriffe – nichts mehr mit mir zu tun haben. Die Sache hat sich längst verselbstständigt, und in der Zwischenzeit waren Hunderttausende Menschen daran beteiligt, sowohl Julian zu überhöhen, als auch die Vorwürfe gegen mich bis ins Absurde aufzublasen. Endlich bin ich ganz offiziell juristisch von dem Fall entbunden. Jetzt ist es vorbei, denke ich.

17. August 2015

Ich bekomme einen Anruf von der Polizei mit der Aufforderung, das beschlagnahmte Beweismaterial abzuholen. Ein fünf Jahre altes ungewaschenes Bettlaken mit Sperma darauf. Gewissermaßen ein ekliger kleiner Schatz. Ich erkläre, darauf zu verzichten.

Anschließend witzele ich auf Facebook darüber, dass ich es eigentlich meistbietend verkaufen könnte. Und dann frotzele ich, dass Julians Verteidigung meinen Scherz womöglich ernst nehmen und eine Demonstration anberaumen wird. Jemand bietet an, aus dem Stoff lauter Vs für Vendetta-Masken zu schneidern. Ich bereue meine Entscheidung. Vielleicht ist das Laken ja doch für irgendetwas gut. Also melde ich mich bei der Polizei und darf vorbeikommen, um eine mit einem Aktenzeichen gekennzeichnete Papiertüte abzuholen, die ich irgendwo ganz hinten im Abstellraum meiner Wohnung deponiere.

Offenbar hat vor mir schon eine andere Person nach dem Laken gefragt. Und auch auf das Kondom hat bereits jemand Anspruch erhoben, doch ich bitte die Beamten, es zu entsorgen.

22. Dezember 2015

Die Staatsanwaltschaft plant nach wie vor eine Vernehmung Julians zu Marias Fall. Da sich dieser jedoch nicht darauf einlässt, ist sie auf die Unterstützung der ecuadorianischen Staatsanwaltschaft angewiesen. Die schwedische Staatsanwältin stellt über das Justizministerium einen weiteren Antrag in Ecuador für eine Vernehmung in der Botschaft.

2016

21. Januar 2016

Der ecuadorianische Generalstaatsanwalt lehnt den Antrag der schwedischen Staatsanwaltschaft auf eine Vernehmung Julians ab. Denn für die Durchführung einer Vernehmung ist eine rechtliche Vereinbarung zwischen Schweden und Ecuador erforderlich, die es nicht gibt.

4. Februar 2016

Die Arbeitsgruppe der Vereinten Nationen gegen willkürliche Inhaftierungen (WGAD) untersucht die Frage, ob in Julians Fall ein willkürlicher Freiheitsentzug vorliege. Das Ganze ist lächerlich. Da ihm gar nicht die Freiheit entzogen wurde, kann dies logischerweise auch nicht willkürlich geschehen sein. Heute deklariert Julian hochtrabend, dass er sich ausliefern lassen werde, wenn das Gremium zu dem Schluss kommen sollte, dass kein willkürlicher Freiheitsentzug vorliege.

Eine freiwillige Auslieferung Julians halte ich für höchst unwahrscheinlich. Schließlich hat er sich wiederholt einem Haftbefehl entzogen, sämtliche Vorladungen zu einer Vernehmung ignoriert, die Bürgschaften seiner Freunde schamlos ausgenutzt und auch sonst alles dafür getan, dass der Fall nie vor Gericht geprüft werden konnte. Und selbst nachdem alle (gesetzeskonformen) Bedingungen erfüllt wurden, weigerte er sich trotzdem, zur Vernehmung zu erscheinen, und stellte stattdessen weitere Ansprüche. Der Gedanke, dass er nun auf einmal dem Beschluss fünf ideell engagierter Personen mit einem UNO-Stempel nachkommen würde, entlockt mir nur ein Kopfschütteln. Meiner

Auffassung nach gibt es nur eine Erklärung für eine solche Aussage seinerseits, und die lautet, dass ihm bereits vorher zugesichert wurde, dass sie auf seiner Seite stehen würden.

5. Februar 2016

Das Gremium gegen willkürliche Inhaftierungen hat sich in der Tat auf Julians Seite gestellt. Die Mitglieder sind der Auffassung, dass Julian eine Entschädigung für den »Hausarrest« zusteht. Ich weiß nicht, ob sie die Zeit meinen, die er auf dem Anwesen von Vaughan Smith verbracht hat, oder jene in der Botschaft, nachdem er sich dort verschanzt hat, doch als ich das höre, muss ich lachen.

Ich gehe zur Toilette, schließe die Tür hinter mir ab und rufe Henrik von drinnen zu: »Sorry! Ich kann leider nicht das Geschirr spülen, weil ich einem willkürlichen Freiheitsentzug unterliege!«

Ich sitze eine Weile in meinem freiwilligen Toiletten-Arrest. Doch irgendwann wird mir klar, dass ich nicht ums Geschirrspülen herumkomme, da das heute mein Part ist, und ich verlasse das Bad. Unvermittelt bleibt mir das Lachen im Halse stecken.

Die UNO ist eine der wichtigsten Institutionen, um die weltweite Einhaltung der Menschenrechte zu garantieren. Mein Vertrauen in die UNO war immer groß gewesen, und meine Mitarbeit im Entwicklungsprogramm der Vereinten Nationen in Genf ist einer der Punkte in meinem Lebenslauf, auf die ich am stolzesten bin. Doch jetzt ist ihr guter Name benutzt worden, um das Recht eines Mannes darauf zu verteidigen, Frauen ungestraft zu zwangsinseminieren. Das ist wirklich nicht lustig, im Gegenteil, es ist widerwärtig.

Auch die Tatsachen, dass zwei der fünf Gremienmitglieder dagegen gestimmt haben und zwei der glaubwürdigsten Rechtssysteme weltweit standhaft geblieben sind und selbst der Außenminister Großbritanniens das Gutachten des Gremiums als »frankly ridiculous« bezeichnet, ändern daran nicht viel. Es ist einfach nur traurig.

22. Februar 2016

Assanges Anwälte beantragen eine Aufhebung des Haftbefehls vom Amtsgericht Stockholm.

26. Februar 2016

Mein Leben hat eine neue Richtung eingeschlagen, und mir geht es in jeglicher Hinsicht besser als vor ein paar Jahren. Zugleich bin ich noch immer auf der Suche nach dem roten Faden, den ich schon während meiner Pilgerwanderung zu finden gehofft hatte. Meine wunderbare Familie – die außerdem in nur einem Monat Zuwachs bekommt – meine Arbeit, meine Freunde und mein politisches Engagement sind alles wichtige Puzzleteile, doch irgendetwas fehlt. Zunehmend stelle ich fest, dass meine Motivation, mich für Gleichberechtigung, Menschenrechte und Frieden einzusetzen, mehr ist als nur ein Puzzleteil. Sie bildet eher den Rahmen. Es ist eine Berufung. Allmählich begreife ich, dass mein Glaube der rote Faden ist. Meine Überzeugung, dass alle Menschen gleichwertig sind – also die Grundlage für so vieles in meinem Denken und Tun –, wie sollte man dies je mit sachlichen oder wissenschaftlichen Argumenten erklären können? Der Wert eines Menschen beruht darauf, dass wir von unseren Rechten und unserem Wert her alle gleich erschaffen wurden. Das Fundament dieser Überzeugung ist für mich der Wille Gottes. Nur weil Gott existiert, besitzt der Mensch einen Wert, der sich nicht widerlegen lässt. Die Tatsache, dass unabhängig von allem, was geschieht, im Innersten des Universums ein Herz existiert anstatt einer großen Leere, ändert alles. Gottes Ruf ist das, was mein Herz zusammenhält. Und die kirchliche Diakonie gibt mir eindeutig die Möglichkeit, die Botschaft von Gottes Liebe in die Tat umzusetzen. Darüber hinaus stelle ich fest, dass auch mein Einsatz für soziale Gerechtigkeit und Gemeinschaft in der Zivilgesellschaft sowie meine Forderung danach, all jenen Gehör zu schenken, denen sonst keiner zuhört, im Prinzip Diakonie sind. Und genau damit möchte ich mich eingehender befassen. Deswegen beschließe ich, mich zur Diakonin ausbilden zu lassen.

8. März 2016

Die schwedische Staatsanwaltschaft stellt über das Justizministerium einen weiteren Antrag in Ecuador, um Assange in der ecuadorianischen Botschaft in London vernehmen zu können.

31. März 2016

Es sind noch zehn Tage bis zum errechneten Geburtstermin, und während ich dem Kindergarten meines Zweijährigen einen Besuch abstatte, setzen die Wehen ein. Eine gute Stunde später – zwanzig Minuten, nachdem ich ins Krankenhaus in Södermalm eingeliefert wurde – bringe ich mein zweites Kind zur Welt. Alles läuft reibungslos.

2. April 2016

Heute wurde ich neugierig darauf, ob die Internettrolle noch immer über mich diskutieren. Sie tun es. Ich habe mich in verschiedene Netzforen eingeloggt und blieb an den Kommentaren zur Geburt meines ersten Kindes hängen:

> »Hat in den letzten Tagen einen Sohn geboren.«
> »Wie ich vermute, hat sie diesmal auch kein Gummi benutzt, oder?«

»Und wer ist der Vater?«

»Der Typ, mit dem sie zusammenwohnt. Ist aber keine Person des öffentlichen Lebens.«

»In derselben Wohnung ist ein Henrik gemeldet, der dann logischerweise wohl auch der Kindsvater ist.«

»Dachte, dass Ardin offiziell Lesbe ist.«

»Unglaublich, dass einer sich traut, sich dieser widerlichen Person so weit zu nähern, dass es mit dem Kindbett endet.«

»Dass diese gestörte Feministen-Schlampe nach all dem Scheiß, den sie verzapft hat, noch immer Karriere macht, sagt einiges darüber aus, in welch traurigem Zustand sich die schwedische Gesellschaft befindet. Hoffe wirklich, dass diese verlogene Feministin ihre gerechte Strafe erhält.«

25. Mai 2016

Das Stockholmer Amtsgericht beschließt, den Haftbefehl gegen Julian Assange aufrechtzuerhalten, trotz der Forderung seiner Strafverteidiger, ihn aufzuheben. Es besteht noch immer ein hinreichender Verdacht. Dies ist ein höherer Grad der Verdächtigung, der laut Polizei Folgendes beinhaltet: »Der Verdacht gegen eine Person erweist sich bei objektiver Beurteilung als berechtigt und gründet sich auf die Beweise im jeweiligen Fall«[61]. Die Beweislage wird also noch immer als ausreichend angesehen. Doch um entscheiden zu können, ob er schuldig ist, bedarf es letztlich eines Gerichtsverfahrens.

28. Mai 2016

Ich erhalte den Bescheid, dass ich für die Diakonie-Ausbildung in der Fachhochschule Bromma angenommen wurde!

19. Juli 2016

Behauptungen zufolge unterstützt Wladimir Putin die Präsidentschafts-Wahlkampagne Donald Trumps in den USA, und Wikileaks hat jede Menge Material über Hillary Clinton und die Kampagne der Demokraten enthüllt. Dafür wird Wikileaks massiv kritisiert. Julian reagiert auf Twitter mit der Andeutung, dass die meisten Kritiker Juden seien.

28. Juli 2016

Edward Snowden twittert über Wikileaks: »Informationen zu demokratisieren, ist nie lebenswichtiger gewesen, und @Wikileaks hat dazu beigetragen. Doch deren Feindseligkeit gegen ein auch nur etwas moderateres Vorgehen ist ein Fehler.«[62]

Diese Kritik stimmt mit der des Vorsitzenden von Reporter ohne Grenzen überein – dem damaligen Diskussionspartner Julians in Stockholm. Sie besagt, dass die Plattform ihre Mitarbeiter nicht genügend schütze und es versäumt habe, Angaben zu schwärzen, die die betreffende Person mit dem enthüllten Material in Verbindung bringen. Ich weiß zwar nicht, was Snowden meint, wenn er von Wikileaks im Plural spricht, oder wer außer Julian noch an derlei Beschlussfassungen beteiligt gewesen sein könnte. Aber so wie ich es verstehe, ist die Kritik von Snowden ein ernst zu nehmender Schlag gegen Julian.

8. August 2016

Inzwischen liegt eine rechtliche Vereinbarung zwischen Schweden und Ecuador vor. Ecuador gibt deshalb bekannt, dass man dem Antrag der schwedischen Staatsanwaltschaft auf eine Vernehmung Assanges stattgeben wird.

Das ist ein positiver Bescheid, denn obwohl mein Fall bereits verjährt ist, fungiere ich noch immer als Zeugin in dieser Sache. Man wird Julian befragen und in diesem Zusammenhang auch eine Erklärung von ihm für das fordern, was er mir angetan hat. Vielleicht werden sie ihn sogar zu einem DNA-Test zwingen, dessen Ergebnis die schwedische Justiz einsehen kann, um auf dieser Grundlage endlich zu beweisen, dass meine Zeugenaussage stimmt und seine eben nicht.

Julians Verteidigung hat ein ums andere Mal behauptet, dass keine DNA auf dem Kondom gefunden werden konnte, das ich aus dem Müll gefischt hatte, nachdem die Polizei es als technisches Beweismittel angefordert hatte. Bei der Analyse durch das staatliche kriminaltechnische Labor wurde in der Tat nicht genügend DNA gefunden, um irgendwelche Identitäten feststellen zu können.[63] Den Kriminaltechnikern der Polizei zufolge kann dies damit zusammenhängen, dass entweder Verschmutzungen die Analyse beeinträchtigten oder vorhandene DNA-Spuren bereits eingetrocknet waren, oder auch, wie es bei manchen Personen vorkommt, nur geringe Mengen an DNA abgesondert wurden.[64] Daraufhin leitete man das Beweismittel zur eingehenderen Analyse weiter. Die Ergebnisse dieser Analyse stehen in einem anderen geheimen Dokument, das Julians Verteidiger entweder nicht einsehen konnten oder wollten und in dem es heißt, dass sich definitiv DNA-Spuren auf dem Kondom befanden.[65] Genauer gesagt Spuren, die mit meiner DNA übereinstimmen, sowie DNA-Spuren eines unbekannten Mannes. Da ich mir sicher bin, welche Person das Kondom benutzt hatte, das Maria vom Vorabend ihrer besagten Vergewaltigung als Beweismittel eingereicht hat, weiß ich auch, dass sich darauf ebenfalls Spuren von zwei Personen befinden. Von Maria und demselben »unbekannten« Mann wie in meinem Fall. Die fehlerhafte Angabe, dass sich auf dem von mir eingereichten Kondom überhaupt keine DNA-Spuren befänden, wurde durch Julians Verteidigung nachdrücklich verbreitet. Obwohl sie nicht stimmt. Im Zuge der eingehenderen Analyse ist nachweislich DNA identifiziert worden, doch Julian will eine Prüfung derselben verhindern. Wenn er sich sicher gewesen wäre, dass es nicht seine DNA war, hätte er sich problemlos auf einen DNA-Test durch die schwedische Justiz einlassen können. Für einen unschuldigen Mann wäre dies ein Leichtes gewesen, um sich jeglichen Verdachts zu entledigen. Doch Julian hat logischerweise seine Gründe, dies zu verweigern.

Darüber hinaus gibt es noch eine weitere Gemeinsamkeit zwischen diesen beiden Kondomen. Sie bezieht sich auf den Vorgang der Zerstörung. Bei beiden Kondomen ist die Spitze in genau derselben Art und Weise abgerissen worden.

Den vorliegenden Gutachten zufolge sieht es so aus, als habe Julian Assange die Kondome zerstört. Meine Theorie diesbezüglich lautet, dass er es getan hat, um uns gegen unseren Willen inseminieren zu können und wir dies erst merken würden, wenn es bereits zu spät wäre. Da er in meinem Fall dabei so rasch und geschickt vorging, kommt es mir höchst unwahrscheinlich vor, dass er es zum ersten Mal tat. Immer, wenn ich Julian jetzt im Fernsehen sehe, versuche ich seinen rechten Daumennagel näher in Augenschein zu nehmen, um zu prüfen, ob dieser nach wie vor so lang ist. Ob Julian noch immer seinen Kondomzerreißnagel pflegt.

Die technischen Beweise hinsichtlich der Kondome waren als geheim klassifiziert, um unsere Integrität zu schützen und damit die Staatsanwältin Julian während seiner Vernehmung damit konfrontieren kann, ohne dass ihm die Möglichkeit bliebe, weitere Falschaussagen vorzubereiten. Doch jetzt wird die Vernehmung zwangsläufig von ecuadorianischen Staatsanwälten durchgeführt, was bedeutet, dass alle Informationen im Voraus an die Botschaft geschickt werden müssen. Dadurch wird sich die Qualität der Vernehmung nur schwer garantieren lassen, und auch die Chancen auf relevante Nachfragen werden sinken. Darüber hinaus besteht das Risiko, dass alle Informationen bereits vor der Vernehmung an Julians Verteidiger weitergeleitet werden und er selbst seine Antworten der technischen Beweislage angleichen kann. Doch dies ist noch immer besser, als gar keine Vernehmung durchführen zu können. Es ist ein letzter Versuch der Wahrheitsfindung. Ich kann verstehen, warum die Staatsanwaltschaft diesen Versuch dennoch unternimmt.

9. August 2016

Julian Assange legt Beschwerde gegen den Haftbefehl des Amtsgerichts bei Svea hovrätt ein.

22. August 2016

Kursbeginn! Heute beginnt die zweijährige Ausbildung in 75-prozentiger Teilzeit, die nötig ist, um als Diakonin in der Glaubensgemeinschaft Equmeniakyrkan angenommen werden zu können. Meine Tochter ist inzwischen fünf Monate alt, und Henrik und ich werden sie abwechselnd zu Hause betreuen. Heute ist sie gemeinsam mit mir in der Schule.

24. August 2016

In weiteren, durch Wikileaks enthüllten Unterlagen einer saudischen Botschaft wird ein Saudi als homosexuell bezeichnet. Der Mann äußert daraufhin, dass es fatale Konsequenzen für ihn hätte, wenn diese Angaben an die falschen Personen gelängen.[66] Wikileaks wird erneut heftig dafür kritisiert, Informationen wie Patientenakten von Privatpersonen oder die Namen junger Vergewaltigungsopfer und anderer Personen zu enthüllen, die in irgendeiner Form riskieren, verfolgt zu werden. Auf Twitter bezeichnet Julian diese Informationen als recycelte oder andere Nachrichten, die keine Schlagzeile wert seien. In einem internen Chat, der ebenfalls an die Öffentlichkeit gelangt ist, bemerkt er darüber hinaus, dass einer der kritischen Journalisten eine »Ratte«, eine jüdische Ratte sei.[67]

16. September 2016

Svea hovrätt beschließt eine Aufrechterhaltung des Haftbefehls gegen Julian Assange. Ich habe keine Ahnung, wie viele Juristen, Forensiker, Polizisten, Staatsanwälte und Richter bislang in den Fall involviert waren und wie viele Staatsbedienstete inzwischen alle verfügbaren Beweise mit ihrem Fachwissen geprüft haben. Doch es sind viele. Julian wird verdächtigt. Und es gibt begründete Anhaltspunkte dafür. Das Ganze kommt mir vor wie eine Schallplatte, die sich aufgehängt hat.

28. Oktober 2016

Michael Moore räumt öffentlich ein, dass ihn die Enthüllungen durch Wikileaks nicht mehr besonders beeindrucken:

»I feel like he's drifted«, sagt Moore in der amerikanischen Talkshow »Real Time with Bill Maher«.

Es scheint zweifellos zu stimmen, dass Julian abgedriftet ist, doch ein größeres Problem ist in meinen Augen die Illusion von Julian als unfehlbarem Menschen. Und auch die Tatsache, dass Menschen wie Moore dieses Bild mitgeprägt haben. Julians Schwächen scheinen im Lauf der Zeit zwar zugenommen zu haben und deutlicher hervorzutreten, doch keiner kann behaupten, dass er diese nicht schon gehabt hätte, als man ihn noch als Helden feierte.

8. November 2016

Henrik und ich schauen uns die Nachrichten zu den Präsidentschaftswahlen in den USA an, und alles scheint gut auszugehen. Die schwedischen Medien prognostizieren, dass Hillary Clinton gewinnen wird, und wir gehen zu Bett.

9. November 2016

Henrik weckt mich und hält mir eine Landkarte mit den Wahlergebnissen in den einzelnen Bundesstaaten Amerikas hin. Die Karte ist größtenteils rot. Donald Trump, der Mobber aus New York, hat die Präsidentschaftswahlen gewonnen.

14. November 2016

Alle Genehmigungen liegen vor, die Staatsanwältin hat ihre Fragen an die ecuadorianische Staatsanwaltschaft übermittelt – entgegen der Vernehmungspraxis nach schwedischem Recht –, und der Befragung Julians in der ecuadorianischen Botschaft in London durch einen ecuadorianischen Staatsanwalt steht nichts mehr im Weg. Der »langersehnten Vernehmung«, wie sein Fanklub diese genannt hat.

Das Hetztribunal im Internet ist der Auffassung, dass die Staatsanwältin hinsichtlich der rechtlichen Hinderungsgründe für eine Vernehmung »die ganze Zeit gelogen hat«, weil diese jetzt auf einmal doch stattfinden kann. Aber trotz allen Geredes von Julian darüber, dass er nun endlich seine Version der Dinge schildern könne, wird er auch diesmal nicht eine einzige Frage beantworten. Stattdessen legt er ein im Voraus verfasstes Papier vor. Genau wie ich es vermutete, hat er Antworten vorbereitet, die nicht gegen ihn verwendet werden können, und weigert sich, auch nur ansatzweise bei der Vernehmung mitzuwirken.

Er lässt auch keinen DNA-Test durchführen – wozu man ihn bei einer regulären Vernehmung hätte zwingen können –, was zur Folge hat, dass man ihn noch immer nicht mit den technischen Beweisen in Verbindung bringen kann. Außerdem weist er jegliche Schuld von sich. Wie es bei dieser Art von Fällen Praxis ist, richtet sich Ecuador weiterhin nach Julians Wünschen und erfüllt seine Bedingungen, die er anscheinend eine nach der anderen stellt, sodass alles nach seinen Vorstellungen abläuft.

Meiner Ansicht nach hat Julian nicht damit gerechnet, dass es der Staatsanwaltschaft gelingen würde, alle Hindernisse aus dem Weg zu räumen und noch vor der Verjährung beider Fälle eine Vernehmung anzuberaumen. Ich glaube vielmehr, dass er dies als sichere Möglichkeit der Verzögerung ansah. Doch die Staatsanwaltschaft löste alle Probleme und ließ sich trotz enormer praktischer Hinderungsgründe auf all seine Bedingungen ein. Beide Regierungen unterzeichneten sogar ein neues internationales Abkommen. Der Fall wurde in allen Instanzen geprüft, und schließlich ist die Staatsanwältin ein weiteres Mal nach London geflogen, wo sie einen erneuten Versuch unternimmt, Julian vor Ort zu vernehmen. Entgegen seinen Befürchtungen besteht für ihn keinerlei Risiko, von der schwedischen Polizei festgenommen und an die USA ausgeliefert zu werden. Und dennoch weigert er sich mitzuwirken.

Ein Tatverdächtiger kann jederzeit von seinem Recht Gebrauch machen, die Fragen, die ihm gestellt werden, nicht zu beantworten. Dies nutzt Julian aus und macht es damit unmöglich, das Geschehen von damals aufzuklären. Die Tatsachen, dass die Fragen bereits vorab an die Botschaft geschickt wurden, dass kein DNA-Test durchgeführt werden konnte und somit auch keine Möglichkeit bestand, Julian strafrechtlich zu verfolgen, ließen die Vernehmung in London sinnlos werden.

Die Staatsanwältin hatte die ganze Zeit recht. Es funktionierte nicht, nach London zu fliegen und ihn dort zu vernehmen. Julians Verweigerung der Zusammenarbeit verhinderte eine Vernehmung zu den Sexualstraftatvorwürfen, und dies hatte nichts mit Wikileaks zu tun. Seine Weigerung scheint mitnichten der Angst vor einer Hinrichtung geschuldet zu sein, sondern schlicht und einfach dem mangelnden Willen, Verantwortung für sein persönliches Handeln zu übernehmen.

Ich überlege leicht zerstreut, wie man in Ecuador wohl Julians Asylgründe bewertet. Sind es wirklich die Verdächtigungen der USA im Hinblick auf seine Enthüllungen, aufgrund deren ihm Asyl bewilligt wurde, oder sind es vielmehr die Verdächtigungen wegen seiner Sexualstraftaten?

2017

17. Januar 2017

Manning ist der Auffassung, die Haftstrafe für die von ihr begangenen Delikte hinreichend verbüßt zu haben, und heute gibt ihr Barack Obama, der scheidende Präsident der USA, recht. Er verkürzt die Haftdauer und stellt ihre Entlassung für den 17. Mai in Aussicht. Wir feiern dies gemeinsam mit vielen anderen. Und freuen uns darüber, dass Obama noch etwas Zeit zum Handeln blieb.

7. April 2017

Ein Mann, dessen Asylantrag in Schweden abgelehnt wurde, stiehlt einen LKW und rast damit in der größten Einkaufsstraße Stockholms in eine Menschenmenge. Zeitweise bin auch ich fast jeden Tag dort entlanggegangen. Die Schwester meines Freundes Omar ist eine derjenigen, die gerade noch zur Seite springen konnten. Die Tat geht mir wahnsinnig nahe. Alle Stockholmer stehen unter Schock, und die Solidarität untereinander ist enorm, unabhängig vom jeweiligen Hintergrund. Kirchen und Moscheen haben geöffnet und leisten Krisenbewältigung. Zwischen wildfremden Menschen bilden sich Fahrgemeinschaften, weil der öffentliche Nahverkehr eingestellt wurde, und am Ort des Geschehens häufen sich Herzen und Liebesbotschaften auf dem Asphalt.

Im Internet wird mir aufgrund meines Einsatzes für die Rechte von Muslimen und Flüchtlingen vorgeworfen, an der Tat beteiligt gewesen zu sein. Jemand schreibt:

CIA-Agentin, rabiate Feministin/Muslimsympathisantin, christliche Fundamentalistin, Lesbe & tödlich verliebt in Julian Assange, kann man überhaupt all das gleichzeitig sein? Offenbar ja! Anna »IS«[68] Ardin ist wirklich gestört.

17. Mai 2017

Chelsea Manning wird wie versprochen aus Fort Leavenworth in Kansas entlassen.

»Alles, was vor mir liegt, ist wichtiger als die Vergangenheit«[69], sagt sie in ihrem ersten Kommentar als freie Frau.

Ich bin froh und voller Hoffnung.

18. Mai 2017

Ich schaue mir einen TED-Talk mit der Wissenschaftsjournalisten Mary Roach zum Thema Orgasmus an. Darin erklärt sie eine Theorie zur Auswirkung von Orgasmen namens »Sogwirkung«. Derzufolge bewirkt der Orgasmus einer Frau, dass die Gebärmutter das Sperma gewissermaßen aufsaugt und damit die Chancen für eine Befruchtung steigen. Die Theorie wurde in den 1950er-Jahren getestet, konnte jedoch nicht belegt werden. Diese Theorie lässt mich an ein sieben Jahre altes Mysterium zurückdenken: Warum war es Julian nach dem Sexualakt damals so wichtig, dass ich ebenfalls gekommen war? Dass es mir zuliebe geschah, erscheint mir ziemlich unwahrscheinlich. Nachdem es während des gesamten Akts nur um ihn ging, begriff ich nicht recht, warum ihm nun auf einmal etwas an mir gelegen war. Es passte irgendwie nicht ins Muster. Doch schon kurz darauf war ich mir nicht mehr sicher, ob es überhaupt geschehen war. Mich an alle Details diesbezüglich zu erinnern, diese zu verstehen und miteinander in einen Zusammenhang zu bringen, hat mich viel Zeit und Kraft gekostet. Doch diese eine Sache ist mir noch immer nicht ganz klar. Und jetzt frage ich mich: Kann es möglicherweise etwas mit dem Wunsch nach einer Befruchtung zu tun gehabt haben?

19. Mai 2017

Die Oberstaatsanwältin Marianne Ny beschließt, die Ermittlungen im Fall des Vergewaltigungsvorwurfs einzustellen, den Haftbefehl aufzuheben und den europäischen Haftbefehl zurückzuziehen. Ny agiert damit im Einklang mit dem Gesetz, das eine zügige Durchführung der strafrechtlichen Untersuchung vorsieht. Wenn einem Staatsanwalt keine Möglichkeiten mehr bleiben, weitere Ermittlungsmaßnahmen zu ergreifen, ist er verpflichtet, die Ermittlungen einzustellen. In diesem Fall lässt die mangelnde Bereitschaft Ecuadors zur Zusammenarbeit eine Fortführung der Ermittlungen zwecklos werden.

Auf der heutigen Pressekonferenz sagt Marianne Ny:

Julian Assange hat vor fast fünf Jahren Zuflucht in der ecuadorianischen Botschaft in London gesucht, wo er sich noch immer befindet. Damit hat er sich allen Versuchen der schwedischen und britischen Behörden widersetzt, ihn gemäß den EU-Richtlinien für einen europäischen Haftbefehl nach Schweden auszuliefern. Nach meinem Ermessen kann eine Auslieferung in absehbarer Zeit nicht durchgesetzt werden. Vorerst sind alle Möglichkeiten, die Ermittlungen weiterzuführen, ausgeschöpft. Als Voraussetzung für eine Fortsetzung der Ermittlungen müsste formell Strafanzeige gegen Julian Assange erstattet werden. Eine Unterstützung diesbezüglich durch Ecuador ist jedoch nicht zu erwarten. Aus diesem Grund werden die Ermittlungen eingestellt. Sollte sich Assange zu einem späteren Zeitpunkt zur Verfügung stellen, könnte ich eine unverzügliche Aufnahme der Ermittlungen beschließen. Mein

Entschluss gründet sich darauf, dass es zum jetzigen Zeitpunkt nicht zielführend ist, die Ermittlungen fortzuführen.[70]

Und jetzt geschieht etwas Merkwürdiges. Das Interesse an Julian Assange und auch an mir scheint abzunehmen. Ganz im Gegensatz zu früher bleibt diesmal der zu erwartende Ansturm von Blogposts zu meinem »Modell für legale Rache in sieben Schritten« aus, und es meldet sich auch keiner, um mich anzuschreien oder zu bedrohen, weder per Telefon noch in Mails oder auf Twitter.

Ich bin erleichtert und davon überzeugt, dass wir alle nun – endlich – die Sache hinter uns lassen und ein neues Kapitel unseres Lebens beginnen können.

20. Mai 2017

Männer bekämen eine Erektion, wenn sie das Bett mit einer Frau teilten, soll Julians Verteidiger in London vor Gericht gesagt haben. Wie ich vermute, hat er dies in der Absicht getan, die Vorwürfe gegen Julian wegen Belästigung zu entkräften. Meint er damit, dass Männer ihre Instinkte und Impulse nicht unterdrücken können? Dass ein erregter Mann sowohl für sich selbst als auch für seine Umgebung gefährlich und unkontrollierbar ist? Dass ein Mann nicht mehr rational agieren kann, wenn ihm das Blut in den Penis schießt und somit aus dem Gehirn entweicht? Daran glaube ich nicht. Das klingt für mich so, als seien Männer Tiere. Doch Männer haben wohl kaum ausgeprägtere tierische Instinkte als Frauen. Außerdem ist sich die moderne Forschung sicher, dass Männer ihr Verhalten steuern können, auch wenn sie erregt sind. Das sehe ich auch so.

Die Mythen über Sexualität füllen meinen Posteingang im Internet nun schon seit bald sieben Jahren. Die Anschauungen der Absender zu Übergriffen und Grauzonen, zu männlicher Sexualität und Verhaltensweisen, die ich als Frau akzeptieren sollte, jagen mir mitunter Angst ein. Wie auch der Gedanke, dass man Männer wie Sprengstoff behandeln sollte, der bei falscher Handhabung explodiert. Oder auch die Behauptung, dass Männer die von Frauen ausgesandten Signale nicht lesen könnten und in sexuellen Situationen nicht dieselben Fähigkeiten zur Selbstkontrolle besäßen wie Frauen. Dies ist kein Vorwurf irgendwelcher FeministInnen an Julian. Nein, es ist ein Argument, das seine eigenen Leute für seine Verteidigung nutzen. Sie rechtfertigen sein Fehlverhalten, indem sie argumentieren, dass er nicht zurechnungsfähig sei. Doch nach meiner Überzeugung ist er zurechnungsfähig. Ich glaube, Julian hat während des Übergriffs sehr wohl realisiert, dass unser Sex nicht einvernehmlich war, doch es war ihm egal. Er hielt es nicht für wichtig.

Die Journalistin und Schriftstellerin Katarina Wennstam beschäftigt sich seit Langem mit der psychologischen Aufarbeitung der verschiedensten Sexualstraftaten in Schweden. Sie ist der Auffassung, dass in Schweden noch immer ein vorurteilsbehafteter Mythos hinsichtlich männlicher Sexualität vorherrsche und sich dieser hartnäckig halte. Es ist genau das Bild des wollüstigen Mannes, der nicht eigenständig denken und dementsprechend auch keine Verantwortung für sein Handeln übernehmen kann, dessen sich auch Julians Verteidiger bedient haben. Wennstam schreibt:

> *Jedes Mal, wenn man zu einer Frau sagt, dass sie selbst schuld ist, weil sie einem Mann nach Hause gefolgt ist, mit dem Hintern gewackelt oder ihn anderweitig heißgemacht hat, äußert man zugleich, dass alle Männer »so gestrickt sind« – also sich nicht beherrschen können, sobald sie einen tiefen Ausschnitt erblicken oder eine Frau mit ihnen flirtet und sie daraufhin geil werden.*[71]

Wennstam beschreibt ebenfalls deutlich, wie Opfer oftmals »aufgeben«. Sie erklärt dies anhand eines Vergewaltigungsfalls, bei dem eine junge Frau einsah, dass sie ihren Peinigern nicht entkommen konnte und deswegen die beiden jungen Männer bat, wenigstens ein Kondom zu benutzen, zum einen wegen des Ansteckungsrisikos, zum anderen, um nicht schwanger zu werden. Das Gericht hielt es deshalb für wahrscheinlich, dass die Männer den Eindruck erhielten, sie sei einverstanden gewesen.[72] Im Grunde war die Frau jedoch keineswegs einverstanden, ließ sich aber dennoch darauf ein, um den Schaden zu begrenzen. Sie ließ es geschehen, anstatt Widerstand zu leisten, als die Situation zu heikel und risikoreich wurde.

Die schwedische Soziologin Stina Jeffner spricht ebenfalls von Mythenbildung hinsichtlich männlicher Sexualität. In ihrem Buch »*Liksom våldtäckt, typ*« (»Vergewaltigung, also gewissermaßen«) hat sie diverse 15-jährige Jugendliche interviewt und eingehend zu ihrer Einstellung zum Begriff Vergewaltigung befragt. Sowohl Jungen als auch Mädchen ziehen scharfe Trennlinien zwischen dem, was sie als echte Vergewaltigung bezeichnen, und einem Übergriff, der stattfindet, nachdem ein Mädchen einen Jungen heißgemacht hat. Jeffner legt den Finger auf einen zentralen Punkt, indem sie die Frage stellt, wer denn eigentlich ein echter Vergewaltiger und wer ein echtes Vergewaltigungsopfer sei.

Jeffner: »Wie weit kann man gehen, bevor man selbst daran schuld ist, vergewaltigt zu werden?«

Sara: »Tja, man kann nicht besonders weit gehen. Jungs sind wohl so veranlagt, sie glauben, dass man sie haben will, nur weil man sie anschaut. Mit ihnen tanzen ist in Ordnung, aber wenn man anfängt, sie zu küssen und so, und dann einfach abhaut, dann hat man selbst Schuld, wenn sie sich an einem vergreifen.«[73]

Ich halte es für ein verabscheuenswürdiges Männerbild, einen Mann als Tier oder Sklaven seiner eigenen Instinkte anzusehen. Wie auch die Vorstellung, alle Männer seien bereit, die Grenzen einer Frau zu überschreiten, wenn diese zu spät Nein sagt. Das ist so, als würde man behaupten, alle Männer seien im Grunde Vergewaltiger. Doch das glaube ich nicht.

Vielleicht hatte ich aber auch nur wahnsinniges Glück. Oder diese Ansichten sind schlicht und einfach nicht in der männlichen Mainstreamsexualität verankert. Ich habe im Hinblick auf Sex schon die unterschiedlichsten Verhaltensweisen erlebt: Unbeholfenheit und Aufdringlichkeit, Geschicklichkeit und absolute Unfähigkeit, Monotonie und Einfühlungsvermögen, Durchschnittlichkeit und Exzellenz. Aber dieses Angsteinflößende, Bedrohliche und Unfreiwillige ist mir bei all den Männern, mit denen ich sexuelle Beziehungen hatte, nicht begegnet. Nicht, bevor ich Julian Assange traf.

9. Juni 2017

Der Film »Risk« von Laura Poitras hat Premiere in Schweden. Die ursprüngliche Zielsetzung der Dokumentation bestand darin, die neue revolutionierende Form von Julian Assanges Journalismus und seiner Plattform Wikileaks zu zeigen. In Interviews berichtet Poitras, dass sie ihre Arbeiten an dem Film bereits vor sechs Jahren begonnen habe, sozusagen in der Nachfolge ihres mit einem Oscar belohnten Films »Citizenfour« über Edward Snowden. »Risk« sollte eigentlich vom Helden Assange und seiner wegweisenden Arbeit mit Wikileaks handeln. Nachdem jedoch Julians Sexismus offenbar wurde, erhielt der Film einen anderen Charakter. Statt ausschließlich den heroenhaften Julian darzustellen, hat Poitras nun auch andere Seiten seiner Persönlichkeit beleuchtet, die entscheidenden Einfluss auf die Funktionsweise von Wikileaks nehmen. In einem Interview mit dem »Guardian« beschreibt Poitras diese Seiten als »den selbstgefälligen«, »den narzisstischen« und »den paranoiden« Julian.[74]

> »*Vor der Sexaffäre war ich nicht wirklich berühmt. Ich war in Medien- und Geheimdienstkreisen bekannt, aber eben kein richtiger Promi. Erst nach der Sexaffäre wurde ich zu einer Person, die alle kannten. Deshalb hab ich im Scherz mal zu einer Mitarbeiterin gesagt: ›Jedes halbe Jahr einen Sexskandal!*‹«, äußert Julian in einer Szene des Films.

»*Das hast du zu mir gesagt. Und ich bin fast gestorben*«, wirft seine Freundin Sarah Harrison aus dem Hintergrund ein.

»*Das ist eine Möglichkeit, um ...*«

»›*Das ist gut für unser Profil, Sarah*‹, *hast du gesagt*«, meint Sarah.

Beide lachen.

»›*Bitte tu das nicht! Ich würde dich umbringen*‹, *hab ich gemeint*«, sagt Sarah.

»*Wieso? Das ist schließlich eine Plattform*«, erwidert Julian.

»*Du hast doch schon eine Plattform*«, ruft sie aus und lacht aus vollem Halse.[75]

In einer anderen Szene spricht Julian mit der Rechtsanwältin Helena Kennedy – jener Frau, die mir im Juli 2011 das inakzeptable »Vergleichsangebot« unterbreitete. Im Gespräch geht es darum, wie er mit den gegen ihn erhobenen Anschuldigungen umgehen solle. Als Kennedy sagt, dass es nicht so aussehen dürfe, als seien ihm die Rechte von Frauen egal, entgegnet er, dass es sich bei den Anschuldigungen um eine »radikalfeministische Konspiration« handele. Er verweist auf den neuesten Tratsch im Internet, in diesem Fall das Gerücht, dass ich lesbisch sei. Julian benutzt dieses Gerücht, um die Anschuldigungen gegen sich selbst zu entkräften und stattdessen behaupten zu können, dass die Polizistin, die Maria beim ersten Mal vernommen hat, und ich zu »einem lesbischen Kreis« gehörten und dass ich »in Göteborg einen Lesbenklub« betrieben hätte.

Es braucht keinen Meisterdetektiv, um Beweise dafür zu finden, dass ich mich für die Rechte von LGBTQ-Personen eingesetzt habe, unter anderem, indem ich 2007 gemeinsam mit Petra den *Klubb Feber* (»Klub Fieber«) in Visby gegründet und seitdem betrieben habe, den wir »Gotlands ersten Queer-Klub« nannten. Doch in welcher Weise dies von Bedeutung für meine Anschuldigungen gegen Julian sein soll, kann ich nur schwer nachvollziehen.

Kennedy sagt auch, dass es ihm nicht weiterhelfen würde, so zu reden. »Nein, nicht öffentlich«, stimmt er ihr vor laufender Kamera zu.

Und dann erklärt er, dass es von Maria und mir nicht gerade clever gewesen sei, ihn zu verklagen:

> *Wenn es tatsächlich zu einem Gerichtsverfahren kommt, wird es für diese Frauen äußerst schwierig werden (...) Sie riskieren damit, von einem Großteil der Weltbevölkerung für immer und ewig gehasst zu werden. Ich glaube nicht, dass es in ihrem Interesse liegt, auf diese Weise weiterzumachen.*[76]

Er hat natürlich vollkommen recht. Ein Großteil der Weltbevölkerung wird uns für immer hassen – nicht zuletzt wegen der Unwahrheiten, die er selbst verbreitet.

Offenbar forderte Julian, dass alle Szenen des Films, in denen sein Sexismus offensichtlich wird, herausgeschnitten werden. Als Poitras dies verweigerte, drohte Julian, sie anzuzeigen. Diese Strafanzeige hat er zwar nie erstattet, aber allmählich beginne ich das Angebot, das Kennedy mir unterbreitete, in einem anderen Licht zu sehen. Vielleicht war es nur deshalb so inakzeptabel, weil Julian sich nie ganz auf Kennedys Plan einließ. Das Angebot bestand schließlich darin, dass Julian sich entschuldigen und sein Fehlverhalten einräumen sollte, woraufhin wir unsere Strafanzeigen zurückziehen und dem schwedischen Gericht mitteilen würden, dass wir nicht länger vorhätten zu kooperieren. Ich vermute, dass Kennedy diesen Plan entwarf, womöglich zusammen mit anderen Menschenrechtsverteidigern. Doch eine Durchführung dieses Plans setzte voraus, dass Julian ebenfalls hätte etwas opfern und nicht zuletzt darüber nachdenken müssen, einen Fehler begangen zu haben. Als Julian sich aber weigerte, einen Rückzieher zu machen und uns stattdessen weiterhin beleidigte, beharrte Kennedy auf einer Zusammenarbeit mit uns, um Julian trotzdem reinwaschen zu können. Ihrem Plan zufolge sollten wir unsere Anzeigen zurückziehen, ohne dafür jedoch irgendeine Gegenleistung von Julian zu erhalten. Beim Anschauen von Poitras' Film wird mir die Beziehung zwischen Kennedy und Assange begreiflicher. Allein schon die kurzen Dialoge zwischen den beiden bestätigen Pias Auffassung von damals, dass es sich eher um eine Verteidigung der Männerrechte handele. Kennedy hätte einsehen müssen, dass sowohl die Macht über, als auch die Verantwortung für die Straftaten, deren Julian angeklagt wird, sowie die Entwicklung der Gerichtssache die ganze Zeit im Wesentlichen bei ihm gelegen haben. Doch sie hat es offenbar ignoriert.

14. August 2017

Heute beginnt das zweite und somit letzte Jahr meiner Diakonie-Ausbildung. Einer der Schwerpunkte wird in diesem Jahr auf der Entwicklung eines selbstständigen Projekts liegen, dem Erstellen einer Examensarbeit. Dafür habe ich verschiedene Vorschläge skizziert, die eine Verknüpfung der Institution Kirche mit gesellschaftspolitischen Anliegen vorsehen, um die Möglichkeiten von Diakonie und Kirche im Hinblick auf ihre politische Verantwortlichkeit auszuloten. Zum einen möchte ich insbesondere der Frage nachgehen, inwieweit die Kirche ihrem Auftrag gerecht wird, nicht nur individuell, sondern auch strukturell dabei zu helfen, Diskriminierung, Rassismus und letztlich auch dem Klimawandel entgegenzuwirken. Und zum anderen will ich herausarbeiten, inwieweit der soziale Auftrag der Diakonie auch ein politischer ist. Doch die zahlreichen Fragen und Einwände von Lehrenden und Verantwortlichen innerhalb der Kirche haben mir klar gemacht, dass es vielen schwerfällt, diesbezüglich überhaupt einen Zusammenhang zu erkennen. Deshalb habe ich mich entschlossen, stattdessen genau dies zu erklären. Ich werde eine Arbeit darüber verfassen, inwiefern Glaube und Politik zusammenhängen können, als Material für Workshops in Kirchengemeinden oder auch für Kurse innerhalb der Diakonie-Ausbildung.

16. Oktober 2017

Eine Freundin von mir verfasst einen öffentlichen Beitrag zu einem Übergriff, dem sie ausgesetzt war, und stellt ihn bei #metoo ein. Die MeToo-Kampagne ist eine internationale Aufforderung an alle Frauen, die Erfahrungen mit sexuellen Übergriffen und Belästigungen gemacht haben, dasselbe zu tun, um die Tragweite dieses Problems aufzuzeigen.

Nach siebenjährigem Schweigen erscheint es mir nur gerechtfertigt, meinen Freunden ebenfalls mitzuteilen, was in dieser Nacht im Spätsommer 2010 wirklich geschah. Ich suche einen unveröffentlichten Text von mir aus der Zeit unmittelbar danach heraus, der den Übergriff beschreibt. Darin geht es um die Einzelheiten dessen, was von anderen so oft als freiwillig und einvernehmlich bezeichnet wurde, obwohl es das nicht gewesen ist. Ich tagge den Beitrag mit #metoo.

Die Unterstützung ist überwältigend. Ich bekomme Hunderte von Likes und aufmunternde Kommentare meiner Freunde. Inzwischen ist es nicht mehr gefährlich, mich zu unterstützen. Das Risiko, selbst vom Hass verfolgt zu werden oder Nachteile zu erleiden, wenn man Partei für mich ergreift, scheint gen null gesunken zu sein. Es ist, als sei ich von meiner Ansteckungsgefahr geheilt, zumindest in jenen Kreisen, die mir am wichtigsten sind.

Einer der Kommentatoren ist Olof. Jener Mann, der wegen der Hetze nicht nur den Kontakt zu mir abgebrochen hat, sondern sich auch explizit weigerte, als Zeuge in einem Gerichtsprozess auszusagen. Er schreibt: »Super! Du bist so mutig! #backaanna.«

Ich bin rasend vor Wut.

»Ja«, schreibe ich als Antwort, »das hätte ich damals vor sechs Jahren dringend gebraucht, als du dich geweigert hast, zu meinen Gunsten auszusagen.« Er löscht seinen Kommentar und schickt mir stattdessen eine private Nachricht. Er ist »erstaunt« und meint, dass ich ihn missverstanden hätte. Dann empört er sich darüber, dass ich seine öffentliche Unterstützung nicht akzeptiere.

Es ist, als hätten damals die Trauer und die Angst jegliche anderen Gefühle gedämpft. Doch mittlerweile hat die Freude in meinem Leben nahezu jedwede Trauer ersetzt. Häufig lache ich mehrmals täglich und weine im Prinzip überhaupt nicht mehr. Ich liebe mein Zuhause, meine Familie und meine Arbeit. Und die uneingeschränkte Unterstützung, die ich jetzt erfahre, löst gewissermaßen die letzten Reste der Angst auf, die den Zorn in meinem Inneren unterdrückt haben. Ich koche förmlich vor Wut. Verbissen formuliere ich das, was Olof nicht zu verstehen scheint. Doch ich kann ihm meine Antwort nicht schicken, weil er mich bereits blockiert hat. Ich schreibe dennoch Folgendes:

> Olof, das was du damals getan hast, gehörte zu dem Schlimmsten, was mir ein Mensch je angetan hat. Ich bin fast gestorben. Ich war völlig fertig, erhielt eine Todesdrohung nach der anderen und war außerdem verliebt in dich. Nachdem eine Zeit lang Funkstille war, kamst du irgendwann wieder auf mich zu und wolltest mit mir essen gehen. Darüber habe ich mich echt gefreut. Doch ich nehme an, dass du dich nicht mal mehr an deine Worte von damals erinnerst.
>
> Ich hingegen erinnere mich noch gut daran. Ich weiß noch genau, was geschah: Ich sah dich bei Skanstull auf einer Bank liegen und auf mich warten. Du scheinst dich darüber gefreut zu haben, mich zu sehen, und ich verspürte ein Kribbeln in der Magengegend. Ich weiß noch, in welches Lokal wir gingen, was ich zu essen bestellte und wie du nach fünf Minuten auf dein eigentliches Anliegen zu sprechen kamst – dass ich bei den Vernehmungen auf keinen Fall deinen Namen erwähnen sollte. Du wolltest vermeiden, irgendeiner Hetze ausgesetzt zu werden, das war dir zu riskant. Ich habe damals zwar nichts gesagt, aber innerlich aufgeschrien. Mag sein, dass es von außen so aussah, als hätte ich dir zugestimmt. Und dann sind wir zu irgendeinem Small Talk übergegangen. Vielleicht erinnerst du dich deswegen nicht mehr daran?
>
> Es dauerte ewig, bis das Essen kam. Ich aß, so schnell ich konnte, bezahlte meinen Anteil, um möglichst schnell nach Hause gehen zu können, wo ich mehrere Tage lang weinte. Damals

glaubte ich, dass mir niemals wieder jemand einen Job anbieten würde und mich schon gar kein Mann mehr lieben würde. Es fühlte sich an, als sei ich irgendwie befleckt, eine Ausgestoßene, eine Person, die für andere eine Gefahr darstellt. Du hast jedenfalls genau dieses Bild bestätigt.

Ein Gerichtsverfahren gegen Julian (das wider Erwarten noch nicht mal stattgefunden hat) zu gewinnen, erschien mir nun noch aussichtsloser, als mein Charakter, mein Sexualleben und all meine Unzulänglichkeiten an die Öffentlichkeit gezerrt worden waren. Und du, der eigentlich hätte bezeugen können, dass meine Version weitaus mehr mit der Wirklichkeit übereinstimmte als Julians, warst dir zu schade, um zu meinen Gunsten auszusagen.

Erst jetzt lässt du wieder von dir hören, jetzt, da ich weiß, dass ich es überleben werde. Jetzt, da die Leute anscheinend wieder bereit sind, sich mit mir zu zeigen. Und wo klar ist, dass es mich nicht umgebracht hat, auszusprechen, wie es damals wirklich war. Aber nur diejenigen, die von Anfang an auf meiner Seite standen, die für das Recht der Frauen auf ihren Körper kämpften, bewirkten, dass sich das Blatt gewendet hat!

Du behauptest öffentlich, einer von denen zu sein, die hinter mir stehen. Aber als es am schlimmsten war, habe ich davon nichts gespürt. Du warst einer von all jenen, die sich aus dem Staub gemacht haben, als es hart auf hart kam. Und du gehörst jetzt zu denen, die glauben, unschuldig zu sein, nur weil sie sich selbst nicht an Frauen vergreifen. Doch es braucht mehr als ein Hashtag, um dies zu ändern.

14. November 2017

Heute berichten die Medien erneut über Wikileaks und die selektiven Enthüllungen, die Behauptungen zufolge der Präsidentschafts-Wahlkampagne der Demokraten in den USA geschadet haben. Wie sich inzwischen herausgestellt hat, existierte während dieser Zeit auf dem Twitteraccount von Wikileaks, den Julian auch persönlich nutzt, ein privater Kontakt zu Donald Trump Junior, der die Wahlkampagne seines Vaters betreute. Mehrere einflussreiche Amerikaner hatten sich bereits damals offiziell von Julian distanziert. Und auch wenn viele Trump-Fans Julian in seinen Ansichten zu Frauenrechten unterstützen, scheinen die meisten Wikileaks-Fans zumindest nicht mehr in Begeisterungsstürme für Trump auszubrechen.

2018

25. Mai 2018

Das während meiner Ausbildung zusammengetragene Arbeitsmaterial ist inzwischen zu einem vollständigen Buch über Glauben, Gesellschaftsfragen und Politik angewachsen. Um innerhalb der schwedischen Christenheit ein möglichst breites Spektrum an Lesern zu erreichen, habe ich Kontakt zu verschiedenen Verlagen aufgenommen. Am liebsten würde ich das Buch bei Argument herausbringen, einem progressiven Verlag, dessen Hauptzielgruppe Kirchengemeinden sind. Ich weiß, dass mein Manuskript dort bereits gelesen und auch in der Redaktionssitzung darüber diskutiert wurde, und warte schon länger auf eine Antwort. Doch als ich in meinem Posteingang schließlich eine Mail von der Verlagschefin erblicke, werde ich nervös. Ich bin natürlich darauf eingestellt, ein freundliches, aber bestimmtes Nein zu bekommen, hoffe aber insgeheim dennoch, dass sie Ja sagt. Sie schreibt: »Nachdem wir uns ausgiebig beraten haben, kann ich Ihnen nun endlich unseren Bescheid übermitteln.«

Ich hole tief Luft.

»Wir würden dieses Buch sehr gerne herausgeben! Es hat Tiefgang, ist richtungsweisend und zudem sehr gut geschrieben. Deshalb wären wir stolz darauf, es in unser Programm aufzunehmen!« Hurra!

17. September 2018

Die Medien haben Zugang zu Dokumenten bekommen, aus denen ersichtlich wird, dass Julian im Jahr 2010 ein Visum für Russland beantragte, und zwar ungefähr zur selben Zeit, als er auch einen Antrag auf eine Aufenthaltsgenehmigung in Schweden stellte. Der progressiven israelischen Zeitung »Haaretz« zufolge – einer meiner Lieblingszeitungen – hatte er dem russisch-israelischen Journalisten Israel Shamir eine Vollmacht erteilt, um dort eine Aufenthaltsgenehmigung für ihn zu erwirken. Shamir unterhält Verbindungen nach Schweden, Russland und Israel und arbeitete mehrere Jahre mit Julian zusammen. Dies führt zu Schlagzeilen, nicht zuletzt wegen der Vorwürfe gegen Shamir hinsichtlich antisemitischer Äußerungen und seiner Leugnung des Holocaust.[77]

16. Oktober 2018

Ecuador fordert Julian auf, sein Badezimmer zu säubern. Ein neunseitiges Dokument mit Verhaltensregeln ist an die Presse durchgesickert, und als Anreiz für das Befolgen dieser Regeln wird ihm der erneute Zugang zum Internet in Aussicht gestellt.

Ich hielt es damals nicht länger als ein paar Tage aus, ihn als Gast in meiner Wohnung zu beherbergen, und habe mich oft gefragt, wie es wohl für das Personal in der Botschaft sein müsse, diesen Menschen dort mehrere Jahre hausen zu lassen. Hier ist eine Antwort auf diese Frage.

Nachdem weite Teile der Gesellschaft ihre Meinung über Julian geändert haben, wird jetzt sogar in den anonymen männerdominierten Internetforen anders über den Fall gesprochen. Im Jahr 2010 hatte ich noch den Eindruck, dass nahezu alle Leute ihn sympathisch fanden und stattdessen Maria und mich hassten oder verhöhnten, doch heute gilt uns diese Sympathie, während Hohn und Spott gegen Julian sichtlich zunehmen.

Ich wünschte, es wäre nicht so. Ich wünschte, dass die Leute sowohl die Menschlichkeit des Opfers als auch die des Täters sehen könnten. Und dennoch lässt sich im Verhalten der Internet-User eine vorhersehbare Konstante erkennen: In männerdominierten Foren neigt man eher dazu, andere zu verhöhnen. Selbst wenn es sich um ehemalige Idole handelt. Doch Julian zu verhöhnen, hilft weder uns noch anderen Frauen weiter.

2019

18. Februar 2019

Das ganze letzte Jahr über habe ich fast jede freie Minute dafür genutzt, mein Buch fertigzuschreiben und zu redigieren. Darin möchte ich zeigen, wie ich die Aufforderungen in der Bibel zum Aufbau des Reichs Gottes auslege und dass dies letztlich gesellschaftlichen Engagements bedarf, um zu gelingen. Ursprünglich war das Buch als Ergänzung jenes Unterrichtsmaterials vorgesehen, das nach meinem Dafürhalten in der Diakonie-Ausbildung fehlte, doch das Interesse daran erwies sich als weitreichender, und jetzt ist es unter dem Titel *»Politisk och profetisk diakoni«* erschienen. Heute lade ich zu einer Release-Party mit anschließendem Seminar in einer Kirche in Södermalm ein. Das Essen wird von drei Roma-Frauen aus Rumänien zubereitet, die ich bei der Heilsarmee kennengelernt habe und für deren Rechte ich mich einsetzte. Der Veranstaltungsraum ist übervoll mit interessanten Theologen, Aktivisten sowie deren Familien und Freunden. Eine Person mit langjähriger kirchlicher Verbundenheit beschreibt die Stimmung mit den Worten »Alle sind hier!«. Ich werde ein ums andere Mal gebeten, mein Buch zu signieren, erhalte jede Menge Komplimente sowie Geschenke und werde von vielen Leuten umarmt.

8. März 2019

Heute, ausgerechnet am internationalen Frauentag, wird Chelsea Manning erneut festgenommen, da sie sich weigert, gegen Julian auszusagen. Sie muss auf unbestimmte Zeit ins Gefängnis, und ich bin unsäglich traurig. Entgegen meiner Annahme wird sie weiterhin politisch verfolgt. Ich persönlich habe zwar nichts mit all dem zu tun, was sie durchmachen muss, doch ich fühle mich ihr nahe.

10. März 2019

Der Dokumentarfilm »Leaving Neverland«, der den Angaben zufolge die systematischen Übergriffe Michael Jacksons auf minderjährige Jungen thematisiert, wird im schwedischen Fernsehen gezeigt. Natürlich kann man die damaligen Übergriffe nicht mit jenen vergleichen, deren Julian verdächtigt wird. Doch wie schon nach den beiden Vergewaltigungen in Bjästa oder jener auf dem Bråvalla-Festival wird auch in diesem Fall eine Verteidigung für den Täter mobilisiert, die jener von damals auf beängstigende Weise ähnelt. Ein Mann, der so wichtige Musik gemacht hat, kann nicht schuldig sein, behaupten seine Anhänger. Und wenn er schuldig ist, dann ist es nicht so schlimm. Woraufhin mittels eines Hetztribunals Jagd auf die Opfer gemacht wird, um deren Glaubwürdigkeit herabzusetzen und sie als Schuldige an den Pranger zu stellen, weil sie einen »unschuldigen« Star in Verruf bringen.

In den Aussagen der inzwischen erwachsenen Geschädigten zu den Vorfällen in ihrer Kindheit wird jedes noch so kleine Detail auseinandergenommen, und als einer der Männer auf ein Haus verweist, das zum Zeitpunkt des Übergriffs noch gar nicht gebaut worden war, wird seine gesamte Aussage für nichtig erklärt. Ich kann mir gut vorstellen, dass es sich mit meinem Buch ähnlich verhalten wird. Sowohl die Datumsangaben als auch der gesamte Inhalt werden schätzungsweise so penibel kontrolliert werden, dass dem keine Erinnerung der Welt je standhalten kann. Irgendwo werden sich ganz bestimmt irgendwelche Fehler finden lassen. Doch vereinzelte Unzulänglichkeiten in der Schilderung von weit zurückliegenden Ereignissen sagen eigentlich nichts über die Glaubwürdigkeit einer Zeugenaussage aus. Ich halte es ungeachtet dessen für wichtig, dass Menschen ihre eigene Sicht der Dinge darstellen dürfen. Selbstverständlich können wir nicht genau wissen, was einem anderen Menschen an einem anderen Ort widerfahren ist. Aber wir sollten ihm dennoch die Chance geben, seine Geschichte zu erzählen.

22. März 2019

Heute wäre die Sängerin Josefin Nilsson von der Gruppe Ainbusk – eines der Idole meiner Jugend – fünfzig Jahre alt geworden, wenn sie die Kraft gehabt hätte, weiterzuleben. Stattdessen wird eine Dokumentation über sie im schwedischen Fernsehen gezeigt, die wie eine Bombe einschlägt. Ein Schauspieler, mit dem sie zusammen war, misshandelte sie psychisch und physisch, wovon sie sich zeitlebens nicht mehr erholen sollte. Unter #brinnförjosefin wird auf Frauenhass aufmerksam gemacht. Hass, der Männer dazu veranlasst, Frauen zu bedrohen oder zu schlagen, und Gleichgesinnte dazu bringt, deren Taten zu leugnen und herunterzuspielen. Nach #prataomdet und #metoo erscheint mir diese Kampagne wie ein weiterer Schritt hin zu Verständnis und Gleichberechtigung.

29. März 2019

Josefins Schwester Marie Nilsson Lind – ebenfalls Sängerin bei Ainbusk spricht in einer Fernsehdebatte darüber, wie sehr ihr der Mob zusetzt, der sich nach Ausstrahlung der Dokumentation formiert hat, und wie widerwärtig sie die Rachegelüste der Leute findet.

»Das kann doch wohl nicht der richtige Weg sein«, sagt sie und vergleicht die Hetze mit einer Jagd auf ein wildes Tier. Sie berichtet von Lynchjustiz und Nachrichten an ihren gemeinsamen Bruder mit folgendem Inhalt: »Wenn es meine Schwester gewesen wäre, hätte ich diesen verfluchten Schauspieler umgebracht«, oder »Warum hast du als Mann nicht eingegriffen?«.

Der Schauspieler selbst ist der Ansicht, schon genug gelitten und seine Straftat gesühnt zu haben (während er zugleich infrage stellt, ob es sich überhaupt um eine Straftat handelte). Ihm zufolge sollten sich die Leute nicht länger damit aufhalten und sich stattdessen anderem zuwenden. »Die Frau ist tot und kann nicht mehr befragt werden«, lautet sein Kommentar. Er scheint keine Reue zu empfinden. Einige stimmen ihm eifrig zu.

Das Muster ist so eindeutig. Mit jedem Fortschritt hinsichtlich der Stärkung der Frauenrechte, mit jedem Sichtbarmachen der Strukturen von Übergriffen werden auch die unterschiedlichsten Vorgehensweisen sichtbar, mit denen genau diese Strukturen verleugnet und heruntergespielt werden. Uns ist so viel daran gelegen, den Täter zu einem Monster zu stilisieren, zu einem Andersartigen, der nicht Teil unseres »Wir« ist. Oder aber wir ergreifen die entgegengesetzte Strategie, nämlich seine Schuld zu leugnen und die Auswirkungen des Übergriffs zu verharmlosen. Wir erheben Anspruch darauf, zu vergessen und zu vergeben, anstatt Wiedergutmachung zu leisten.

Doch wir müssen zwei Dinge gleichzeitig im Hinterkopf behalten können, um in dieser Sache weiterzukommen. Wir sollten lernen, zu erkennen, dass der Täter kein durchweg blutrünstiges Monster ist, ohne seine Straftat zu bagatellisieren oder gar zu leugnen. Dennoch empfinde ich es so, dass seit dem Prozess gegen Josefins Ex-Partner definitiv eine Entwicklung innerhalb der Gesellschaft hinsichtlich dieser Debatte stattgefunden hat. Seitdem gibt es mehr Spielraum für schwierige Fragen, die Marie als »weitaus bedeutsamer als ein kurzes Rauschen im All« bezeichnet. Es handelt sich um genau die Fragen, die ich mir selbst so oft gestellt habe, als ich damals vom Mob verfolgt wurde. Jetzt scheint es mehr Akzeptanz dafür zu geben, sie zu stellen, und das macht mir Hoffnung.

11. April 2019

Heute entzog Ecuador Julian das Asylrecht, und in der Botschaft öffnet man der britischen Polizei die Türen. Die Beamten betreten das Gebäude, um ihn abzuholen. Er weigert sich, selbst zu gehen, deshalb müssen sie ihn hinaustragen. In der Zwischenzeit hat er sich einen Bart wachsen lassen und sieht nun aus, als hätte man ihn aus einer Grotte im Tora-Bora-Gebirge herausgeschleppt und nicht aus einer Botschaft in der Innenstadt Londons. Anfänglich wehrt er sich laut schreiend mit Händen und Füßen. Doch nachdem er in den Streifenwagen verfrachtet wurde, ist sein Gesichtsausdruck eher selbstgefällig, und er reckt den rechten Daumen nach oben. Was sich vielleicht wie ein Sieg für mich anfühlen sollte, löst bei mir eher große Trauer aus. Sein Daumennagel ist mittlerweile kurzgeschnitten, und in seiner Geste sehe ich nur jene Hilflosigkeit, die mir schon damals am Abend vor dem Übergriff an ihm auffiel. Erneut denke ich, dass er jemanden braucht, der sich um ihn kümmert. Die Polizisten, die mit ihm wegfahren, werden in meinen Augen zu Erziehern, die ihm Grenzen setzen.

Eine Freundin von mir wurde von ihrem Ex psychisch misshandelt, und in einer Art Zusammenfassung der Vorfälle beschreibt sie mir die Ähnlichkeiten, die ihr zwischen dem Täter in ihrem und in meinem Fall sowie auch bei mehreren anderen Straftätern aufgefallen sind. Alle legen einen tief verwurzelten, kindlichen Egoismus an den Tag, der sich in Arroganz äußert. Zudem scheinen sie keineswegs in der Lage zu sein, sich selbst mit den Augen einer anderen Person zu sehen. Wenn man sie infrage stellt, reagieren sie höchst beleidigt und geben sich selbstgerecht. Sie scheinen zu denken, dass wir anderen – also alle anderen – in ihrer Schuld stehen. Auf diesem Hintergrund kann es leicht vorkommen, dass die Partnerin dieses Selbstbild als gegeben hinnimmt und fürsorgliche Tendenzen entwickelt. Doch diese bilden eine schlechte Grundlage für eine gleichberechtigte Beziehung.

Berichten zufolge hat Julian dem Personal in der Botschaft nicht nur benutztes Geschirr, ungewaschene Unterhosen und verdreckte Toiletten hinterlassen, sondern aus Protest auch noch die Wände mit

Exkrementen beschmiert. Später am Tag wird er aufgrund des Verstoßes gegen die Kautionsauflagen der Polizei schuldig gesprochen. Dem arabischen Nachrichtensender »Al Jazeera« zufolge wurde Julian vom zuständigen Richter als »ein Narzisst« bezeichnet, »der ausschließlich seine eigenen egoistischen Interessen durchsetzen will«.[78] Marias Rechtsbeistand beantragt eine Wiederaufnahme der schwedischen Ermittlungen im Fall ihrer Vergewaltigung, und die Oberstaatsanwältin Eva-Marie Persson prüft den Antrag.

12. April 2019

Ich erfahre, dass die USA nun tatsächlich eine Auslieferung Julians fordern, um ihn im Zusammenhang mit Chelsea Mannings Enthüllungen wegen Computerspionage vor Gericht zu stellen. Das überrascht und enttäuscht mich. Ich halte es nicht für eine Straftat, Kriegsverbrechen aufzudecken, sondern vielmehr für eine Schuldigkeit. Zugleich erlebe ich, dass erneut beide Fälle miteinander vermischt werden. Ich persönlich werde ein weiteres Mal für all das verantwortlich gemacht, was Julian von nun an widerfährt. Ich bin in Julian Assanges Leben zu einem Sündenbock geworden. Zu meinem Fall habe ich schon in der Vergangenheit andeutungsweise öffentlich Kommentare abgegeben. Aber heute kommentiere ich ihn zum ersten Mal in aller Deutlichkeit. Ich schreibe auf Twitter:

»Es würde mich sehr wundern und zudem traurig stimmen, wenn Julian an die USA ausgeliefert würde. Für mich ging es nie um etwas anderes als sein Fehlverhalten mir und anderen Frauen gegenüber sowie seine Weigerung, Verantwortung dafür zu übernehmen. Schade, dass mein Fall nie vollständig aufgeklärt werden konnte, aber die Ermittlungen sind bereits eingestellt worden.«[79]

Die Nachricht erregt keine größere Aufmerksamkeit.

7. Mai 2019

Die Schauspielerin Pamela Anderson besucht Julian im Gefängnis und posiert dort in einem Cape mit einer aufgedruckten Botschaft. Sie beteuert, dazu befähigt zu sein, die Schuldfrage in ungeklärten Rechtsfällen beantworten zu können, indem sie mit dem Tatverdächtigen spreche. Nach ihrem Besuch deklariert sie öffentlich, »eine unschuldige Person« getroffen zu haben und gesteht, dass sie Julian liebe.

Leute, die sich vorher nicht zu meinem Fall geäußert haben, werden wütend – auf mich. Sie schicken mir Mails und persönliche Nachrichten in den sozialen Medien, in denen sie völlig schockiert ihrer Verzweiflung Luft machen, weil sie es für unanständig halten, »einen unschuldigen Menschen« anzuzeigen. Ich beantworte eine Nachricht mit den Worten, dass ich Julian genaugenommen gar nicht angezeigt hätte, weise aber auch darauf hin, dass ich selbst besser wisse als Pamela Anderson, was er mir damals angetan habe.

Ich habe nicht gewollt, dass Julian öffentlich diffamiert wird, und ich habe auch Wikileaks keinen Schaden zufügen wollen, doch das bedeutet noch lange nicht, dass ich der Auffassung wäre, er dürfe sich an mir vergreifen. Aber es spielt keine Rolle, wie oft ich es erkläre. In mancher Hinsicht scheint sich in all den Jahren nichts geändert zu haben.

8. Mai 2019

Als ich Julian in meiner Wohnung beherbergt habe, unterbreitete er mir irgendwann die Idee, Lady Gaga zu heiraten, damit die Zeitungen darüber schreiben würden. Ich weiß nicht, was Pamela Anderson zu ihrem Liebesgeständnis veranlasste oder wie die Beziehung der beiden zueinander aussieht, aber es funktionierte offenbar. Ziemlich viele Zeitungen schreiben darüber. Unter anderem die Journalistin Hadley Freeman in einer Kolumne im »Guardian«: »Good for you, Pamela!

Love is a wondrous thing. This column sincerely hopes you have many happy years of washing his dishes ahead of you.«[80]

13. Mai 2019

Die schwedische Staatsanwältin beschließt, die Ermittlungen wieder aufzunehmen, da sich neue Möglichkeiten ergeben haben, Marias Fall weiterzuverfolgen. Mein Fall ist wie erwähnt bereits seit Langem verjährt, doch jetzt werde ich als die Zeugin fungieren, die ich bereits von Anfang an hätte sein sollen. Als Zeugin in Marias Fall, dessen Straftatbestand Vergewaltigung lautet und dessen Verjährungsfrist doppelt so lang ist. Als Zeugin dafür, dass Maria die Wahrheit sagt. Als Zeugin für bestimmte Verhaltensweisen Julians wie zum Beispiel, dass er mit seinem überlangen rechten Daumennagel Kondome zerreißt.

20. Mai 2019

Die Staatsanwältin beschließt, Julians Festnahme zu beantragen. Marias Fall verjährt erst in etwas mehr als einem Jahr.

23. Mai 2019

Die USA verklagen Julian wegen weiterer Verstöße gegen den Espionage Act von 1917. In den USA sind jene Kriegsverbrecher, die in Mannings Enthüllungen entlarvt wurden, noch immer nicht vor Gericht gestellt worden. Doch stattdessen will man jetzt einen weiteren Übermittler zur Rechenschaft ziehen. Zugleich hilft man damit Julian, die Fälle miteinander zu vermischen.

29. Mai 2019

Heute erscheint in der christlichen Tageszeitung »Dagen« eine umfangreiche Reportage über neue Erkenntnisse zu Martin Luther King Junior, der Galionsfigur der amerikanischen Bürgerrechtsbewegung. Luther King soll, als einer seiner Pastorenkollegen eine Frau vergewaltigte, unter anderem zugeschaut, gute Ratschläge gegeben und gelacht haben.[81]

Als ehemaliges Mitglied des Verwaltungsausschusses und der Jury für den schwedischen Martin-Luther-King-Preis erwartet man von mir, schockiert zu sein und entweder Abstand von den Anschuldigungen oder dem Mann selbst zu nehmen. Doch ich sehe keinen Grund dazu. Martin Luther King kann in meinen Augen sowohl ein sexistisches Arschloch sein als auch ein bedeutender Bürgerrechtler. Und mir, die ich nun seit fast zehn Jahren im Schatten eines solchen Heldenmythos lebe, erscheint diese Kombination noch nicht einmal ungewöhnlich. Obwohl ich es sehr bedauerlich und traurig finde und für meine persönlichen Erfahrungen diesbezüglich einen hohen Preis zahlen musste, hat es mich gelehrt, dass die Sichtweise auf Helden in unserer Gesellschaft grundsätzliche Mängel aufweist. Die verklärten Bilder vom Helden als durchweg gutem Menschen und vom Straftäter als durchweg schlechtem sind derart verallgemeinernd, dass sie völlig absurd wirken. Die Helden und Monster, die uns präsentiert werden, sind lediglich fiktive Charaktere. In der Wirklichkeit gibt es aber ausschließlich reale.

Wir müssen alle Menschen bejubeln. Wir müssen alle Menschen verleumden. Wir müssen ständig neu reflektieren und können uns nie zurücklehnen und einfach alles glauben, was gesagt wird. Denn Macht korrumpiert selbst den Besten. Wir müssen alles prüfen und bereit sein, alles zu hinterfragen, unabhängig davon, wer es sagt und welchen Status diese Person hat.

Ich verstehe all jene sehr gut, die finden, dass ich angesichts der Enthüllung der grausamsten Verbrechen gegen die Menschlichkeit unserer Zeit wegen »eines lächerlichen Übergriffs« besser den Mund hätte halten sollen. Denn die von Julian begangenen Straftaten sind im Vergleich zur systematischen Unterdrückung durch Großmächte, zu umfangreicher Korruption und zu Massakern an der Zivilbevölkerung unbedeutend. Doch ihn anzuzeigen, erschien mir nicht nur wichtig für meine eigene Selbstachtung und Integrität, nicht einmal nur für die Rechte von Frauen im Allgemeinen, sondern auch geradezu unabdingbar, weil Doppelmoral und Machtmissbrauch auf Dauer die gesamte Arbeit innerhalb einer Organisation lahmlegen können. Whistleblowern, die den Mut haben, die Schwächen selbstherrlicher Führungspersonen aufzudecken, wird von diesen Führungspersonen prinzipiell vorgeworfen, der eigenen Organisation und ihren Zielen zu schaden. Während diese Führungspersonen genau genommen selbst die größte Bedrohung darstellen.

Der amerikanische Aktivist und Bürgerrechtler Malcolm X berichtet in seiner Autobiografie, dass er anfänglich versucht habe, über die Doppelmoral seines Vorgesetzten zu schweigen, um die eigene Bewegung und ihre Ziele zu schützen. In seinem Fall war dies Elijah Muhammad.

Muhammad war der Leiter der *Nation of Islam* und predigte öffentlich, dass alle, die »Ehebruch begingen«, in der Hölle schmoren sollten, während er selbst außerhalb der eigenen Ehe mehrere seiner Sekretärinnen schwängerte. Malcolm X erachtete dieses Missverhältnis in Relation zu der Unterdrückung der Schwarzen in den USA als gering. Doch allein schon seine Kenntnis davon bereitete seinem Vorgesetzten Probleme, weshalb er schließlich verstoßen wurde. In einer ersten Reaktion unterwarf sich Malcolm X dem Willen der Bewegung und akzeptierte es, dass er zu deren Wohl als Märtyrer enden würde, doch auf lange Sicht wurde es ihm unerträglich, sich auf diese Weise selbst zugrunde zu richten. Daraufhin wandte er sich an die Öffentlichkeit und machte die Untreue Muhammads publik sowie auch andere Unzulänglichkeiten der *Nation of Islam* und ihrer Lehre, die zu dieser Doppelmoral geführt hatten.[82]

In einem Artikel der Zeitung »Aftonbladet« zu der Frage, inwieweit die USA der Internetplattform Wikileaks mit einem Maulkorb drohten, zog der Autor Mattias Pettersson bereits im Dezember 2010 dieselbe Parallele:

Heute erinnert man sich an Malcolm X als ein Symbol für den Kampf gegen Rassismus in den USA und nicht an die abgedriftete religiöse Sekte, in der er den überwiegenden Teil seines Lebens wirkte. Hätte er damals nicht ausgepackt, wäre er heute längst vergessen und zu einem weiteren, von der Revolution gefressenen Kind geworden. In genau derselben Weise können auch die Frauen, die ausgepackt haben, den Kampf für die Enthüllung von Kriegsverbrechen der USA unterstützen. Wenn es dieser Bewegung ebenfalls gelingen sollte, größer zu werden als nur eine One-Man-Organisation.[83]

Mit zweierlei Maß zu messen – also Menschen unterschiedliche Rechte einzuräumen, in Abhängigkeit davon, wie viel Macht sie besitzen, und Führungspersonen vor jeglicher Kritik zu schützen und sie der Verantwortung für ihr eigenes Handeln zu entbinden –, führt zu einer Doppelmoral. Einer Doppelmoral, bei der eine Organisation das Gegenteil von dem tut, was sie postuliert. In der amerikanischen Bürgerrechtsbewegung stellte die Doppelmoral ein größeres Problem dar als die Unmoral. Und genau dies ist auch bei Wikileaks der Fall.

Es wird jedes Mal wehtun, wenn wir versuchen, einen zum mythischen Helden stilisierten Menschen zu entmythisieren. Unabhängig davon, ob er unsere religiöse Gemeinschaft repräsentiert, unsere politische Partei oder auch unseren Einsatz gegen das Böse in der Welt im Allgemeinen, ist es nur ein winziger Schritt von der gesunden Vernunft bedeutsamer Führungspersonen zu einer krankhaften Männerverehrung und Sektiererei.

Alle Menschen kämpfen für irgendetwas. Alle sind wichtig. Alle haben ihre Schwächen und Makel. Und den meisten fehlt oftmals der Überblick. Aber alle haben auch gute Eigenschaften. Julian Assange ist ein spannender Mensch und zugleich ein verfluchter Idiot – er hat Gutes und auch Schlechtes bewirkt. Genau dasselbe gilt für jeden einzelnen Menschen auf der ganzen Welt. Inklusive für mich selbst.

Es ist durchaus möglich, beides zu sein. Man kann Julian sowohl für einen echten Helden halten als auch für einen echten Sexualstraftäter.

Doch je näher ich ihn und seine Verhaltensweisen kennengelernt habe, desto schwerer ist es mir persönlich gefallen, in ihm den Helden zu sehen. Und im Zuge dessen ist es auch schwierig geworden, diese beiden Seiten Julians zu Papier zu bringen. Ich hoffe jedoch, dass es außer mir noch andere versuchen werden. Denn die meisten Menschen haben es verdient.

2. Juni 2019

In einer bodenlangen Robe werde ich nach zweijähriger Ausbildung und einem weiteren berufsbegleitenden Jahr als Diakonin in der Equmeniakyrkan offiziell ordiniert. Ich werde von 2500 enthusiastischen Tagungsteilnehmern gesegnet und in meinem Amt willkommen geheißen. Ich bin überglücklich!

6. Juni 2019

Mein Buch über Glauben und Politik ist bereits ausverkauft, und der Verlag beschließt, eine weitere Auflage zu drucken.

Das Amtsgericht gibt bekannt, dass Julian vorläufig nicht verhaftet wird. Erst sollen noch weitere Zeugen vernommen werden, und auch Julian wird sich erneut einer Vernehmung unterziehen müssen. Ohne diese Maßnahmen würden die Gründe für eine Verhaftung nicht ausreichen. Eine europäische Ermittlungsanordnung, die nötig ist, um einen Zeugen im Ausland vernehmen zu können, wird erlassen. Ich hoffe, dass die Staatsanwältin diesmal entweder die notwendigen Tests veranlassen kann oder Schweden die Ergebnisse von in Großbritannien vorgenommenen Tests einsehen und verwenden darf.

22. Juli 2019

Heute habe ich auf Facebook einen Beitrag darüber gepostet, dass es Schwedendemokraten gibt, die den Jahrestag der rechtsextremen Morde durch Anders Behring Breivik feiern. Breivik hatte auf der norwegischen Insel Utøya 69 Kinder und Jugendliche wegen ihres Engagements für Sozialdemokratie und kulturelle Vielfalt getötet. Einer meiner Facebook-Kontakte hat einen Screenshot von meinem Beitrag gemacht und diesen an einen Lokalpolitiker der Schwedendemokraten weitergeleitet, der ihn wiederum in seinen Kreisen verbreitete. Dies löste eine enorme Hetze gegen mich aus. Rassistische Facebook-Gruppen verunglimpfen mich und Hunderte Menschen melden sich bei mir.

Eigentlich habe ich keine Beweise dafür, dass jene User im Netz, die nach meiner Auffassung die Tat feierten, tatsächlich Schwedendemokraten sind, ich weiß nur, dass sie ihrer Sympathie für die Partei Ausdruck verliehen haben. Ein Videospiel gut zu finden, in dem der Protagonist in Breiviks Rolle schlüpft und so viele Kinder wie möglich umbringen muss, ist technisch betrachtet nicht unbedingt dasselbe, wie die Tat zu feiern. Deswegen habe ich mich für meine undifferenzierte Verallgemeinerung entschuldigt. Doch die Hetze geht unvermindert weiter. Etablierte bürgerliche Twitter-User, Zeitungsredaktoren und sogar ein anerkannter sozialdemokratischer Blogger feuern den Mob an, der mich als Zielscheibe auserkoren hat, um mich hemmungslos abzuschießen.

Seit ich mich aktiv in die öffentliche Debatte einbringe, werde ich in regelmäßigen Abständen mit Hass und Drohungen konfrontiert. Anfänglich beschränkten sich die Kommentare auf Frauenhass, Wut über meine Kritik an der Pornoindustrie und Aufschreie von sexistischen Bloggern. 2010 eskalierte das Ganze jedoch und wuchs zu einem unüberschaubaren Shitstorm an. Ich war immer der Überzeugung, dass die Hetze gegen mich irgendwann aufhören würde, doch sie geht weiter. Auch wenn sie heute nicht mehr so umfassend und intensiv ist, scheint sie nun wieder öfter einzusetzen. Für mich ist sie gewissermaßen von etwas Außergewöhnlichem zur Alltäglichkeit geworden.

Sobald ich mich öffentlich äußere, wird Julian Assange ausnahmslos als Argument gegen mich verwendet. Von allen Nachrichten in meinen verschiedenen Posteingängen haben heute mindestens zehn bis zwanzig Prozent etwas mit Assange zu tun. Ein Absender beendet seine Nachricht mit der Frage »Ach, wie war es eigentlich mit Julian Assange?«, und ein anderer hält es für »völlig unbegreiflich, dass irgendwer so 'ne Type wie dich ficken will«. Frühere Hetzjagden werden per se zu Beweisen dafür, dass ich ein schlechter Mensch und meine Glaubwürdigkeit gering sei: »Die ganze Welt weiß doch, dass du eine Lügnerin bist.« Und meine Strafanzeige gegen Julian wird für die Aufforderung herangezogen, zukünftig zu schweigen: »Hast du Assange denn nicht schon genügend angetan?«

Die meisten User, die mir Nachrichten wie diese schicken, scheinen ganz und gar nicht mit Wikileaks oder dem ursprünglichen Ziel der Internetplattform zu sympathisieren. Für sie dient Wikileaks nur als Vorwand dafür, mich zu erniedrigen. Und zwar in derselben Weise, wie sie auch bei all jenen, die in ihren Augen politische Gegner sind, nach irgendetwas suchen, womit sie deren Glaubwürdigkeit mindern können.

Auch in diversen Internetforen diene ich als Vorwand dafür, das Frauenwahlrecht und das Recht auf Selbstbestimmung zu beschneiden: »Eines der Hauptargumente dafür, dass die Einführung des Frauenwahlrechts der größte Fehler überhaupt gewesen ist, heißt Anna ›Pissluder‹ Ardin.« Jemand anderes schreibt: »Wenn sie wusste, dass er kein Kondom benutzen würde, hätte sie doch einfach Nein sagen können, oder? Sie ist das beste Beispiel dafür, dass Frauen in unserer Gesellschaft besser unmündig bleiben sollten. Sie ist der lebende Beweis dafür, warum Frauen nicht als gleichberechtigt angesehen werden können.«

Unabhängig davon, ob ich mich zu Klimafragen, Migrationspolitik oder zu den Rechten von Minderheiten oder Frauen äußere, werden meine Person und mein Background als Waffe gegen mich gerichtet. Der Fall Assange bildet jedoch nicht die einzige Angriffslinie. Mittlerweile benutzen mindestens genauso viele Hater meinen Diakoninnen-Titel und meinen Glauben als Waffe für ihre Angriffe. Äußerungen wie:

»Du bist eine Abgesandte des Teufels«, »Du hast dein Recht verwirkt, dich eine Christin zu nennen«, »Du hast dein Amt nicht verdient, du wirst in die Hölle kommen und für immer im Fegefeuer brennen« und »Jesus schämt sich« wechseln sich ab mit der Anschuldigung, ich sei eine verlogene Hure. Die rechtsextremen Winde, die in Europa wehen, machen auch vor Schweden nicht halt. Die Hater scheinen zu merken, dass sie Rückenwind haben, und das bekomme ich zu spüren.

Die Liste derer von uns, die als illoyal gegenüber »den nationalen Werten« gelten, für deren Verteidigung sich die Rechtsextremen nach eigenen Angaben einsetzen, ist bereits lang und kann beliebig verlängert werden: Muslime, Roma, Einwanderer, Flüchtlinge, Juden, Samen, Homosexuelle, Journalisten, Gewerkschaftsangehörige und Feministen. Damit der faschistische Fiebertraum von der »reinen« Gesellschaft wahr werden kann, müssen wir alle verschwinden. Sie sprechen es zwar noch nicht offen aus, aber ich verstehe sehr wohl, dass sie auf ihre gewalttätigen Fantasien von internen Tribunalen und der Verhängung von Todesurteilen gegen Andersdenkende anspielen, wenn sie sagen »Wir sehen uns in Finspång«, der Gemeinde, dessen Werbe-Video eine rechtsextreme Vereinigung für sich vereinnahmt hat. Und dass sie vorhaben, uns zu hängen, wenn sie von Laternenpfählen mit unseren Namen darauf sprechen. In dem kleinen Ort Finspång sollen nach Auffassung rechtsextremer Sprecher zukünftig sogenannte Volksverräter vor ein Kriegstribunal gestellt werden, um sich für »all das Elend, das sie dem schwedischen Volk angetan haben« zu verantworten. Die Drohungen fallen inzwischen oftmals harscher aus, aber sie werden indirekter formuliert. Der zunehmende Hass sowie vermehrte Drohungen und Hetze senken auch die Schwelle für direkte körperliche Gewalt gegen jene Menschen, die von Rechtsextremen als Volksverräter abgestempelt werden. Breivik war der Auffassung, nur das in die Tat umgesetzt zu haben, wovon »alle« geredet haben, und er schätzte seinen Massenmord nicht einmal als extreme Tat ein, sondern sah ihn als notwendigen Schritt, um die Theorie in die Praxis umzusetzen. Der Hass bildet die Grundlage, die Hetze ist der erste Schritt und die physische Gewalt letztlich die logische Folge.

Innerhalb gewisser Internetforen, in denen man sich in diesem Jargon austauscht, scheint Julian nun eine Reihe von begeisterten Verteidigern zu haben.

31. Juli 2019

Petra weist mich auf einen Artikel über den Amerikaner Jeffrey Epstein hin, einen Finanzmann mit Verbindungen nach Hollywood, der wegen sexueller Übergriffe und Menschenhandel im Gefängnis sitzt. Petra war die Erste, der ich vom Übergriff auf mich erzählte, und sie hat die Debatte in all den Jahren gemeinsam mit mir verfolgt. In unseren Augen zeigt der Epstein-Fall, wie es einem weiteren berühmten und einflussreichen Mann gelungen ist, immer aufs Neue Vergewaltigungen zu begehen, weil er durch Rechtfertigungen und Beschönigungen seiner ersten Vergewaltigung (oder sogar Ermunterungen und Aufforderungen zu sexueller Gewalt) Unterstützung erhielt. Dies geschah in genau derselben Weise wie bei Michael Jackson, Harvey Weinstein oder dem allseits beliebten Jungen in Bjästa. Sie alle bekamen die Gelegenheit weiterzumachen, obwohl so viele Leute wussten, dass irgendetwas nicht mit rechten Dingen zuging.

All jene, die Übergriffe von bekannten, bedeutsamen, berühmten oder einflussreichen Menschen verteidigen, ermöglichen es ihnen, weitere zu begehen. Alle, die einen Übergriff rechtfertigen oder entschuldigen, leisten Beihilfe zum nächsten. Jene Menschen, die Julian unterstützten, als sie seine mutmaßlichen Übergriffe rechtfertigten oder beschönigten – oder ihn sogar noch dazu ermunterten, weitere Übergriffe zu begehen –, haben dadurch zuweilen soziale Vorteile genossen. Menschen, die sich dafür aussprachen, mich zu vergewaltigen, haben in ihren jeweiligen Internetforen Unterstützung erhalten, während meine Strafanzeige nicht zu einem einzigen Schuldspruch geführt hat. Marias und meine Entscheidung, Julians Taten nicht zu entschuldigen, haben wir beide teuer bezahlen müssen. Auch wenn die Gesetze des Rechtsstaats über denen des Patriarchats stehen, ist es nur allzu oft mühsamer und entbehrungsreicher, Machtmissbrauch öffentlich zu machen, als ihn zu entschuldigen. Doch um Übergriffe in Zukunft zu verhindern, müssen wir es versuchen.

Im Artikel über Epstein geht es jedoch hauptsächlich darum, wie er anhand eines ziemlich ausgeklügelten Plans hoffte, mittels seiner DNA die menschliche Rasse weiterzuverbreiten – »seed the human race« –, indem er auf seiner großen Ranch in New Mexico Frauen befruchtete.[84]

Epsteins zahlreiche Übergriffe basierten vermutlich zum Teil auf einem Verlangen nach Sex und nach dem Statuieren einer hierarchischen Überlegenheit, doch ein weiterer wichtiger Grund dafür scheint auch der reproduktive Aspekt gewesen zu sein. Dabei geht es ebenfalls um Macht, allerdings um eine andere Art, die nicht auf den Augenblick abzielt. Vielmehr handelt es sich um die Macht über den Körper einer anderen Person über die Gegenwart hinaus – die Macht, den Körper einer anderen Person für die Verbreitung seiner eigenen »überlegenen Gene« zu benutzen. Und dieser Aspekt trifft womöglich nicht nur auf Jeffrey Epstein zu.

1. August 2019

Ich nehme das von Julians ehemaligem Kollegen Daniel Domscheit-Berg verfasste Buch über Wikileaks zur Hand. Meine Mutter hat mir bereits daraus vorgelesen, als es gerade erschienen war, und auch später zitierte sie in gemeinsamen Telefonaten wiederholt diverse Highlights daraus. Doch heute habe ich Lust, selbst zu lesen, was Domscheit-Berg über Julians Ansichten zu seinen eigenen Genen geschrieben hat.

> *Wir sprachen oft über die Evolutionstheorie. Der Stärkere behielt nicht nur immer die Oberhand, er würde sich auch durch die vitalere Nachkommenschaft auszeichnen. Seine Gene wären es besonders wert, verbreitet zu werden, so die These.*

Ich saß dabei, wie Julian in großer Runde damit protzte, wo er nicht schon überall auf der Welt Vater geworden sei. Viele kleine Julians, auf jedem Kontinent einer – das Bild schien ihm zu gefallen. Ob er sich wirklich um die Kinder kümmerte oder ob sie überhaupt existierten, war eine andere Frage.[85]

In der schwedischen Gesetzgebung scheint es eine Lücke hinsichtlich der Frage zu geben, ob es legal ist, den Versuch zu unternehmen, sich selbst mit einem anderen Menschen gegen dessen Willen zu reproduzieren. Der Wunsch, die Welt mittels Zwang und Täuschung mit seinen eigenen Nachkommen zu bevölkern, ist jedoch kaum neu. Ich muss an Shakespeares vierhundert Jahre altes Stück »Der Sturm« denken, in dem Prospero seine Tochter Miranda gerade noch davor retten kann, vom »Monster« Caliban vergewaltigt zu werden. Seine Worte lauten:

Du lügnerischer Sklav',
Der Schläge fühlt, nicht Güte! Ich verpflegte,
Kot wie du bist, dich menschlich; nahm dich auf
In meiner Zell', bis du versucht zu schänden
Die Ehre meines Kindes.

Caliban entgegnet:

Ho, ho! Ich wollt', es wär' geschehn. Du kamst
Mir nur zuvor, ich hätte sonst die Insel
Mit Calibans bevölkert.[86]

»Der Sturm« kommentiert die Zeit Shakespeares natürlich noch weitaus eindrücklicher als in dieser Szene, aber genau darin illustriert er, wie Caliban sich selbst und der Welt zeigt, dass er stark und bedeutsam ist. Der Vergewaltigungsversuch an der Tochter wird nicht sexuell erklärt, sondern ist Teil eines weitsichtigen Plans, sich in der Welt ein eigenes Königreich zu erschaffen, also eine Art Vorsorge für die Zukunft.

Obwohl das schwedische und das britische Rechtssystem sich darum bemüht haben, in unseren Fällen Wiedergutmachung zu leisten – ähnlich wie Prospero Miranda beschützt hat –, und eine Klage angestrengt haben, kam es nie zu dieser Wiedergutmachung. Stattdessen wurden die Internethetze und das Medientribunal zu einer Arena, in der mein Fall verhandelt wurde und womöglich für immer verhandelt wird – wie so viele andere Fälle auch. Bei diesem Tribunal treten die Unterstützer der Täter in den verschiedensten Erscheinungsformen auf: als Politiker, Intellektuelle, Kulturschaffende und Befürworter der Gleichberechtigung, als ideologische Freunde oder Feinde aus der ganzen Welt. Sie benutzen zwar jeweils unterschiedliche Argumente, aber nichtsdestotrotz wird es wahrscheinlich immer Leute wie sie geben, die dafür sorgen, dass wir Caliban nicht daran hindern können, die Welt zu bevölkern.

9. September 2019

Die Staatsanwältin gibt öffentlich bekannt, dass im Fall der wiederaufgenommenen Ermittlungen sieben Personen angehört wurden. Ich bin eine von fünf wiederholt Vernommenen, doch offenbar gibt es noch zwei neue Zeugen. Ich frage nicht nach, wer diese beiden sind, und erfahre auch nicht mehr als das, was die Leute aus meinem Umfeld in den Zeitungen gelesen und mir berichtet haben.

26. September 2019

Julians Vater John Shipton ist nach Stockholm gekommen. Ein Freund von mir wurde gemeinsam mit ihm zu einem »gesellschaftlichen Anlass« eingeladen und leitet seine Mail an mich weiter. Shipton möchte wissen, ob ich irgendwelche Fragen an ihn hätte.

Ich schreibe zurück, dass ich zum einen wirklich gerne erfahren würde, wer Julian seiner Meinung nach sein Frauenbild vermittelt hat. Und zum anderen, was er von Julians Einstellung zu seinen eigenen Genen hält und ob diese Sichtweise irgendetwas mit seiner Kindheit zu tun haben könnte.

Julians Memoiren zufolge ist er mit einer alleinstehenden Hippie- und Aktivistenmutter aufgewachsen, die mehrere Jahre damit zubrachte, vor einer seltsamen und autoritären New-Age-Sekte von einer Stadt zur nächsten zu fliehen. Ich frage mich unweigerlich, wo Julians Vater in dieser Zeit wohl gewesen ist.

Keiner von uns besucht den gesellschaftlichen Anlass. Aber Oisín Cantwell kommentiert im »Aftonbladet« einige der Fragen, die keiner stellt:

> *Vermutlich wäre es ziemlich dreist gewesen, sich dezent zu räuspern, um dann daran zu erinnern, wie der CNN im Sommer detailliert und gut begründet aufdeckte, dass Assange sein Zimmer in der ecuadorianischen Botschaft in eine Kommandozentrale verwandelt hatte und dort nur wenige Tage vor der Veröffentlichung Zehntausender gestohlener Mails durch Wikileaks – deren Inhalt Einfluss auf die Präsidentschaftswahlen in den USA 2016 nahm – russische Hacker empfing.*
>
> *Geradezu unerwünscht wäre es jedoch gewesen, zu hinterfragen, warum Shipton sich von Syrien einladen ließ, um Diktator Baschar al-Assad zu treffen.*[87]

27. September 2019

Ich stehe am Buchmessestand meines Verlags in Göteborg und erblicke Jan Guillou. Er ist einer von den Leuten, die hier zu treffen ich gehofft hatte, denn ich wollte mich für seine Texte über meinen Fall bedanken. Aber er wird gerade von einer Gruppe aggressiver hellhäutiger

Männer mit Fernsehkameras verfolgt, die sein Gesicht aus nächster Nähe filmen. Die Situation hat etwas Bedrohliches, und ich sehe keine Möglichkeit, zu ihm zu gehen. Ich weiß, dass auch er Drohungen von Rechtsextremen erhält.

13. November 2019

In meiner Post liegt ein feinsäuberlich adressierter Brief. Er kommt bestimmt von einer gehässigen alten Dame, denke ich. Schon viel zu viele gehässige alte Damen haben mir anonyme Briefe geschickt, und dies scheint mir ein weiterer zu sein. Meistens enthalten sie irgendwelche Konspirationstheorien oder Schuldzuweisungen und die Aufforderung, mich zu schämen, oder sie künden von dem Irrglauben, dass ich Einfluss auf den Fall nehmen könne.

Ich öffne das Kuvert und erblicke eine hübsche Weihnachtskarte von der künstlerischen Vereinigung der Mund- und Fußmaler. Dann drehe ich die Karte um und sehe, dass es tatsächlich ein gehässiger Brief ist, in dem geschrieben steht, dass ich feige sei, weil ich nicht die Wahrheit über die »Vergewaltigung« ausspräche. Genauso steht es dort, das Wort Vergewaltigung in Anführungszeichen. Und EILIG steht da ebenfalls, in Großbuchstaben. Die Dame hält es offenbar für eilig, dass ich ihre Wahrheit ausspreche. Ich bin aufrichtig enttäuscht, dass ich recht hatte.

Für mich ist es an der Zeit, endlich über die Straftaten zu berichten, völlig unabhängig davon, was im Gesetz steht oder was die verschiedenen Gerichte bislang erreicht haben. Ich finde, es ist höchste Zeit, endlich zu Papier zu bringen, was einem widerfahren kann, wenn man einen Übergriff anzeigt, wenn man öffentlich über alle legalen Demütigungen spricht sowie über Offenheit, Transparenz und letztlich auch Versöhnung.

14. November 2019

Eine Freundin meldet sich und sagt, dass sie kürzlich in einem Zug gesessen und dort gehört habe, wie ein kleines Mädchen seinem Vater gegenüber äußerte, genau zu wissen, dass die Anschuldigungen gegen Julian falsch seien. Und wie das Mädchen dann mit einer beeindruckenden Detailkenntnis alle Konspirationstheorien und andere Lügenmärchen zum Besten gab, die in der Öffentlichkeit kursierten. Wir stellen fest, dass diese Märchen schon so viele Jahre lang so breit gestreut wurden, dass sie irgendwann zu einem Teil unserer Folklore geworden sind. Auch die Richtigstellung irgendwelcher fehlerhaften Theorien durch meine Freunde und Bekannten können nichts daran ändern.

Für mich ist es an der Zeit, das Ganze selbst zu schildern. Von einer Freundin, die ebenfalls gerade ein feministisches Buch schreibt, bin ich auf einen kleinen, erst kürzlich vom Geschäftsmann Petter Stordalen gegründeten Verlag aufmerksam gemacht worden. Ich schicke eine Mail an den Verleger, und er meldet sich umgehend zurück. Nach acht Jahren des Schreibens, Nachdenkens und der Suche nach dem richtigen Verlag glaube ich nun endlich, Antworten gefunden zu haben.

19. November 2019

Die Staatsanwältin Eva-Marie Persson fasst den Beschluss, das Ermittlungsverfahren in Marias Fall einzustellen. In einer Pressekonferenz teilt sie mit, dass Marias Aussage eindeutig, ausführlich und detailliert gewesen sei und sie eine glaubwürdige und zuverlässige Schilderung abgegeben habe. Doch Persson fügt hinzu, dass die Aussagekraft von Beweismitteln wie auch die der Zeugeneinlassungen nach so vielen Jahren nachgelassen habe. Julians Taktik, den Prozess hinauszuzögern, um sich nicht vor Gericht verantworten zu müssen, ist aufgegangen.

Der Beschluss beinhaltet, dass ich nun nicht mehr als Zeugin fungiere und auch formell nicht mehr in irgendeiner Weise in den Fall eingebunden bin. Alle Möglichkeiten, den Fall gerichtlich zu klären, sind also ausgeschöpft, und die von der Staatsanwältin, Maria und mir geforderten Tests werden dementsprechend nie durchgeführt werden. Ich bin maßlos enttäuscht und werde von einem starken Gefühl der Sinnlosigkeit befallen, als wären alle diese Jahre umsonst gewesen. Doch ich empfinde auch Erleichterung. Ich hoffe, dass jetzt endlich allen – selbst anonymen Verfasserinnen von Weihnachtskarten – klar werden wird, dass alles, was Julian von nun an widerfährt, außerhalb meiner Kontrolle liegt. Mich zu demütigen, hat also nicht mehr den geringsten Einfluss auf Julians Situation, unabhängig davon, ob man nun Mister Wikileaks oder dem Sexualstraftäter Julian helfen möchte.

20. November 2019

Petra hat sich die gestrige Pressekonferenz der Staatsanwältin angehört und fragt:

»Wer zum Teufel ist nur diese Zeugin aus Dänemark?«

»Keine Ahnung!«

Ich muss lächeln, weil ich es fantastisch finde, dass doch mehr Leute bereit waren, als Zeugen auszusagen, obwohl es noch immer ein Risiko birgt. Aber ich bin auch froh, dass es der Polizei gelungen ist, weitere Zeugen selbst vor mir geheim zu halten, damit sie keinerlei Hetze ausgesetzt werden.

22. November 2019

Ein ungefähr 80-jähriger Mann aus der Nähe von Karlskrona, der mich schon häufig kontaktiert hat, schickt mir eine weitere Mail. Diesmal schwadroniert er irgendetwas über die UNO. Sie hätten aufgedeckt, dass der schwedische Staat Julian gefoltert habe, und er fordert eine Stellungnahme von mir.

Ich vermute, dass sich seine Ausführungen auf irgendeine andere, ähnlich rechthaberische Darstellung beziehen, die den Anschein erwecken soll, alle Seiten des Falls zu berücksichtigen. »Alle Seiten« umfasst auch die schlimmsten Internetmobber. Seine Mail enthält unter anderem eine gefälschte Titelseite des »Time magazine«, die lange im Internet kursierte und auf der ich zur »Slut of the year« ernannt werde, also zur Schlampe des Jahres. Sein »Bericht« ist mit vielen der Falschbehauptungen gespickt, die auch Julians Verteidiger in all den Jahren vorgebracht haben. Sie umfassen alle möglichen Vorwürfe, angefangen von Beweismanipulation bis hin zu hochpolitischen Theorien über meine Motive für die Strafanzeige. Erneut werden die Menschenrechte mit den Rechten von Männern vermischt, und erneut werde ich zum Symbol für die Macht stilisiert, die es eigentlich zu bekämpfen gilt. Julians mutmaßliches sexuelles Fehlverhalten hingegen wird als Bestandteil des Kampfes für Frieden und Freiheit verteidigt.

Ich gehe davon aus, dass man diesen neuen Bericht nicht besonders ernst nehmen wird und ich somit keine weitere Energie darauf verschwenden muss. Stattdessen ärgere ich mich darüber, dass dieser Mann einfach nicht aufhört, mich mit Vorwürfen und Konspirationstheorien zu konfrontieren und Besserwisser wie er mir noch immer schreiben. Ich bitte ihn, damit aufzuhören und nie wieder Kontakt zu mir aufzunehmen.

Er leitet meine Mail von seiner anonymen Adresse an eine Liste von Empfängern weiter und bezieht mich versehentlich in die nachfolgende Kommunikation mit ein. Dadurch erfahre ich, dass ein Teil der anonymen Mails, die ich im Lauf der vergangenen Jahre erhalten habe, direkt von ihm stammten. Sein Versehen zeigt ebenfalls, dass er ein Unterstützernetzwerk für Julian koordiniert, das sich aus Sympathisanten der Linken und Friedensaktivisten zusammensetzt, die verschiedene eigene Webseiten betreiben, in diversen Foren ihre Kommentare abgeben und darüber hinaus persönliche Treffen arrangieren. Sie scheinen kein Problem damit zu haben, dass ihre Aktivitäten auf Marias und meine Kosten gehen. Im Gegenteil, sie bilden eine weitere Gruppe von Leuten, die alles daransetzen, uns als Täter zu brandmarken. Vielleicht war es ja jemand von dieser Liste, den ich in Södermalm mit einem Leinenbeutel des Nationaltheaters *Dramaten* herumlaufen und Kopien mit Julians Konterfei an Plakatwände kleben sah. Zumindest bin ich mir sicher, gewisse Namen von Organisatoren und Teilnehmern der Veranstaltung, die auch Julians Vater besuchte, schon einmal gehört zu haben.

Dem nachfolgenden Austausch im Internet entnehme ich, dass die Mitglieder dieses Netzwerks der Überzeugung sind, ich sei persönlich an einer Folter Julians beteiligt. Eines der Mitglieder – eine angesehene ehemalige Politikerin und Gerüchten zufolge eine Liebhaberin Fidel Castros – macht mich in einer Mail im Thread »dafür verantwortlich, dass Julian wegen psychischer Folter in einem englischen Gefängnis sterben wird, weil er alle Vorwürfe bestreitet und selbst die Märtyrerrolle übernimmt«.

Natürlich ist es schlimm, ein ums andere Mal mit dem Vorwurf konfrontiert zu werden, selbst aktiv zu Grausamkeiten beigetragen zu haben. Doch ich halte es für möglich, beides, sowohl das Recht der Frauen auf eine juristische Verfolgung von Sexualstraftaten als auch das Recht auf die Enthüllung von gesellschaftlich bedeutsamen Dokumenten über Kriegsverbrechen, zu verteidigen. Und da es für mich völlig ausgeschlossen war zu lügen, hätte ich nichts anderes tun können, um all das abzumildern, was Julian widerfahren ist. Was mich jedoch am meisten ärgert, ist die mangelnde Fähigkeit der Leute zur Einschätzung von Machtverhältnissen.

Ich kann mir nur schwer vorstellen, wie der Kampf für die Befreiung Assanges gelingen soll, wenn seine Unterstützer zu dem Ergebnis gekommen sind, dass ausgerechnet ich eine der einflussreichsten Machthaberinnen sei, die zur Verantwortung gezogen werden müssten. Diese mangelnde Fähigkeit zur Differenzierung hat ebenfalls bewirkt, dass viele Menschenrechtsverteidiger offenbar nicht gesehen haben, wie ihr Kampf verzerrt wurde und somit eher zu einer Verteidigung von Julians Machtmissbrauch Frauen gegenüber geführt hat als zu einer Kritik des

Machtmissbrauchs der USA gegen Whistleblower. Dass diese Menschenrechtsverteidiger ihre Zeit stattdessen auf den Kampf für die Befreiung Assanges verwendet haben, indem sie Opfer von Sexualstraftaten wie so oft mit Schmutz bewarfen und erniedrigten, anstatt den Kampf für die Befreiung Mannings aufzunehmen, zeigt meines Erachtens, dass sie sich nicht genügend Gedanken darüber gemacht haben, wie die Welt tatsächlich aussieht.

Und ich frage mich wirklich, woran das liegt. Julian ist es gelungen, sich einem Gerichtsprozess wegen Sexualstraftaten zu entziehen. Chelsea Manning hingegen musste sich vor Gericht verantworten, da sie genau jene wichtigen Dokumente enthüllt hatte, die Wikileaks kurz darauf dem »Guardian« und anderen Medien zwecks Veröffentlichung zugespielt hat. Und während Julian sich verbarrikadierte, wurde Manning inhaftiert. Warum hat Julians Kampf für Wahrheit und Meinungsfreiheit in diesen zehn Jahren anstelle von demjenigen Mannings im Fokus gestanden? Womöglich, weil es vielen leichter fällt, sich mit ihm zu identifizieren als mit ihr? Passt er besser ins Bild des klassischen Helden als sie? Oder ist es womöglich so, dass in den Augen vieler der Kampf für Meinungsfreiheit dem Kampf für die Rechte der Männer untergeordnet ist? Dass der Kampf, Julian gegen eine »falsche« Schuldzuweisung wegen Übergriffen zu verteidigen, wichtiger ist, als eine Whistleblowerin gegen die Anklage wegen Spionage zu verteidigen?

9. Dezember 2019

Eine Schwedin, die ihre eigene Geschichte bei #metoo eingestellt hat, wird verurteilt, weil sie den Täter fälschlich beschuldigt hatte. Das Amtsgericht schreibt in einer Stellungnahme, dass die von ihr gemachten Angaben zum Täter »eine weitaus schwerwiegendere Tat implizieren und [ihm] vorsätzlich ernsten Schaden zugefügt haben«[88] Sie wird wegen schwerer Verleumdung verurteilt. Natürlich ist es traurig, wenn es Frauen erschwert wird, Übergriffe öffentlich zu machen. Auch ich selbst habe ein wenig Angst davor, was mir womöglich widerfährt, wenn das Buch, an dem ich gerade schreibe, veröffentlicht wird. Zugleich ist es aber auch ein Zeichen dafür, dass Anklagen wegen Sexualstraftaten nicht in Hetztribunalen entschieden werden sollten. Was ich für gut halte, denn genau dies hat sich negativ auf die MeToo-Bewegung ausgewirkt. Endlich haben sich Hunderttausende Frauen getraut, ihre Erfahrungen diesbezüglich öffentlich zu machen. Doch ihre solidarische Schilderung eines gesellschaftlichen Problems wurde zunehmend durch Berichte von Promis in den Schatten gestellt. Vielleicht ist diese Kampagne gerade durch die Veröffentlichung von Namen so bedeutsam und spektakulär geworden, doch als die Diskussion immer weiter auf die Handlungen einzelner Männer reduziert wurde, verlor sie viel von ihrem eigentlichen Sinn. Anstatt in eine weitgefächerte Bewegung mit dem Ziel zu münden, die Spielregeln zu ändern, resultierte sie in einer Medienhetze, bei der die SpielerInnen gejagt wurden. Und jene Männer, die damals öffentlich beschuldigt wurden, scheinen jetzt einer nach dem anderen zurückzukehren. Rehabilitiert und mit weißer Weste, ohne dass sie je Reue gezeigt oder eine Veränderung ihres Verhaltens angestrebt hätten. Warum sollten sie auch, sie haben sich ja schließlich an die Regeln gehalten.

2020

18. Februar 2020

Nachdem ich früher hauptsächlich von Antifeministen, Faschisten und *Incel*-Männern sowie Trump- oder Putin-Anhängern kontaktiert wurde, merke ich seit einiger Zeit deutlich, dass die Internet-Angriffe wieder von Menschenrechtsverteidigern und Linksaktivisten wie dem Mann aus Karlskrona und seinem Netzwerk kommen.

Eine Freundin, die im EU-Parlament sitzt, ruft mich an und erzählt mir, dass sie gebeten wurde, eine Petition zugunsten von Julian Assange zu unterzeichnen. Medien zufolge – darunter hauptsächlich deutschen – stünde jetzt fest, dass er nie irgendwelche sexuellen Übergriffe begangen habe und die Vorwürfe gegen ihn frei erfunden seien. Ausgehend von diesen falschen Angaben hat eine der deutschen Parlamentarierinnen aus dem sozialdemokratischen Lager Stellung bezogen und bittet nun andere Menschen, sich ihr anzuschließen.

Meine Freundin aus dem EU-Parlament fragt, ob sie der Deutschen meine Nummer geben dürfe, was ich ihr erlaube. Die Frau ruft mich an, und ich erkläre, dass es sich durchaus um einen Übergriff handelte und mehrere Gerichte einen hinreichenden Verdacht festgestellt haben. Am Telefon wird es still, kurz darauf sagt sie:

»Aber dann stimmt dieser UNO-Bericht ja gar nicht.«

UNO-Bericht? Offenbar ist das, worüber sich die Besserwisser in ihren Mails austauschten, doch nicht frei erfunden. Vielleicht ist die Sache viel ernster, denke ich und bestätige ihre Worte:

»Nein. Ich habe ihn zwar nicht gelesen, aber wenn irgendein Beamter sich auf einmal das Recht herausnähme, Assange von jeglicher Schuld freizusprechen, wäre das schon äußerst bedenklich.«

Ein offiziell anerkanntes Gericht hätte den Fall prüfen und Julian freisprechen können, doch dem hat er sich ja verweigert. Natürlich ist er juristisch betrachtet so lange unschuldig, bis das Gegenteil bewiesen wird, doch diese Sache scheint mir bedeutend weiter zu reichen. Es handelt sich offenbar um einen neuerlichen Beitrag im Pöbeltribunal.

Mir wird klar, dass es irgendein UNO-Dokument geben muss, das für eine erneute Zunahme der Angriffe gegen mich sorgt. Im Namen einer großen internationalen Behörde scheint also irgendein Schriftstück verbreitet worden zu sein, das einem offiziellen Richterspruch hinsichtlich der Schuldfrage gleichkommt.

Doch bevor ich die Sache weiterverfolgen kann, werde ich von einer Journalistin der Zeitung »Feministiskt perspektiv« kontaktiert und danach gefragt, ob ich wisse, was dieser deutsche Fernsehkanal damit meine, dass »die Vorwürfe wegen Sexualstraftaten frei erfunden« seien.

Auch diese Frage muss in irgendeiner Form mit dem erwähnten UNO-Bericht zusammenhängen. Wenn es tatsächlich einen solchen Bericht gibt und in diesem wirklich steht, was die Leute zu glauben scheinen, ist es richtig übel. Aber das erscheint mir noch immer höchst unwahrscheinlich. Ich suche im Internet nach dem Bericht, um selbst zu lesen, was drinsteht. Doch auf der Website vom Büro des Hohen Kommissars der Vereinten Nationen für Menschenrechte, OHCHR, kann ich kein entsprechendes Dokument finden. Ich frage mich, ob es sich nicht doch um einen Bluff handelt.

19. Februar 2020

Ich schicke eine Mail an das OHCHR, um darauf hinzuweisen, dass ein in seinem Namen verbreiteter Bericht eine Welle von Desinformationen ausgelöst hat, die Maria und mir Schaden zufügen. Ich schreibe auch, dass ich gerne behilflich dabei wäre, eventuelle Missverständnisse auszuräumen, den Bericht selbst aber nirgends finden könne.

21. Februar 2020

Ein Mann namens Nils Melzer beantwortet meine Mail. Er ist im ideellen Auftrag für das OHCHR als UNO-Sonderberichterstatter über Folter tätig und schreibt, dass es keinen Bericht gebe. Stattdessen handele es sich um einen Brief, den er in seiner Eigenschaft als Sonderberichterstatter und Mitarbeiter des OHCHR an die schwedische Regierung gerichtet habe. Er hängt diesen Brief an. Wie sich herausstellt, beinhaltet er ein Sammelsurium wirrer Angaben, die er von Julians Verteidigung erhalten hat. Darin behauptet er tatsächlich schwarz auf weiß, dass man Julian in Schweden gefoltert habe.

In der Einleitung des Briefes stellt der Berichterstatter klar, dass es ihm nicht darum gehe, seine persönliche Meinung zu dem Fall zu äußern und er auch keine Schuldzuweisungen vornehmen möchte. Er schreibt weiter, dass sein Auftrag einzig und allein darin liege, Staaten zu kritisieren, die sich nach seiner Auffassung der Folter schuldig gemacht hätten. Doch der gesamte Brief läuft bereits von der ersten Zeile an darauf hinaus, sowohl Marias und meine Aussagen samt den Beweisen anzufechten, als auch unser Verhalten und letztlich das von all jenen Menschen anzuzweifeln, die uns geglaubt und sich für eine Prüfung unserer Fälle eingesetzt haben.

Im Brief wird ebenfalls dargelegt, dass ein echtes Opfer davon absehen würde, den Täter weiterhin in seiner Wohnung übernachten zu lassen, und ein echtes Opfer auch nicht am nachfolgenden Abend twittern würde, dass das Zusammensein nett gewesen sei. Ein echtes Opfer hätte zudem Maria gewarnt, als es wusste, dass der Täter auf Sex mit ihr aus war. Des Weiteren hält es der Verfasser für äußerst verdächtig, dass die Polizistin – die in den Akten mit den Initialen IK angegeben wird und die erste Vernehmung Marias durchgeführt hat – ebenso wie ich den Sozialdemokraten, der größten Partei Schwedens, angehört. Dann behauptet er fälschlicherweise, dass der Staat den Rechtsbeistand Claes Borgström für uns »ernannt« habe und deutet an, dass dies aufgrund von dessen politischer Nähe zu den Sozialdemokraten geschehen sei, um weiter auszuführen, dass Claes seine Kanzlei gemeinsam mit

Thomas Bodström betrieb. Er hält es für kompromittierend, dass Bodström nicht nur Sozialdemokrat, sondern auch Minister sei, versäumt es jedoch, darauf hinzuweisen, dass Bodström seinen Ministerposten bereits vier Jahre vor Julians Übergriffen auf mich und Maria aufgegeben hat. Bezüglich unserer Beweise stellt er die altbekannte Behauptung auf, dass sich auf dem Kondom, das ich der Polizei übergeben habe, keine DNA-Spuren befänden. Im Anschluss kritisiert er die Justiz und meint, dass die Staatsanwältin die Ermittlungen unverhältnismäßig in die Länge gezogen habe, obwohl Julian – Melzer zufolge – *alles* für eine Zusammenarbeit getan habe, was er konnte.

Mir wird ganz flau im Magen. Von den fünfzig Punkten, die er in seinem Brief anspricht, enthalten die meisten grobe Fehler. Andere sind zwar einigermaßen korrekt, wurden aber falsch gedeutet, und manche sind wiederum geradezu beleidigend. Er verurteilt die Anschuldigungen gegen Julian aufs Schärfste und nennt sie »an unqualified ›rape suspect‹ narrative«, eine unqualifizierte Geschichte über einen Vergewaltigungsverdacht.

Seine womöglich stärkste These ist jedoch genau jene, die auch in den deutschen Medien aufgegriffen wurde: Die Polizei habe die Beweise gefälscht. Diese Fälschung besteht Melzer zufolge darin, dass die Polizei den Inhalt eines Protokolls von Marias Vernehmung ausgetauscht habe. Seiner Auffassung nach zeigt allein dies, dass Maria nie einem Verbrechen ausgesetzt gewesen war. Der Grund für seine Behauptung ist ein Mailwechsel zwischen zwei Polizisten. Es handelt sich um die Beamtin mit den Initialen IK sowie einen höherrangigen Polizisten mit den Initialen MG. In diesem Mailwechsel fragt IK den Kollegen, wie sie vorgehen solle, um ein Vernehmungsprotokoll zu bearbeiten, das in einer verschlüsselten, für sie unzugänglichen Datei gespeichert sei. MG bietet an, ihr den Text zu schicken, damit sie ihn ausdrucken und mit ihrem Namen unterzeichnen könne. Dieser Hinweis mag einem suspekt vorkommen, doch im Ermittlungsprotokoll (das Julians Anwälte Melzer ebenfalls zugespielt haben) findet sich eine Notiz, die erklärt, worum es dabei geht. Melzer beteuert in seiner Kommunikation mit mir und auch in einem Interview mit der Zeitung »Feministiskt perspektiv«, dass er nicht befugt sei, in juristischen

Fällen selbst zu recherchieren.[89] Da Julians Verteidigung diese Notiz jedoch nicht an ihn weitergeleitet hat, konnte er sie auch nicht einsehen, obwohl das betreffende Dokument im Internet auffindbar ist (als Scan inklusive der Faxnummer von Julians Strafverteidigern und weiteren Informationen). Doch zum tatsächlichen Ablauf des Geschehens:

An jenem Freitag, als Maria und ich zum ersten Mal zur Polizei gingen, hatte IK ihren ersten und letzten Einsatz in den polizeilichen Ermittlungen in unserem Fall. Sie führte eine lange Vernehmung mit Maria durch, die erst gegen neunzehn Uhr endete. Hinterher machte sie sich zwar Notizen, schaffte es jedoch nicht, diese noch vor dem Wochenende ins Reine zu schreiben. Am Montagmorgen war IK nicht länger in die Ermittlungen involviert und hatte deswegen keinen Zugang mehr zum Dokument, um die Vernehmung ins Reine zu schreiben. Deshalb fragte sie MG, den Polizisten, der mittlerweile die Verantwortung für den Fall übernommen hatte, wie sie vorgehen solle. MG, der Zugang zum Protokoll hatte, kopierte es und mailte es ihr. Daraufhin erstellte sie ein neues Dokument, schrieb den Text ins Reine und speicherte die Datei ab. Im Computersystem der Polizei erhalten Dokumente das Datum, an dem sie erstellt werden und somit in diesem Fall nicht jenes, an dem die Vernehmung stattfand.

Es handelt sich also nicht um eine Fälschung oder gar neue Angaben, sondern um eine Nachfrage zum Prozedere der elektronischen Registrierung im polizeilichen Computersystem. Julians Verteidigung weiß ebenfalls, dass nichts auf irgendeine Fälschung hindeutet. Und dennoch ist dieses absolut nachvollziehbare kleine technische Problem – und wie die Polizei es gelöst hat – zu einem tragenden Beweis dafür geworden, dass eigentlich überhaupt keine realen Anschuldigungen gegen Julian vorlägen.

Doch Melzers Konspirationstheorie geht noch weiter. Mit seiner Behauptung, dass die Polizisten gemeinsam mit mir Beweise gefälscht hätten und wir »denselben Plan verfolgen« würden, unterstellt er mir außerdem, in das Komplott involviert zu sein. Doch außer der Tatsache, dass IK und ich beide Mitglieder der Sozialdemokraten sind, macht er keine weiteren Angaben dazu, was dieser Plan beinhalten soll.

Da Melzer betont, selbst nicht befugt zu sein, die Angaben von Personen zu überprüfen, die behaupten, einer Folter ausgesetzt gewesen zu sein, beschließe ich, ihm auf die Sprünge zu helfen. In einem 23 Seiten langen Dokument liefere ich ihm die logischen Erklärungen für den oben genannten Sachverhalt und stelle auch die anderen Falschbehauptungen und Missverständnisse richtig, die Melzer von Julian übernommen und weitergeleitet hat. Er entgegnet, meine Behauptungen nicht einfach für bare Münze nehmen zu können, ohne sie eingehend zu prüfen. Doch anstatt sie zu prüfen, verwendet er meine Worte gegen mich.

Der pensionierte Journalist Jesús Alcalá meldet sich bei mir. Er galt als einer der umstrittenen Vorsitzenden von Amnesty International in Schweden, und ich habe schon seit vielen Jahren nichts mehr von ihm gehört. Sein aktuelles Anliegen besteht darin, mich mit dem Inhalt des Dokuments, das ich an Melzer geschickt habe, zu konfrontieren. Melzer hat also meine Mails an Julians Unterstützernetzwerk weitergeleitet und versucht jetzt gemeinsam mit diesem, meine Argumente zu widerlegen und Julian zu verteidigen. Sie verfolgen das Ziel, Julian von der Verantwortung für seine mutmaßlichen Sexualstraftaten zu entbinden.

Auch die schwedische Regierung hat Melzers Brief beantwortet. Man hat ihm unter anderem erklärt, wie das unabhängige schwedische Gerichtswesen funktioniert und dass es keinen Grund für den Vorwurf einer politischen Konspiration gebe. Melzer schickt weitere Briefe an die Regierung, die wiederum auf ihre erste Antwort verweist. Doch in den Medien behauptet Melzer weiterhin, dass die schwedische Regierung ihm »eine Antwort verweigere«.

Ich wende mich an Pia und fasse das Ganze für sie zusammen:

»Melzer ist der Auffassung, dass die schwedischen Behörden Julian im Rahmen der Ermittlungen gefoltert hätten. Und, ob du es glaubst oder nicht, beschuldigt mich ein UNO-Berichterstatter, gemeinsam mit Thomas Bodström, einem ehemaligen Minister, dem ich nie persönlich begegnet bin, ein zehn Jahre andauerndes Massenmediendrama inszeniert zu haben, um einen Helden in den Foltertod in die USA zu schicken.«

Wir schweigen kurz und schauen uns an.

»Ein weiteres Mal«, sagt Pia schließlich, »zeigt ein sogenannter Vertreter der Menschenrechte, dass er die Rechte von Frauen eigentlich nicht als Bestandteil seiner Arbeit sieht. Darum geht es hier doch letztlich.«

Eine große Anzahl fehlerhafter Theorien und Falschbehauptungen, die schon seit Jahren in der Welt zirkulieren, hat sich jetzt sogar einen Weg bis in eine unserer bedeutendsten internationalen Institutionen für Menschenrechte hinein gebahnt. Damit ist Julians dritte Verteidigungsstrategie – dass die Schuldzuweisungen ein Mittel der Machthaber seien, um ihn persönlich für die Enthüllungen durch Wikileaks zu bestrafen – mittels eines Aktivisten mit einem UNO-Stempel einer offiziellen Wahrheit so nahe gekommen, wie es für eine Lüge nur möglich ist. Das Ganze ist ein weiterer Versuch, Julian offiziell freizusprechen, obwohl er nie an einem Prozess teilgenommen hat, der genau das hätte bewirken können.

Claes ist schwerkrank, und die Operationen, denen er sich wegen seiner Rückenprobleme unterzogen hatte, sowie der Shunt, der ihm eingesetzt wurde, um überschüssige Flüssigkeit aus dem Gehirn abzuleiten, haben nicht die gewünschte Wirkung erzielt. Allein schon das Bett zu verlassen, bereitet ihm größte Mühe, und als wir telefonieren, hört man deutlich, wie sehr ihn auch das Sprechen anstrengt. Doch er möchte unbedingt Melzers Behauptungen öffentlich entgegentreten, und aus diesem Grund werden wir einen offenen Brief verfassen. Am Telefon sagt er mir auch, wie wichtig ich ihm sei und wie unglaublich froh er sei, mit mir zusammenarbeiten zu dürfen. Ich kann diese Komplimente nur zurückgeben. Gemeinsam mit Pia unterschreibt Claes eine Antwort an Melzer:[90]

> Im Zuge der laufenden Verhandlungen über die Frage, inwiefern Großbritannien dem Anliegen der USA entsprechen wird, Julian Assange auszuliefern, sind die beiden schwedischen Frauen, die wegen Sexualstraftaten Strafanzeige gegen Assange erstattet haben, erneut das Ziel eines Sturms von Bedrohungen,

Anfechtungen und Demütigungen geworden. Nicht nur ihre Aussagen werden für nichtig erklärt, sondern darüber hinaus werden sie auch noch beschuldigt, Teil einer politischen Verschwörung zu sein, die das Ziel verfolge, Wikileaks zum Schweigen zu bringen und somit die USA zu unterstützen.

Einen zentralen Punkt in der Debatte über die Auslieferung bildet die Behauptung, das schwedische und auch das britische Rechtswesen hätten den Fehler begangen, auf die Vorwürfe wegen sexueller Übergriffe einzugehen. Jegliche Folgen, die Assange daraufhin »zu spüren bekam« – wie sein siebenjähriger Aufenthalt in der ecuadorianischen Botschaft – seien Behauptungen zufolge »Strafe genug« oder geradezu ein Grund für die Zahlung von Schadensersatz durch Schweden.

Falls Assange aufgrund der schwedischen polizeilichen Ermittlungen tatsächlich ein Trauma erlitten haben sollte, wäre dieses Trauma allerdings selbstverschuldet. Julian Assange hat in den fast zehn Jahren, die vergangen sind, seit er eine Zusammenarbeit hinsichtlich der legitimen Forderung verweigerte, einen HIV-Test zu absolvieren, die Ermittlungen gegen ihn wegen sexueller Übergriffe konsequent behindert. Er hat sich einer Zusammenarbeit mit der Polizei verweigert und sich geweigert, zur Vernehmung zu erscheinen. Und als schließlich doch eine Vernehmung zustande kam, hat er sich geweigert, die ihm gestellten Fragen zu beantworten sowie eine DNA-Probe abzugeben. Außerdem hat er mindestens eine PR-Agentur damit beauftragt, beide Frauen, die Strafanzeige gegen ihn erstatteten, zu verleumden.

Sowohl Assange selbst als auch viele seiner Verteidiger behaupten, dass seine Weigerung, in Schweden zur Vernehmung zu erscheinen, ausschließlich mit seiner Angst vor einer Auslieferung an die USA zusammenhänge. Doch als Assange Schweden verließ, um einer Vernehmung wegen der sexuellen Übergriffe zu entgehen, verließ er ein Land, das Menschen nicht an die USA ausliefert, wenn sie einer politischen Straftat verdächtigt werden. Stattdessen begab er sich nach Großbritannien – in ein Land, das ein weitreichendes Auslieferungsabkommen mit den USA unterhält – und legte Rechtsmittel bis zur letzten Instanz ein, um nicht nach Schweden ausgeliefert zu werden. Und dies, obwohl eine Überstellung nach Schweden und eine Fortsetzung des juristischen Verfahrens eine eventuelle Auslieferung an die USA unmöglich gemacht hätten, weil sowohl Großbritannien als auch Schweden dieser hätten zustimmen müssen. Damit erscheint es weitaus plausibler, dass Julian Assange vielmehr aus Angst vor einer Verurteilung wegen der Sexualstraftaten nicht in Schweden erscheinen wollte.

Obwohl der Verdacht auf sexuelle Übergriffe und die Straftaten, deren Assange in den USA angeklagt ist, nichts miteinander zu tun haben, sind sie in der Debatte miteinander vermengt worden. Dies geschah bereits einige Jahre bevor überhaupt ein Auslieferungsgesuch gestellt wurde. Doch jetzt hat diese Debatte eine neue Dimension angenommen.

Dies allein ist schon beunruhigend, doch ein ernsthafter Grund dafür, auf diese Verschiebung der Debatte zu reagieren, besteht darin, dass jetzt sogar Nils Melzer, der Sonderberichterstatter der UNO über Folter, beschlossen hat, sich den Verteidigern Assanges anzuschließen. Er hat bereits mehrere Briefe an die schwedische Regierung geschickt. Sie enthalten unter anderem fünfzig Punkte, die seinen Behauptungen zufolge auf unterschiedliche Weise dafür sprechen, dass der schwedische Staat Assange der Folter unterzogen habe. Die meisten dieser Punkte zielen darauf ab, die geschädigten Frauen zu belasten oder deren Vorwürfe gegen Assange zu bestreiten sowie den Umgang von Polizei und Staatsanwaltschaft mit diesen Schuldzuweisungen zu kritisieren. Sämtliche in diesen fünfzig Punkten aufgestellten Behauptungen gründen sich auf falsche Tatsachen oder Fehldeutung derselben. Melzer lässt in seinem Brief auch die Tatsache außer Acht, dass alle gerichtlichen Instanzen, die den Fall geprüft haben – Tingsrätt, Hovrätt und Högsta domstolen –

festgestellt haben, dass ein hinreichender Verdacht auf die Straftaten besteht, deren Assange angeklagt wird.

Es ist schon bemerkenswert, dass ein Berichterstatter der Vereinten Nationen die schwedische Regierung dazu auffordert, von dem durch das Grundgesetz geschützten Prinzip der Souveränität der Gerichte abzuweichen und stattdessen Garantien für zukünftige Urteilssprüche hinsichtlich einer Auslieferung an die USA auszusprechen. Doch wenn Melzer darüber hinaus Konspirationstheorien verbreitet, die ihren Ursprung in einer einseitigen Sichtweise haben, die ihm offenbar von Assanges Verteidigung vermittelt wurde, geht er weit über sein Mandat hinaus. Wie es scheint, sind keinerlei Versuche unternommen worden, die Sachinformationen in Melzers Brief mit anderen Quellen abzugleichen und zu verifizieren. Und das, obwohl diese fehlerhaften und einseitigen Angaben zu ernsthaften und noch dazu grundlosen Anschuldigungen geführt haben. Demzufolge sollen Mitarbeiter der schwedischen Polizei und Staatsanwälte im Einvernehmen mit unserer Mandantin Beweise manipuliert und zurückgehalten haben, und die zweite geschädigte Frau wurde dazu gedrängt, ihre Zeugenaussage zu widerrufen.

Melzer geht sogar so weit, technische Beweismittel anhand falscher Angaben zu bewerten, die er von Assanges Strafverteidigern erhalten hat. Aus der Darstellung geht ebenfalls hervor, wie nach Melzers persönlichem Dafürhalten »ein echtes Vergewaltigungsopfer« handeln sollte, womit eine Wertung des von den Geschädigten geschilderten Verhaltens vorgenommen wird. Es ist geradezu inakzeptabel, dass ausgerechnet ein UNO-Berichterstatter so wenig Verständnis dafür hat, wie Menschen auf ein Trauma reagieren können.

Nils Melzer setzt mit seinem Handeln die Glaubwürdigkeit und das Ansehen der gesamten Vereinten Nationen herab, wenn er auf diese Weise sowohl die Geschädigten als auch die schwedischen Behörden kompromittiert und diesen noch dazu unterstellt, vorsätzlich und mit politischen Motiven die Meinungsfreiheit zu verletzen. Unsere Arbeit bestand darin, das Recht der Frauen zu verteidigen, Übergriffen zu entgehen. Ein Rechtsstaat ist definitiv in der Lage, sowohl die Meinungsfreiheit als auch das Recht von Verbrechensopfern auf eine Prüfung ihres Falles zu verteidigen.

Die weltweite Situation für Journalisten und Whistleblower ist zunehmend kompliziert geworden. Doch viel zu viele Menschen, die sich zum Ziel gesetzt haben, die Ideale zu verteidigen, für die sich auch Assange nach eigenen Aussagen so lange eingesetzt hat, verschwenden stattdessen ihre Zeit damit, zwei Frauen direkt und auch indirekt zu verleumden und einer Schmutzkampagne zu unterziehen. Die Frauen sind Opfer von Straftaten geworden, doch aufgrund von Assanges Verhalten wurde ihnen nie ein faires Gerichtsverfahren gewährt. Stattdessen werden sie nun seit zehn Jahren von Hass, Drohungen und Anfechtungen verfolgt. Das muss endlich ein Ende nehmen.

Claes Borgström
Rechtsanwalt, ehemaliger Rechtsbeistand

Pia Engström-Lindgren
Ehemalige Rechtsanwaltsanwärterin von Rechtsanwalt Claes Borgström, nunmehr Rechtsanwältin

Ich hatte das Glück, Rechtsanwälte an meiner Seite zu haben, die meine Interessen nicht nur im rechtlichen Verfahren, sondern auch in der Öffentlichkeit verteidigten. Nicht nur vor Gericht, sondern auch vor dem Hetztribunal, und dies nicht bloß bis zur Verjährung meines Falls, sondern bis weit nach dem offiziellen Ende ihres Auftrags. Das ist ein Segen. Ich weiß nicht, wie ich diese Zeit ohne sie überstanden hätte.

22. Februar 2020

Ich lese mein Vernehmungsprotokoll vom 5. Januar 2011. Der Inhalt schockiert mich, und ich bin selbst überrascht, wie sehr mich die Beschäftigung damit belastet. Ich war fest davon überzeugt, die Vorfälle bereits verarbeitet zu haben. Überzeugt, dass sie ein abgeschlossenes Kapitel meines Lebens seien, und auch, dass ich mich an alles genau erinnern könne.

Ich erinnere mich tatsächlich an ungewöhnlich vieles und auch an weitaus mehr Einzelheiten, als ich bei der Polizei zu Protokoll gegeben habe, obwohl das Ganze bereits so lange her ist. Ich musste oft an die Nötigung und die Insemination, den Rülpser ins Gesicht und das Gefühl, in mehrfacher Hinsicht ausgenutzt zu werden, zurückdenken und habe dies auch häufig thematisiert. Doch die Vorfälle waren noch um einiges schwerwiegender als in meiner Erinnerung. Beispielsweise erinnere ich mich nicht mehr daran, während des Übergriffs den Tränen so nahe gewesen zu sein, doch anhand meiner eigenen Schilderung höre ich, dass es tatsächlich so war. Außerdem hatte ich völlig vergessen, dass ich eine Klinik für Geschlechtskrankheiten aufgesucht und den Krankenschwestern dort dementsprechend von dem Vorfall berichtet hatte: von der Nötigung durch Julian, von meiner Angst, mich angesteckt zu haben und meinem starken Unbehagen. Ich hatte die Schwestern auch als Zeugen benannt. In der Vernehmung erwähnte ich auch ein schmerzhaftes Detail: Keine der beiden reagierte darauf, dass ich ihnen gerade einen Übergriff geschildert hatte. Meiner Aussage zufolge hatten sie mich weder darauf aufmerksam gemacht, dass es sich möglicherweise um eine Straftat handeln könnte, noch darauf, dass Julians Verhalten nicht in Ordnung gewesen sei. Sie kommentierten dies überhaupt nicht.

In der Vernehmung fragte mich der Polizist auch, ob ich den Medienrummel nicht hätte vorhersehen können:

»Sie haben ja eine gewisse Erfahrung was Medien angeht, nicht zuletzt, weil Sie als Pressereferentin arbeiten.«

»Mhm.«

»Konnten Sie diese Sache [wie die Medien mit dem Fall umgehen würden] absehen? (…)«

»Ganz und gar nicht, also das ist völlig …«

»(…) welche Auswirkungen hätten Sie erwartet, nachdem die Fakten an die Öffentlichkeit gedrungen sind?«

»Also ich habe schon vermutet, dass mein Name im Zusammenhang mit dem Gerichtsprozess an die Öffentlichkeit kommen würde. Aber ich hab mir nicht so viele Gedanken darüber gemacht, wann sein Name herauskommen würde. Ich dachte wohl, dass es erst beim Prozess sein würde oder so. Oder dass es vermutlich schon vorher auf Flashback herauskommen würde. Aber nicht, dass es … nicht dass es solche Ausmaße annehmen würde. (…) Aber klar, ich hätte es wissen müssen (…), dass sein Name in den Zeitungen stehen würde.«

»Mhm.«

»Ja, aber ich weiß nicht, es war irgendwie nicht, ich hatte es nicht auf dem Schirm. Ich hab ja nicht mal … Als [Maria] anrief (…) vorher hatte ich gedacht, dass ich gar nicht hingehen würde, dass ich keine Aussage machen würde. Aber dann war es so, dass (…) ich es so eilig hatte … Oder, na ja, ich musste mich jedenfalls ziemlich beeilen, damit sie bei der Arbeit nicht merken würden, dass ich weg war. (…) Es gab ja unglaublich viele Diskussionen darüber … Also in wie vielen Schritten ich das Ganze geplant hätte. Und dass ich mir die logischen Abläufe doch hätte ausmalen können, sowohl die juristischen als auch die journalistischen und die persönlichen und all das. Dass ich die Folgen in tausendfacher Hinsicht hätte abschätzen müssen. Also all das, was hunderttausend Menschen schon seit vier, fünf Monaten im Internet diskutieren, das hätte ich in dieser Viertelstunde kapieren sollen, die mir zum Nachdenken blieb.«

»Ja.«

»Aber so war es nicht.«

»Sie haben es also nicht einmal in Erwägung gezogen.«

»Nein, das habe ich nicht.«

»Nein.«

»Und dann kam das: Ja, aber du arbeitest doch mit der Presse zusammen, das hättest du aber verflucht noch mal wissen müssen. Tja, eigentlich schon. Aber wenn ich es gewusst hätte, wenn ich nur ein Prozent von all dem, was danach geschehen ist, gewusst hätte, wäre ich nie zur Polizei gegangen. Und eigentlich ist es so, ich werde nie mehr irgendwem empfehlen, eine Vergewaltigung anzuzeigen ... Weil ... Denn genau das habe ich eigentlich mein Leben lang getan [unverständlich] versucht, den Frauen zu sagen, dass sie Strafanzeige erstatten müssen, weil sie es anderen Frauen schuldig sind. Aber das ist die Sache nicht wert. Das ... Wenn man Anzeige erstattet, kommt nichts Gutes dabei heraus.«

[weint]

»Mhm. Sagen Sie, wenn Sie eine Pause brauchen.«

»Ja [unverständlich].«

»Wir machen eine Pause, es ist 10 Uhr 40.«

(Vernehmungspause)[91]

Alle Empfindungen, die ich während der Vernehmung hatte, kommen auf einmal wieder hoch. Die Erinnerung daran, wie meine Stimme irgendwann ins Stocken geriet, bis es mir unmöglich war weiterzusprechen. Die Gefühle, die an die Oberfläche drangen und mich überwältigten, sobald ich ihnen auch nur im Geringsten nachgab: Beispielsweise als ich an der Reaktion des Polizisten erahnte, dass ich hätte wissen müssen, was geschehen würde. Während es mir selbst völlig unmöglich erschienen war, dies vorherzusehen. Ich habe das starke Bedürfnis, mich zu rechtfertigen. Die 40-jährige Anna möchte die 30-jährige Anna verteidigen, die weinend in der Vernehmung sitzt.

Ich muss meine Lektüre unterbrechen, weil ich mir vorstelle, wie ich – also mein 40-jähriges Ich – mein 30-jähriges Ich umarme, so wie ich es in der Therapie gelernt habe. Ich sage ihr – also mir selbst –, dass ich es richtiggemacht habe und dass es gut war, zur Polizei zu gehen.

Dann schiebe ich alle anderen Verpflichtungen beiseite, um mich der Schilderung dessen zu widmen, was damals wirklich passierte, aus meiner Perspektive betrachtet.

24. Februar 2020

Heute beginnt in London eine Gerichtsverhandlung, die sich mit dem Antrag der USA auf eine Auslieferung Julians befasst. Da das amerikanische Militär Kriegsverbrechen als geheim einstuft, werden Personen, die sie enthüllen, in den USA als Spione angesehen. Außerdem halten es die USA für ihr gutes Recht, diese sogenannten Spione aus allen Ländern der Welt nach Amerika zu holen, um sie zu bestrafen.

Ich finde das Ganze völlig absurd. Dieses Gerichtsverfahren hat nichts mit meiner Person zu tun, aber der Hass strömt erneut auf mich ein, und ich werde wieder zum Sündenbock. Reihenweise Männer stellen meine Kontaktdaten bei Instagram ein, schicken Kommentare auf Facebook und Twitter, senden Mails und SMS sowie WhatsApp-Nachrichten und Hohngelächter. Das Hetztribunal verfolgt mich weiter in Gestalt von immer neuen Pseudozeugen und wiederkehrenden Attacken, allerdings mit altbekannten erfundenen Inhalten und Konspirationstheorien, wobei die User jetzt allerdings argumentative Unterstützung durch die Vereinten Nationen erfahren.

Unzählige Leute melden sich bei mir und fordern mich auf, (erneut) Verantwortung für Julian zu übernehmen und Gesuche um eine Begnadigung Julians zu unterzeichnen. Dabei werden das britische Urteil wegen des Verstoßes gegen die Kautionsauflagen, die Anklage Schwedens wegen Sexualstraftaten und die Anklage der USA wegen Computerspionage wie schon zuvor miteinander vermengt. Und das, obwohl Julian seine Strafe für den Verstoß gegen die Kautionsauflagen bereits verbüßt hat, die Ermittlungen wegen der Sexualstraftaten eingestellt wurden und ich hinsichtlich der Spionagevorwürfe gegen ihn überhaupt nichts beisteuern kann. Ich verstehe nicht einmal, wie eine Begnadigung vonstattengehen sollte. Ich weiß auch nicht, ob die Hater wirklich darauf hoffen, dass ich den Präsidenten der USA, Donald Trump, in irgendeiner Weise beeinflussen könnte, oder ob sie vielmehr abermals erreichen wollen, dass ich Julian öffentlich von seinen Sexualstraftaten entlaste. Sie drohen mir weiterhin, mich für seinen Tod verantwortlich zu machen, wenn ich ihren Forderungen nicht nachkommen sollte. Mitunter klingt es, als sei er bereits tot. Und als hätte ich ihn ermordet.

Julians Vater fordert den schwedischen Staat in den Medien auf, Schadensersatz an Julian zu zahlen. Vielleicht wird es, wenn Julian dies beantragen sollte, doch noch zu einem Gerichtsverfahren kommen, in dem dann notwendigerweise auch die Sexualstraftaten verhandelt werden würden. Damit bekämen wir eine weitere Chance, die Wahrheit herauszufinden. Mir persönlich wäre nach wie vor sehr daran gelegen, dass es zu einem Verfahren käme, in dessen Verlauf die vorhandenen Unterlagen systematisch und auf unparteiische Weise gesichtet werden könnten und der Sachverhalt richtiggestellt werden könnte. Doch ich glaube nicht, dass dies jemals geschehen wird.

25. Februar 2020

Anne Ramberg war Generalsekretärin der schwedischen Anwaltskammer, als der Disziplinarausschuss der Anwaltskammer eine Verwarnung gegen Julians Anwalt Björn Hurtig aussprach, nachdem dieser vor Gericht gelogen hatte. Heute äußert sie sich in ihrem Blog zum Auslieferungsverfahren. Darin behauptet sie, dass die Staatsanwältin sich »nicht die Mühe gemacht« habe, Julian zu vernehmen, bevor er das Land verlassen musste. Sie schreibt weiter, dass Julian selbst Kontakt zur Staatsanwältin aufgenommen habe, jedoch nicht länger habe warten können, sondern »gezwungen war«, das Land am 27. September zu verlassen. Sie beruft sich also auf dieselben Falschaussagen wie Melzer, um behaupten zu können, dass die Staatsanwältin ihrer Pflicht nicht nachgekommen sei. Doch diese Angaben sind im Zuge der Ermittlungen bereits widerlegt worden. Es handelt sich demzufolge um dieselbe Irreführung, wegen der ihr eigener Verband damals einen Rechtsanwalt verwarnt hatte. Ich maile ihr und kommentiere ihren Blogeintrag. Doch antwortet sie weder, noch berichtigt sie ihren Kommentar. Das, was im Gerichtsverfahren als Lüge hätte bewiesen werden können, ist im

Medientribunal zu einer Tatsache geworden. Selbst in den Augen gut ausgebildeter Juristen.

In der Ermittlungsarbeit scheinen jedoch keine groben Fehler gemacht worden zu sein. Polizei und Staatsanwaltschaft haben offenbar getan, was in ihrer Macht stand. Darüber hinaus hat man sich dort mehrfach persönlich dafür eingesetzt, Lösungen zu finden. Dieser Einsatz war wegen der Behinderung des Prozesses durch Julian und seine Freunde jedoch vergebens. Die Behauptung, dass die Justiz in diesem Fall versagt habe, beruht auf der Stellungnahme eines mutmaßlichen Vergewaltigers, die in zentralen Punkten nicht mit der Wirklichkeit übereinstimmt.

Claes ist der Auffassung, dass ich Schadensersatz von Julian fordern solle. Er meint, dass wir gute Chancen hätten zu gewinnen, wenn wir eine Zivilklage anstrengen würden, und dass ich nach all dem, was Julian mir angetan hat, ein Anrecht auf Schadensersatz hätte.

»Er hat dich bewusst verleumdet, dafür gibt es genügend Beweise. Das ist doch völlig unglaublich«, sagt Claes.

»Nein«, entgegne ich. »Ich werde meine Zeugenaussage stattdessen vor dem Medientribunal machen.« Ich bin nicht im Geringsten an einem Schadensersatz interessiert, und ich will mir seine Äußerungen auch nicht mehr anhören müssen. Das Einzige, was ich jetzt möchte, ist, ein einziges Mal ausreden zu dürfen.

8. März 2020

In meinem Regal liegt ein mindestens zehn Zentimeter dicker Stapel an Unterlagen, die ich von der Staatsanwaltschaft und meinem Rechtsanwalt angefordert habe. Er liegt schon eine Weile dort. Genauer gesagt mehrere Wochen. Doch nachdem ich mich intensiv mit Melzers Brief befasst und in diesem Zusammenhang festgestellt habe, dass über 300 Juristen für Menschenrechte einen gemeinsamen Aufruf verfasst haben,[92] in dem sie Melzers Verhalten verurteilen und ihn auffordern, sich davon zu distanzieren, verspüre ich auf einmal die Kraft, die gesamten Ermittlungsunterlagen noch einmal durchzugehen.

Ich fotografiere die Passage des Vernehmungsprotokolls, in der ich auf die Frage des Polizisten antworte, was es mir gebracht habe, Strafanzeige zu erstatten und ob ich dafür Geld erhalten hätte. Meine Antwort lautet »Gar nichts«, doch der Polizist füllte damals fast eine ganze Seite mit meinen Erklärungen dazu, was ich dadurch verloren hatte. Es rinnt nur so aus mir heraus. In einer Zeile nach der anderen schildere ich die Folgen für mich, meine Familie, meine persönliche Sicherheit, meine finanzielle Lage, meine Wohnsituation und meine sozialen Kontakte. Dass ich mit dem Motiv zur Polizei gegangen sei, um Geld zu verdienen und Aufmerksamkeit zu bekommen, erscheint mir völlig absurd. Gerade in dieser Zeit bin ich ja noch nicht einmal zum Arbeiten gekommen, da ich nahezu meine gesamte Zeit darauf verwenden musste, in irgendeiner Form der medialen Aufmerksamkeit zu entgehen. Ich stelle das Foto bei Facebook ein und schreibe:

> Zeigt mir die Frau, die meint, dass es die Sache wert gewesen sei, wegen einer Sexualstraftat Strafanzeige zu erstatten, weil sie damit gutes Geld verdient und Aufmerksamkeit bekommen hat. Oder haltet den Mund und hört jenen Frauen zu, die sich überhaupt trauen, darüber zu sprechen. Heute ist Internationaler Frauentag. Ein Tag, an dem wir aufhören, uns zu schämen.

9. März 2020

Ich bekomme ein Foto von einem Tweet geschickt, in dem Wikileaks bekanntgibt, dass die Plattform einen neuen Plan zur Generierung von Einkünften verfolge. Man will den »Guardian« wegen aller »Fake News« verklagen, die darin über die Organisation verbreitet worden seien. Mir kommt die Idee, mit David Leigh zu sprechen, Julians ehemaligem Freund und Arbeitspartner im Zusammenhang mit der Veröffentlichung des »Collateral Murder«-Videos. Ihm wurde in den vergangenen Jahren ebenfalls viel Hass von Julians Fans entgegengebracht, und ich möchte ihn um Rat bitten. Er beantwortet meine Mail in weniger als zwei Minuten und kurz darauf führen wir ein Videotelefonat.

Er ist unglaublich sympathisch und empfindet es als äußerst belebend, dass ich vorhabe, meine Geschichte zu erzählen. Irgendwann kommen wir auch auf das Thema Vergebung zu sprechen. Zuvor hat er einmal geschrieben, dass er es für angebracht hielte, wenn Julian sich bei uns entschuldigen würde und wir ihm dann vielleicht verzeihen könnten. Schließlich habe er schon viele Jahre im Gefängnis verbracht. Freundinnen von mir waren empört darüber, dass Leigh von Vergebung sprach, und meinten, dass es wieder mal typisch sei, Frauen dazu aufzufordern, sich mit einer Entschuldigung zufriedenzugeben. Doch ich verstehe, was er meint und empfinde es genauso. Julian hat ein Recht auf Vergebung – vorausgesetzt, ihm ist überhaupt daran gelegen.

Julians Aufenthalt in der Botschaft war im Grunde freiwillig und umfasste ein Besuchsrecht rund um die Uhr, einen Rundum-Service sowie freien Zugang zum Internet. Deshalb fällt es mir schwer, dies als Strafe anzusehen. Aber davon abgesehen ist das Thema Strafe für mich völlig irrelevant. Mir wäre es ebenso recht gewesen, wenn er keinen einzigen Tag im Gefängnis hätte verbringen und auch kein einziges Pfund an Geldbuße hätte zahlen müssen. Ich verzeihe ihm gerne. Und mitunter sehe ich mich sogar selbst an vorderster Front eines Demonstrationszugs stehen und rufen: »Jetzt reicht es. Gebt ihm noch eine Chance!« Doch eine Versöhnung lässt sich schlecht allein bewerkstelligen. Die Forderung, ihm zu verzeihen und Wiedergutmachung zu leisten, ohne dass er selbst die geringste Reue zeigt oder zugibt, Menschen Schaden zugefügt zu haben, und zumindest versucht, sich an irgendeiner Lösung zu beteiligen, ist in meinen Augen nichts anderes als die Entschuldigung und Rechtfertigung seiner Sexualstraftaten. Und dieser Forderung werde ich niemals nachkommen.

DANK

Herzlichen Dank an meine Gruppe 8, Laboremistas, den Mädels aus der sozialdemokratischen Studentenschaft in Uppsala. Sowie an Sara, Mattias und alle anderen von Rebella und Tro och solidaritet. Danke für Workshops, Frühstückstreffen, Wein und Gesang sowie Diskussionen über die Themen Patriarchat, Feminismus, Übergriffe, Hierarchien, Unterwerfung, Intersexualität und den Einsatz für Gleichberechtigung. Mehrere von euch haben mich auch in dieser schwierigen Zeit der polizeilichen Ermittlungen mit Lektüre, Texten, Analysen, Essen, einem Dach über dem Kopf und aufmunternden Worten versorgt. Ohne euch hätte ich niemals die Kraft und Überzeugung gehabt, diesen Prozess durchzustehen. Ihr habt wesentlich dazu beigetragen, die Grundlage für meine Sichtweise auf Übergriffe wie jenen zu legen, der mir widerfahren ist.

Herzlichen Dank an meine Mutter, meinen Vater und Alexandra sowie alle Freunde, Bekannten und Kollegen, die mich unterstützt haben. Mein Dank gilt Somar, die an meiner Seite war, als die Polizei mich nach Spanien schickte, sowie Petra und Pontus, die mir in Stockholm Unterschlupf gewährten. Als ich meine Arbeit, meinen Partner sowie meine Wohnung verlor und bei euch wohnen durfte, war das Balsam für meinen Körper und meine Seele. Mein Dank gilt auch Marta, die ihr Bestes gegeben hat, um alle Beiträge in den sozialen Medien zu löschen. Und nicht zuletzt Ida, der es mit Unterstützung von Eva und Simon gelungen ist, die Internetzeitschrift, die mich als Erste öffentlich bloßgestellt hat, von Inserenten zu befreien. Danke auch an alle Twitter-UserInnen, alle JuristInnen, FeministInnen, ReferentInnen und BloggerInnen für ihre scharfsinnigen Analysen. Mein Dank gilt auch den Lehrkräften und Kurskollegen in der Fachhochschule Bromma, die mich während meiner Ausbildung zur Diakonin in Glaubensfragen sowie in persönlichen Belangen unterstützt und dafür gesorgt haben, dass ich meine Arbeit an diesem Buch wieder aufnahm.

Mein Dank gilt auch allen Unbekannten, die an mich geglaubt und mir aufmunternde Grüße geschickt haben, als sogar in den Zeitungen Lügen, Übertreibungen und Hetze gegen Frauen verbreitet wurden. Als linkslastige Greise ihren Einfluss ausnutzten, um mir mitzuteilen, dass sie wüssten, was in der betreffenden Nacht geschehen sei, und rechtslastige Youngster sowie AntifeministInnen die Gelegenheit ergriffen, politisch zu punkten. Danke an alle, die mir geholfen haben, Zitate von ihnen zu sammeln, damit ich selbst davon verschont blieb.

Mein Dank gilt Thomas und den Sozialdemokraten in Stockholm, die mich unterstützt und vorbehaltlos zu mir gestanden haben, obwohl der Tumult mitten im Endspurt vor den Wahlen einsetzte.

Mein Dank gilt Linda, der Polizistin, die mich in der Polizeidienststelle Klara empfangen hat. Ich wünschte, dass ihr alle, die jemals zur Polizei gehen müsst, um eure Aussage zu einem Übergriff zu machen, so behandelt werdet wie ich von ihr. Dass man euch uneingeschränkt glaubt und euch unterstützt. Selbst wenn der Täter nicht verurteilt wird, habt ihr die absolute und uneingeschränkte Macht, über euren eigenen Körper zu bestimmen. Und all diejenigen, die das nicht respektieren, benehmen sich unzivilisiert, was nicht in Ordnung ist. Danke auch an den Polizisten MG, Mats, Verantwortlicher für die Ermittlungen im Dezernat für Familienangelegenheiten, für sein Engagement. Danke nicht zuletzt an Anna und Peter, die beiden Personenschützer, die mit keinem Wort kommentierten, dass ich mich nach dem Übergriff weiterhin in der Öffentlichkeit zeigte, sondern einfach auftauchten und sich ins Publikum setzten.

Mein Dank gilt Sofia, Gustav, Maria, Agnes, Sonja, Johanna und allen anderen SchriftstellerInnen und JournalistInnen, die unter #prataomdet Fragen zu Übergriffen, Grauzonen und Internethass aufgegriffen haben, obwohl im Jahr 2010 die dringende Empfehlung galt: Haltet lieber den Mund, sonst wird es nur noch schlimmer. Und danke an alle, die ihre Einträge an #metoo weitergeleitet haben. Danke an Tara, Marie und alle anderen, die uns unterstützt und darüber hinaus gefordert haben, innerhalb des Systems der Vereinten Nationen die Rechte von Frauen zu verteidigen. An alle, die sich daran beteiligt haben, die Diskussion über Opfer und Täter zu nuancieren, um den mitunter äußerst schmalen Grat zwischen dem Verharmlosen der Taten und ihrem Aufbauschen auszuloten.

Mein Dank gilt Abdulkader, Hanna und Göran, die mir ausgerechnet in der schlimmsten Zeit einen Job anboten. Ihr habt gesehen, wer ich wirklich bin und was ich kann, anstatt das zu glauben, was die Internettrolle über mich behaupteten.

Mein Dank gilt auch Andreas, der für mich da war, als es darauf ankam. Sorry, dass ich dir den Link mit dieser Racheliste geschickt habe. Das war dumm von mir. Eigentlich hatte ich nie vor, mich an dir zu rächen, auch wenn ich noch immer sauer auf dich bin.

In all diesen Jahren hat sich mehr als deutlich herausgestellt, wie richtig meine Wahl des Rechtsbeistands war. Claes war ziemlich genau zehn Jahre lang eine meiner wichtigsten Bezugspersonen. Ein Fels in der Brandung, der einer Welle von Hass und Hetze nach der anderen mit Sachverstand trotzte und sich auch noch dem Fall widmete, als er schon längst kein Honorar mehr dafür bekam. Er war mein sicherer Rückhalt, der immer ein Ohr für mich hatte und der meine persönliche Sichtweise nachvollziehen konnte. Und er war mein seelischer Mülleimer, an den ich alle Journalisten verweisen konnte, die eine Stellungnahme von mir einforderten. Mein Ratgeber, der immer wusste, was zu tun war, und mein moralisches Rückgrat, weil er mir vermittelte, dass es sich lohnt weiterzumachen, auch wenn einem alles sinnlos erscheint. Er unterstützte mein Buchprojekt und fand es absolut richtig, meine Tantiemen an die Hilfsorganisation Diakonia für ihren weltweiten Einsatz für die Frauenrechte spenden zu wollen, denn er hielt es für besorgniserregend, dass die sexuellen und reproduktiven Rechte von Frauen wieder zunehmend eingeschränkt werden. Wir wollten den Fall eigentlich mit einem gemeinsamen Abendessen abschließen, sobald mein Buch fertig sein würde. Ich wünschte, ich hätte ihm gezeigt, was ich bereits geschrieben hatte, bevor es zu spät war. Diese Welt wird nun etwas weniger weise, etwas weniger gerecht und sehr viel einsamer ohne ihn sein, nicht zuletzt, wenn der nächste Shitstorm aufzieht.

Mein Dank gilt auch Pia, die meinen Fall in der Rechtsanwaltskanzlei Borgström betreut hat und systematisch dafür eingetreten ist, Ruhe zu bewahren. Die dem Gerichtsverfahren nicht vorgegriffen und sich auch zu keinerlei Interviews hat hinreißen lassen, trotz aller faulen Tricks, Lügen, verlockender Angebote und Schmutzkampagnen von Julian sowie seiner Armada von Juristen und PR-Agenturen.

Mein Dank gilt auch Nicke und Hasse sowie dem Team von »Uppdrag granskning« für die Reportage über Bjästa. Das hat mir sehr geholfen. Danke, dass ihr euch gemeldet, mir zugehört und meinen Fall inklusive der nachfolgenden Anfeindungen eingehend recherchiert habt, um ihn im Rahmen der Reportagesendung »Kalla fakta« weiterzuverfolgen. Danke auch an Alex und Alexis. Ich bin froh darüber, dass ich mich von euch überzeugen ließ, an eurer HBO-Dokumentation »We steal secrets« mitzuwirken. Und ich bin dankbar dafür, dass es euch wirklich gelungen ist, die Frage nach Offenheit und Transparenz von der Frage nach den sexuellen Übergriffen zu trennen. Ihr habt die Botschaft vermittelt, dass es möglich ist, die Ziele von Wikileaks zu unterstützen, ohne deren Vertreter mit seinem persönlichen Fehlverhalten davonkommen zu lassen. Danke auch an Anna-Klara und Jenny von »Feministiskt perspektiv« und alle anderen JournalistInnen, die sich ernsthaft der Suche nach Wahrheit und Transparenz verschrieben haben. Danke an Jenny vom Verlag Tenenbaum publishing für ihre Unterstützung und ihr Engagement während meines anfänglichen Nachdenkens über den Text und während des nachfolgenden Schreibprozesses. Und natürlich auch danke an meinen unglaublich engagierten Verleger Anders und alle anderen Mitarbeiter des Bazar förlag, die mich unterstützt und den Entstehungsprozess meines Buches begleitet haben, angefangen von Struktur, Sprache und Quellenangaben bis hin zu juristischen und politischen Fragen und nicht zuletzt dem Einsatz des gesunden Menschenverstands. Danke, dass ihr mir die Möglichkeit gegeben habt, meine Geschichte ganz nach meinen Wünschen zu erzählen.

Mein Dank gilt Henrik und unseren Kindern. Ihr kamt in mein Leben und habt alles verändert, wodurch es so unglaublich viel schöner geworden ist. Danke auch für die Unterstützung und Motivation, die es mir ermöglicht haben, dieses Buch zu schreiben.

Und last but not least: Mein größter Dank gilt Maria. Danke für deine schwesterliche Verbundenheit und Unterstützung während all der Jahre, in denen wir in verschiedenster Hinsicht Erfahrungen geteilt haben. Danke für deine unschätzbare Hilfe, mein Manuskript zu lesen und die Fakten zu checken. Vor allem aber möchte ich dir dafür danken, dass du mir die Augen geöffnet hast, um den Ernst der Lage zu erkennen. Nur deswegen habe ich mich letztlich getraut, für die Wahrheit über den »Helden« einzustehen. Das, was er mir angetan hat, war kein Einzelfall, und das, was er uns angetan hat – und was viele andere Männer auch taten und noch immer tun – kann nicht einfach so hingenommen werden als sei nichts geschehen. Wenn wir keine Grenzen setzen, wer wird es dann tun?

Der Erlös aus dem Verkauf dieses Buches geht an lokale feministische Projekte des weltweiten Netzwerks von Diakonia. Diakonia ist eine schwedische Hilfsorganisation, die sich für das Recht von Frauen und nichtbinären Personen auf ihren eigenen Körper einsetzt, das Recht auf sichere Abtreibung sowie das Recht, sexueller und geschlechterbasierter Gewalt zu entgehen. Die Organisation ist größtenteils tätig in Afrika, Asien, Lateinamerika und im Nahen Osten. Die Rechte von Frauen sind ein unverzichtbarer Bestandteil der Menschenrechte.

ENDNOTEN

1 https://sverigesradio.se/avsnitt/1603783 Sveriges radio p1, »Krigets första offer är sanningen« 31.10.2020. (Orig.: »Någon har sagt att sanningen är första offer till krig.« Dt.: »Jemand hat gesagt, dass die Wahrheit das erste Opfer des Krieges sei.«). Dieses Zitat wird verschiedenen Personen zugeschrieben.

2 Anonymer Beitrag auf eHow.com. (Der Originalblog ist bereits entfernt worden.)

3 Übersetzung Anna Ardin:
Dear Mr. Wikileaks. I think you will find the quotes on page 65, 79, 87, 97, 131, 137, 165, 181 and 201 to be quite of your liking.

4 Griffin, S. (1971). *Rape: The all-American crime.* Seite 35: »As the symbolic expression of the white male hierarchy, rape is the quintessential act of our civilization [...]«

5 Polisanmälan, Ardin. Dnr 0201-K246336-10, 20.8.2010. (Dt.: Strafanzeige Ardin)

6 Karlsten, 2010.

7 Balksjö, 2010.

8 Baltscheffsky, S., Ström, S., Nillson, D. (21.8.2010). Svenska Dagbladet: https://www.svd.se/assange-inte-langre-misstankt-for-valdtakt

9 Magnusson, 2010.

10 Ölander, 2010.

11 Förhör, Ardin. 6.9.2010. (Dt.: Vernehmung Ardin)

12 Übersetzung Anna Ardin:
Dear Anna. Just wanted to draw your attention to the fact that I used to live in Kenya and travelled a lot in Asia, especially in Vietnam. Both countries have rather high aids ratio.

13 Übersetzung Anna Ardin:
In my heart I know you are telling the truth.

14 Guillou, 2011.

15 Übersetzung Anna Ardin:
medium size dog with big dog attitude.

16 https://sv.wikipedia.org/wiki/Hederskultur

17 Brown, 2010, Übersetzung Anna Ardin:
[...] we are seeing increasingly on the Internet research into the backgrounds of both women that raises real questions about their credibility and the credibility of their claims.

18 Varghese, 2010, Übersetzung Anna Ardin:
Because nobody cares about prosecuting rape under normal circumstances, it is somehow an insult to rape survivors to prosecute Assange for it now. (Dieser Post zitiert Wolfs Originalbeitrag, der später geändert wurde.)

19 Wolf 2010, Übersetzung Anna Ardin:
For all the tens of thousands of women who have been kidnapped and raped, raped at gunpoint, gang-raped, raped with sharp objects, beaten and raped, raped as children, raped by acquaintances — who are still awaiting the least whisper

of justice — the highly unusual reaction of Sweden and Britain to this situation is a slap in the face.

20 Übersetzung Anna Ardin:
Directing a consuming, dangerous human rights project which is, as you might expect, male dominated. Variously professionally involved in international journalism/books, documentaries, cryptography, intelligence agencies, civil rights, political activism, white collar crime and the internet. (Dieser Post ist bereits entfernt worden.)

21 Somaiya, R. (16.12.2010). New York Times: https://www.nytimes.com/2010/12/17/world/europe/17assange.html

22 Koljonen, 2010.

23 Bennet, C. (19.12.2010). The Guardian: https://www.theguardian.com/commentisfree/2010/dec/19/julian-assange-wikileaks-sex-offences

24 Bennett, 2010, Übersetzung Anna Ardin:
To listen to them, the creation of WikiLeaks and an allegation of sexual impropriety are two utterly irreconcilable concepts: there is no way the person who did the former could have to answer for the latter.

25 Bennett, 2010, Übersetzung Anna Ardin:
[...] any interest in establishing the truth through the Swedish legal process, as opposed to claim and counter- claim in the media, instantly translates as disloyalty to Assange, the world's greatest champion of the truth.

26 Bennett, 2010, Übersetzung Anna Ardin:
Of course, if Julian Assange accepts his extradition, travels to this liberal hell-hole and answers the relevant questions, something approaching the facts might be established. Why doesn't he just do it?

27 Somaiya & Burns, 2010.

28 Bennett, 2010.

29 Lindberg, 2010. (Dieser Post ist bereits entfernt worden.)

30 Eichler, A. (24.2.2011). Atlantic: https://www.theatlantic.com/national/archive/2011/02/why-is-julian-assange-calling-sweden-the-saudi-arabia-of-feminism/338891/

31 Amnesty, 2008.

32 Förhör, Ardin. 5.1.2011. (Dt.: Vernehmung Ardin)

33 Pilkington, 2011.

34 Förhör, Ardin. 25.1.2011. (Dt.: Vernehmung Ardin)

35 Schultz, 2011.

36 Brottsbalkens sjätte kapitel, första paragrafen. (Dt: Schwedisches Strafgesetzbuch, Artikel 6, § 1)

37 Schultz, 2011.

38 Quinn, 2011.

39 Jonasson, 2010; Nilsson, 2010; SKL, 2010.

40 Guillou, 2011.

41 Guillou, 2011.

42 SVT, 2010.

43 Dagens Nyheter, 2010.

44 Dagens Nyheter, 2010.

45 Vgl. Schyman, 2002.

46 Fantz, A. (21.3.2011). CNN:
http://edition.cnn.com/2011/US/03/19/wikileaks.ellsberg.manning/index.html
47 Kjöller, 2011.
48 Domscheit-Berg, 2011.
49 Agenda, 2011.
50 Agenda, 2011.
51 Schori, M., Svedjetun, F. (11.11.2011). Dagens Media: https://www.dagensmedia.se/medier/pr/assange-kommer-till-sverige-anlitar-ullman-pr-6157673
52 Kolmisoppi, 2012.
53 Übersetzung Anna Ardin:
Was really nice to meet you, A. Somehow you seem like one of the sanest people I've met on this journey through WL, Manning hearings, government secrecy, and the accompanying media storm. You're a voice of reason … and it makes me glad.
54 Übersetzung Anna Ardin:
What a spectacularly misguided move JA has just made. For your sake, I'm so sorry he can't act more honorably than this. I wish he'd have the backbone to do the right thing. It's as if he cannot have his lie revealed, so he has to bolt – to tell another, bigger lie, and »escape« somewhere rather than have people know he was bullshitting all along. Since he didn't report to the police by 10 pm tonight, he's broken his bail conditions. The people who put up the money for his bail are worried. They knew nothing about this. I hope you're OK. Take a deep breath. This is a development that will serve to undermine JA's credibility. But the delay must be tough on you.
55 Luxemburg, R. (1922). Zur russischen Revolution, veröffentlicht von Paul Levi nach dem handschriftlichen Manuskript aus dem Nachlass:
https://www.rosalux.de/index.php?id=28351
56 Gibney, 2013.
57 Bennett, 2010.
58 O'Hagan, 2014, Übersetzung Anna Ardin:
infected with his habits of self-regard and truth-manipulation
59 O'Hagan, 2014, Übersetzung Anna Ardin:
Sarah: »It says here you carried abortion pills around with you that were really just sugar pills.«
Julian: »What?«
Sarah: »And that you set out to impregnate girls. It says you said to one of them you would call their baby ›Afghanistan‹. Well, that does sound like you. I've heard you say that sort of thing, about naming babies after your campaigns. But you wouldn't leave all these girls to have babies on their own, would you?«
Julian: »Sarah.«
Sarah: »I'm just asking. Have you been at the births of all your children?«
Julian: »All except one.«
60 Diese Website existiert nicht mehr. Der Inhalt wurde gelöscht.
61 Polisen, 2020. (Dt.: Polizei)
62 Übersetzung Anna Ardin:
Democratizing information has never been more vital, and @Wikileaks has helped. But their hostility to even modest curation is a mistake.

63 Jonasson, 2010.
64 Nilsson, 2010.
65 SKL, 2010.
66 Michael & Satter, 2016.
67 Pink & The Forward, 2019.
68 Eine Bezugnahme auf den Islamischen Staat, Daesh.
69 Übersetzung Anna Ardin:
Whatever is ahead of me, is far more important than the past.
Dt. Quelle: Zeit Online, 17.5.2017. https://www.zeit.de/digital/2017-05/whistleblowerin-chelsea-manning-freilassung?utm_referrer=https%3A%2F%2Fwww.google.de%2F
70 Ny, 2017.
71 Wennstam, 2004.
72 Wennstam, 2004.
73 Jeffner, 1998.
74 Hattenstone, 2017.
75 Poitras, 2017.
76 Übersetzung Anna Ardin:
An actual court case is going to be very hard for these women ... they will be reviled for ever by a large segment of the world population. I don't think it's in their interest to proceed that way.
77 Satter, 2018.
78 TT, 2019.
79 »I would be very surprised and sad if Julian is handed over to the US. For me this was never about anything else than his misconduct against me/women and his refusal to take responsibility for this. Too bad my case could never be investigated properly, but it's already been closed.«
80 Freeman, 2019.
81 Sverker, 2010.
82 X & Haley, 2002.
83 Pettersson, 2010.
84 Stewart, Goldstein & Silver-Greenberg, 2019.
85 Domscheit-Berg, 2011.
86 Shakespeare, 2015.
87 Cantwell, 2019
88 Eklund, H., Kudo, P. (9.12.2019). Svensa Dagbladet: https://www.svd.se/nu-kommer-domen-mot-cissi-wallin
89 Rönngren, 2020.
90 Die Publikation des offenen Briefs zieht sich hin, und wir beschließen, damit bis zur nächsten Stellungnahme Melzers in den Medien zu warten. Bedauerlicherweise stirbt Claes im Mai 2020 an Covid-19. Aus diesem Grund veröffentliche ich den Brief in diesem Buch.
91 Förhör, Ardin. 5.1.2011. (Dt.: Vernehmung)
92 Davoise, 2019.

QUELLEN

Agenda. (23.10.2011). Intervju med Birgitta Jónsdóttir. SVT Agenda. (Interview vom 23.10.2011 mit Birgitta Jónsdóttir und Daniel Domscheit-Berg in der schwedischen Fernsehsendung Agenda.)

Amnesty. (16.9.2008). *SVERIGE: Bristande rättstrygghet för våldtagna kvinnor.* Pressemitteilung: https://www.mynewsdesk.com/se/amnesty_international__svenska_sektionen/pressreleases/sverige-bristande-raettstrygghet-foer-vaaldtagna-kvinnor-237847 (Dieser Artikel ist nicht auf Deutsch veröffentlicht worden.)

Ardin, A. (20.8.2010). Polizeiliches Vernehmungsprotokoll. Dnr 0201-K246336-10. (Interviewer: L. Wassgren) (S.a.: https://info.publicintelligence.net/AssangeSexAllegations.pdf)

Ardin, A. (21.8.2010). Polizeiliches Vernehmungsprotokoll. Dnr 0201-K246336-10. (Interviewer: S. Wennerblom) (S.a.: https://info.publicintelligence.net/AssangeSexAllegations.pdf)

Ardin, A. (6.9.2010). Polizeiliches Vernehmungsprotokoll. Dnr 0201-K246336-10. (Interviewer: E. Olofsson) (S.a.: https://info.publicintelligence.net/AssangeSexAllegations.pdf)

Ardin, A. (5.1.2011). Polizeiliches Vernehmungsprotokoll. Dnr 0201-K246336-10. (Interviewer: M. Gehlin) (S.a.: https://info.publicintelligence.net/AssangeSexAllegations.pdf)

Ardin, A. (25.1.2011). Polizeiliches Vernehmungsprotokoll. Dnr 0201-K246336-10. (Interviewer: M. Gehlin) (S.a.: https://info.publicintelligence.net/AssangeSexAllegations.pdf)

Balksjö, J. (21.8.2010). *30-åriga kvinnan: Jag utsattes för övergrepp.* Aftonbladet: https://www.aftonbladet.se/nyheter/a/qnJwX1/30-ariga-kvinnan-jag-utsattes-for-overgrepp

Bennett, C. (19.12.2010). *So, Mr Assange, why won't you go back to Sweden now?* The Guardian: https://www.theguardian.com/commentisfree/2010/dec/19/julian-assange-wikileaks-sex-offences

Brown, R. (9.12.2010). *Assange didn't order cyber war: lawyer.* The Australian: https://www.abc.net.au/news/2010-12-10/assange-didnt-order-cyber-war-lawyer/2369838

Cantwell, O. (26.9.2019). *Någon borde lyssna på Julian Assanges pappa.* Aftonbladet: https://www.aftonbladet.se/nyheter/kolumnister/a/0n0202/nagon-borde-lyssna-pa-julian-assanges-pappa

Dagens Nyheter. (27.3.2010). *Fel signaler kan ha påverkat pojkens beteende.* Dagens Nyheter: beteende. (Artikel nur für Abonnenten einsehbar.)

Davoise, M. (1.7.2019). *Open letter in response to UN Special Rapporteur's op-ed on Julian Assange.* Medium: https://medium.com/@mariedavoise/response-to-un-special-rapporteurs -op-ed-on-julian-assange-e911e0684182

Domscheit-Berg, D. (2011). *WikiLeaks: historien bakom sajten som förändrade en hel värld.* Stockholm: Bokförlaget Forum.
Dt. Quelle: *Inside WikiLeaks -Meine Zeit bei der gefährlichsten Website der Welt.*

Freeman, H. (8.5.2019). *Pamela Anderson's Assange blanket conceals the truth of his detention.* The Guardian: https://www.theguardian.com/fashion/2019/may/08 /pamela-anderson-julian-assange-blanket-wikileaks-belmarsh?utm_source=headtopics&utm_medium=news&utm_campaign= 2019-05-08

Gibney, A. (Regisseur). (2013). *We Steal Secrets* [Film]. Dt: *We Steal Secrets. Die WikiLeaks Geschichte.*

Guillou, J. (24.4.2011). *Julian Assange – ett litet äckel utan principer.* Aftonbladet.

Hattenstone, S. (29.6.2017). *Laura Poitras on her WikiLeaks film Risk: »I knew Julian Assange was going to be furious«.* The Guardian: https://www.theguardian.com/film/2017 /jun/29/laura-poitras-wikileaks-film-risk-julian-assange

Jeffner, S. (1998). *Liksom våldtäkt, typ: om ungdomars förståelse av våldtäkt.* Stockholm: Brevskolan.

Jonasson, L. (25.10.2010). Analysresultat SKL delrapport 1. Sakkunnigutlåtande. Dnr 2010012311. Linköping.
(S.a.: https://info.publicintelligence.net/AssangeSexAllegations.pdf, Seite 76ff.)

Karlsten, E. (20.8.2010). *Konspirationsteorierna kommer att flöda.* Expressen: https://www.expressen.se/nyheter /emanuel-karlsten-konspirationsteorierna-kommer-att-floda/

Kjöller, H. (6.10.2011). *Trasig eller förstörd.* Dagens Nyheter.

Koljonen, J. (18.12.2010). *Dags att prata om det.* Dagens Nyheter: https://www.dn.se/kultur-noje/kulturdebatt/dags-att-prata-om-det/. (Artikel nur für Abonnenten einsehbar.)

Kolmisoppi, M. (29.2.2012). *Det läckande förtroendet. Mats Kolmisoppi läser Julian Assanges memoarer.* Helsingborgs Dagblad.

Lindberg, C. (23.12.2010). *Vad är en sprucken kondom??* Folkhjälte, diva och debattör. Camilla Lindbergs Blog: **Magnusson, L.** (26.8.2010). *Med Assange blottas vår sorgliga syn på sexualitet.* Aftonbladet: https://www.aftonbladet.se/debatt/a/ka8zWa/med-assange-blottas-var-sorgliga-syn-pa -sexualitet

Michael, M., Satter, R. (24.8.2016). *As WikiLeaks Spills High-profile Secrets, Privacy of Vulnerable at Risk.* Haaretz: https://www.haaretz.com/world-news/privacy-of-vulnerable-at-risk-as-wikileaks-spills-secrets-1.5428593

Nilsson, A. (28.10.2010). Gespräch mit Forensiker bei SKL. Dnr 0201-K246336-10. (Interviewer: M. Gehlin)
(S.a.: https://info.publicintelligence.net/AssangeSexAllegations.pdf, Seite 76ff.)

Ny, M. (19.5.2017). *Utredningen mot Assange läggs ned.* Pressemitteilung: https://www.aklagare.se/nyheter-press/pressmeddelanden/2017/maj/utredningen-mot-assange-laggs-ned2/

O'Hagan, A. (6.3.2014). *Ghosting.* Aus: London Review of Books: andrew -o-hagan/ghosting

Ölander, M. (2.9.2010). *Här är förhöret med Assange – ord för ord.* Expressen: https://www.expressen.se /nyheter/har-ar-forhoret-med-assange---ord-for-ord/

Pettersson, M. (21.12.2010). *Tala är guld.* Aftonbladet: https://www.aftonbladet.se/kultur/a/P35WE7/talaar-guld

Pilkington, E. (13.1.2011). The Guardian:
https://www.theguardian.com/world/2011/jan/13/wikileaks-bradley-manning-defence-fund
Pink, A., The Forward. (14.4.2019). *Julian Assange's Long History of Alleged anti-Semitism.* Haaretz:
https://www.haaretz.com/amp/world-news/europe/julian-assange -s-long-history-of-alleged-anti-semitism-1.7119313
Poitras, L. (Regisseurin). (2017). *Risk* [Film].
Polisen. (24.2.2020). *Gripen, anhållen eller häktad. Regler om frihetsberövande och beslag under en brottsutredning:* regler /gripen-anhallen-eller-haktad/
Quinn, B. (1.3.2011). *Julian Assange »Jewish conspiracy« comments spark row.* The Guardian: https://www.theguardian.com/media/2011/mar/01/julian-assange-jewish-conspiracy-comments
Riddle, H. (24.2.2011). *The judicial authority in Sweden -v- Julian Paul Assange*: https://www.aklagare.se/globalassets/dokument/ovriga-dokument/assangearendet/jud-aut-sweden-v-assange-judgment.pdf
Rönngren, J. (6.3.2020). *UN support for conspiracy theory on Assange rape case.* Feministiskt perspektiv:
https://feministisktperspektiv.se/2020/03/06/un-support-conspiracy -theory-about-rape-case-against-assange/
Satter, R. (17.9.2018). *Aided by Holocaust denier, Julian Assange sought Russian visa in 2010.* Times of Israel: denier -julian-assange-sought-russian-visa-in-2010/
Schultz, M. (#2 2011). *Våldtäkt är ingen gummiparagraf.* Magasinet Neo:
http://magasinetneo.se/artiklar/valdtakt-ar-ingen-gummiparagraf/
Schyman, G. (18.1.2002). *»Talibantalet«, tal på Vänsterpartiets kongress 2002.* Svenska tal: http://www.svenskatal.se/20020118-gudrun-schyman-talibantalet-tal-pa-vansterpartiets-kongress-2002/
Shakespeare, W. (2015). *Stormen.* [Elektronische Quelle]: Modernista.
Dt. Quelle: Der Sturm, Schlegel, A. W., Bd. 3, Berlin 1798.
SKL. (2010). *Analysresultat SKL Slutredovisning.* Linköping: Polisen.
(S.a: https://info.publicintelligence.net/AssangeSexAllegations.pdf, Seite 76ff.)
Somaiya, R., Burns, J. F. (22.12.2010). *Under »High-Tech House Arrest«, WikiLeaks Founder Takes the Offensive.* New York Times:
https://www.nytimes.com/2010/12/23 /world/23wikileaks-assange.html
Stewart, J. B., Goldstein, M., Silver-Greenberg, J. (31.7.2019). *Jeffrey Epstein Hoped to Seed Human Race With His DNA.* New York Times:
https://www.nytimes.com/2019/07/31/business/jeffrey-epstein-eugenics.html
Sveland, M. (2013). *Hatet: en bok om antifeminism.* Stockholm: Leopard.
Sverker, J. (29.5.2010). *Nya FBI-uppgifter om Martin Luther King chockerar.* Dagen:
https://www.dagen.se/nyheter /1.1530491
SVT. (24.3.2010). *Den andra våldtäkten.* Uppdrag granskning, Sveriges television.
(Dokumentation Uppdrag Granskning im schwedischen Fernsehen)
TT. (1.5.2019). *Julian Assange döms till 50 veckors fängelse.* Aftonbladet: https://www.aftonbladet.se/nyheter/a/MRAQ9r/julian-assange-doms-till-50-veckors-fangelse
Varghese, R. (17.12.2010). *Some Shit I'm Sick Of Hearing Regarding Rape And Assange.* 3 Quarks Daily:

Wennstam, K. (2004). *En riktig våldtäktsman: en bok om samhällets syn på våldtäkt.* Stockholm: Bonnier.
Wolf, N. (7.12.2010). *Julian Assange Captured by World's Dating Police.* Huffington Post: https://www.huffpost.com/entry/interpol-the-worlds-datin_b_793033 Die Website wurde redigiert, und Teile des Textes wurden am 25. Mai 2011 entfernt.
X, M., Haley, A. (2002). *Malcolm X Självbiografi.* Stockholm: Ordfront. Dt: *Malcolm X, Die Autobiographie*, Bremen 2003.

Mehrere Quellen, aus denen ich zitiere, wurden im Verlauf der zehn Jahre, die seit Beginn des Schreibens bis zum Druck dieses Buches vergangen sind, entfernt oder verändert. Dies liegt unter anderem daran, dass die betreffenden Institutionen niedergelegt und Blogs eingestellt oder Teile des Inhalts als kontrovers erachtet wurden. Deshalb verweise ich mitunter auf sekundäre Quellen, in denen die Originalquelle zitiert wird.

[Anmerkung der Übersetzerin:
Alle nicht anders gekennzeichneten Quellen sind von mir selbst übersetzt worden.]

Stockholm, den 10.12.2020

Unterstützen Sie FeministInnen weltweit

Sexuelle und reproduktive Rechte sind in großen Teilen der Welt umstritten und müssen deswegen beständig verteidigt werden. In Schweden wird beispielsweise eine Debatte über Einvernehmlichkeit geführt. In Simbabwe setzen sich FeministInnen für die Abschaffung von Kinderehen ein, und in Honduras kämpfen junge AktivistInnen gegen sexuelle Gewalt auf den Straßen und in den Häusern. Viele Mädchen, Frauen und nichtbinäre Personen haben kein Recht auf ihren eigenen Körper, kein Recht auf sichere Abtreibungen und auch kein Recht, sexueller und geschlechterbasierter Gewalt zu entgehen.

Doch dies lässt sich verändern, indem man gegen soziale Normen und patriarchalische Strukturen aufbegehrt. Diese Entwicklung wird hauptsächlich von lokalen LGBTQI- und Frauenrechtsorganisationen sowie feministischen Bewegungen vorangetrieben. Allein können sie es jedoch nicht schaffen. Wir von der Hilfsorganisation Diakonia haben jahrelange Erfahrung in der Zusammenarbeit mit lokalen Organisationen und in der Unterstützung der feministischen Arbeit.

Diakonia unterstützt mit 400 lokalen Organisationen in 25 Ländern Projekte, die dafür sorgen, dass Menschen sich aus Armut und Unterdrückung befreien können. Wenn Mädchen in Bangladesch Fahrrad fahren, wenn Mütter in Kenia Kreditgruppen gründen, wenn es Frauen gelingt, die Gesetze im Libanon zu ändern, und Jungen in Nicaragua, gegen die Machokultur protestieren, wird die Welt auf lange Sicht gerechter.

Anna Ardin hat sich dazu entschlossen, den Erlös aus dem Verkauf dieses Buches für unsere Arbeit zu spenden. Herzlichen Dank für dein Vertrauen, Anna!

Möchten Sie ebenfalls mitmachen? Eine gute Möglichkeit, um langfristige Projekte zu unterstützen, bietet ein monatliches Spenden-Abo. Melden Sie sich ganz einfach auf diakonia.se an. Sie können auch eine Spende auf das Konto 9033044 oder das Plusgirokonto 903304-4 überweisen.

Gemeinsam verändern wir die Welt!

Lena Ingelstam, Generalsekretärin Diakonia

Address: Box 14038, SE 167 14 Bromma, Sweden
Visit: Gustavslundsvägen 18 Alviks torg, Bromma
Phone +46 8 453 69 00
PG 90 33 04-4, diakonia.se

Diakonia is a member of the Act Alliance.